我的阅读史

（第二版）

洪子诚 著

北京大学出版社
PEKING UNIVERSITY PRESS

图书在版编目（CIP）数据

我的阅读史（第二版）/ 洪子诚著. —北京：北京大学出版社，2017.8
（洪子诚学术作品集）
ISBN 978-7-301-28397-4

Ⅰ.①我… Ⅱ.①洪… Ⅲ.①读书笔记—中国—现代 Ⅳ.①G792

中国版本图书馆CIP数据核字（2017）第128570号

书　　　名	我的阅读史（第二版）
	WO DE YUEDU SHI（DI-ER BAN）
著作责任者	洪子诚　著
责 任 编 辑	张雅秋
标 准 书 号	ISBN 978-7-301-28397-4
出 版 发 行	北京大学出版社
地　　　址	北京市海淀区成府路 205 号　100871
网　　　址	http://www.pup.cn 新浪微博：@北京大学出版社
电 子 信 箱	pkuwsz@126.com
电　　　话	邮购部 62752015　发行部 62750672　编辑部 62757065
印 刷 者	北京中科印刷有限公司
经 销 者	新华书店
	710 毫米 × 1000 毫米　16 开本　22.5 印张　280 千字
	2011 年 4 月第 1 版
	2017 年 8 月第 2 版　2018 年 11 月第 2 次印刷
定　　　价	68.00 元

未经许可，不得以任何方式复制或抄袭本书之部分或全部内容。
版权所有，侵权必究
举报电话：010-62752024 电子信箱：fd@pup.pku.edu.cn
图书如有印装质量问题，请与出版部联系，电话：010-62756370

目 录

再版序 1

初版序 3

语文课外的书 1

我的"巴金阅读史"......6
附记：巴金的《法斯特的悲剧》......16

巴金的精神遗产 19

历史承担的意义
——"我的阅读史"之《郭小川全集》......25

"怀疑"的智慧和文体
——"我的阅读史"之契诃夫 31

批评的尊严
——"我的阅读史"之丸山昇 56

"幸存者"的证言
——"我的阅读史"之《鼠疫》......70

有生命热度的学术
　　——"我的阅读史"之乐黛云 87

"边缘"阅读和写作
　　——"我的阅读史"之黄子平 104

在不确定中寻找位置
　　——"我的阅读史"之戴锦华 118

一部小说的延伸阅读
　　——"我的阅读史"之《日瓦戈医生》......137

思想、语言的化约与清理
　　——"我的阅读史"之《文艺战线两条路线斗争大事记》......164

关于《切·格瓦拉》的通信 182

"组织部"里的当代文学问题
　　——"我的阅读史"之《组织部新来的青年人》......192

1990年代：在责任与焦虑之间
　　——《90年代学者散文选·导言》......206

文学的焦虑症 212

"树木的礼赞"
　　——"我的阅读史"之《牛汉诗文集》......219

两个王晓明？ 231

《谢冕编年文集》：研讨会邀请函和开场白 235

纪念三位诗人：商禽、张枣、许世旭 241

纪念三位诗人：纪弦、梁秉钧、牛汉 263

种种可能：周梦蝶和辛波斯卡 272

献给无限的少数人
　　——大陆近年诗歌状况 280

"为赞颂一切我所焚毁的……"
　　——"我的阅读史"之结束语 293

附　录

答张彦武先生问 300
穿越当代的文学史写作
　　——洪子诚先生访谈录 316

读书的心情（代后记）......342

再版序

本书由北京大学出版社初版于 2011 年 4 月。这次再版，删去《"一体化"的论述及其他》《限度的意识》两文，以及《思想，语言的化约与清理》《关于〈切·格瓦拉〉的通信》后面的"附记"，增加了几篇谈新诗的文字。原来的《穿越当代的文学史写作——洪子诚先生访谈录》（贺桂梅），和新增的《答张彦武先生问》两文，写到我的生活、读书、写作的一些情况，这次一并放在"附录"中。其他一切照旧。

洪子诚　2016 年 6 月

初版序

"阅读史"这个夸张的题目,却是起于有点消极的念头。2002年从北大中文系退休之后,明显感到缺乏前些年教学、研究的情绪和精力,便常常想自己还能做些什么。2001年,我给"曾经北大书系"[1]写过一个书评,因为是面对年轻人(也可以说是我的学生辈)的作品,其中便有这样一段话:

> 像我们这些过了六十岁的人,见面会被人称为"先生"……参加什么研讨会、首发式,按照官职、知名度、年龄大小等因素综合考虑,会被安排在前排或靠近前排的地方就座。会让先发言。会让先举筷。会让先退席。然而,除了一些学养深厚、精力旺盛者(这样的人当然不少)外,我们已经在或明或暗地走向衰败。词就是那几个词,句子总是那些句子。内心的喜悦、怨恨、缠绵、悲伤都已十分淡薄。"回忆"也因为没有鲜活体验的激发而落满灰尘。许多书,已经没有精力去读。许多路,已经无法去走。也去旅游,却难有这样的期待:"有许多

---

[1] "曾经北大书系"第一辑收入吴晓东、郑勇、杨早、橡子等的著作。新世界出版社2001年版。这篇书评收入我和么书仪合著的《两忆集》。

我从未见过的风景,有我所不曾认识的人在等待着我,那才是岁月赐给我的圣餐。"那些说不出名字的事物已经不能让我们"疼痛"。面对壮丽的景色我们也会静默,但已分不清是内心的震撼,还是内心的毫无反应。

写这些文字的时候,多少带有调侃的意味。但随着岁月不断流逝,这些感觉也变得更加真实起来。"阅读史"的写作念头,便是在这样的心情中浮现的:寻找一种不过分费心查找资料,不必为说出的话的"正确性"紧张思虑的写作。自然,从另外的方面想,这种选择也包含"积极"的成分。以前,不管是上课,还是确定研究课题,注重的是对象的性质、价值。这回,或许可以将重点略略转移到写作者自身的问题上来,更多地从自己的感受、经验上来选择题材和方法。

从目前已经完成的部分看,论题仍与当代史(当代文学史)紧密相关——这几乎是没有办法挣脱的老套子。与以前不同的是,它们以侧重个人的方式、角度来进入。因为设定是"个人",就有可能给过去干涩的文字添加一点水分、一点情感,也有可能收缩评价的尺度,将它降低到个别的感受和认知的范围。个人的感受的价值当然不能和那种代言式的叙述,那些宏大叙事相提并论,但也可以为一些有差异的,有的看来是无关紧要的小碎片留出表达的空间。

恰好北大出版社的编辑张雅秋正在策划一套个人阅读史的丛书,我的想法便与她的计划不谋而合。据我所知,当初她同时向几位学者、诗人组稿,他们也都慨然允诺。几年过去,好像只有我当成一件事去做,其他的都没有动笔。这也是很自然的:他们正值盛年,前景广阔,迫切的事情应接不暇,犯不着回过头去搜寻这些陈谷子烂芝麻。

说是"阅读史",谈及的应该是这几十年中感触最深,最影响人生道路的那些书籍。其实不全是。可以看到,这里写到的,是与这些年从事的工作相关的书,还有就是多少能说出一些话来的那部分。我也读过不少不大能清楚说出许多道理的书,它们有的我可能更加喜欢,感触也更多。

集子里的文章,不少已在报刊上刊登过。感谢《中华读书报》《南方文坛》《文艺争鸣》《上海文学》《天涯》《海南师范大学学报》《鲁迅研究月刊》《文景》等为它们提供了宝贵的篇幅。贺桂梅 2009 年对我做的访谈,也说到一些读书的事情。因此,这篇访谈作为附录也收进这个集子中。

洪子诚　2011 年 3 月

语文课外的书

有朋友要我为她编的"我与语文课"的书写点文字。在她看来，我们做与文学有关系的工作的人，上学的时候，应该对语文课很感兴趣，有许多的感触。其实不然。上初小的时候，我并不爱学习，经常逃学。虽然也翻了一点杂书，但语文课（那时应该叫国文）没有留给我什么印象。用的是什么教材，有哪些课文，是哪位老师讲课，现在一点都记不起来。只记得那时经常和同学到河里游泳，河很深，我游泳的本领很不行，却居然敢往远处去冒险。再就是偷烟摊上的香烟。我不敢去偷，但偷到了我会跟着抽。还有是跑到断垣残壁间找蜗牛壳，然后比赛谁的坚硬。这样，我上课常背不出书来，经常挨老师打掌心。期末考试，好几门不及格。家长对我这样胡作非为十分恼怒，终于把我转到另一所学校。这所学校是基督教会办的，冠以"真理"的校名（1949年后，这个校名被取消了，但在1980年代后期却又恢复）。听说，我从此变了一个人，变得"老实"了，循规蹈矩了，一副"好学生"的模样，成绩也"突飞猛进"起来。对这些"改邪归正"的转变，我倒是没有一点记忆；这些，都是家里人后来告诉我的。他们讲起这件事，总说是神听了他们的祷告，才有这样的"神迹"发生。

不过，事情总是有利也有弊。从此，我好像换了一种性格，变得不怎么爱活动，不喜欢热闹。与人交往就心存害怕，开口说话总不怎么利索。特别是对于内心的东西，从本能上就不愿意、也畏惧讲出来。要不是有这样的改变，我现在肯定不会在学校教书，做什么"学问"。我会选择去当兵，去野外考察，去做生意什么的。总之，上初中以后，我生活的圈子越来越小。在这种情况下，乱翻书成了我打发时间的最主要的事情。我觉得书本为我提供了另一个世界。这个世界，比起我见到的，每天所过的日子来，要有趣得多。我在生活中不能实现的事，多少总能在书里得到弥补。

因为这样的缘故，在我开始认真学习时，我便很自然地喜欢语文课。不过，教材里的课文，老师对这些课文的讲解，依然没有留给我深刻的印象。选入的肯定有许多名篇佳作，但1950年代的语文课已变得有些枯燥。上课时总是千篇一律地划分段落，归纳段落大意，背诵一字都不让改动的"中心思想"，总结出几条"写作技巧"。久而久之，就很厌烦。但语文老师是好老师。除了这些例行的课程安排外，常常会向我们谈到一些作家、诗人的事迹，介绍我们不知道的书籍。高兴起来，便朗朗地读起课本之外的诗文。也举办文学讲座，组织"文学社"讨论作品。也要我们写诗和散文。有一次，我花了一个多星期的时间，写了一篇抒情散文，总有六七千字吧。里面用了许多抒情排比句，来歌颂北自黑龙江，南到海南岛的祖国新貌。我很得意，在"文学社"讨论时，紧张地等待赞赏；还提醒自己，不要太"喜形于色"。想不到的是老师言辞冷峻的批评："空泛，夸张，还是写你有体会的东西吧。"我想我当时的表情一定凝固了。后来甚至心存怨恨。但从此，我对夸张、空泛，总是十分警惕。这个告诫，是我当时未能真正领会的财富。

虽然喜欢乱翻书，但我们那个地方，书并不好找。读高小是1940年代后期，新中国还未成立。我住在南方的一个县城里，当时大概有几万人口。每天上下学，沿着两边有"骑楼"的街道，会走过饭铺、杂货铺、药店的门口，也常常在青果行、米行、竹器行外面停下来观望：对新上市的香蕉、洋桃垂涎欲滴，或者愣愣地看怎样用竹篾做斗笠、箩筐。但是，记忆里这个县城并无专门的书店，也没有公共图书馆，虽然韩愈当刺史的潮州离我们那里不远，而县城中心就有据说是建于宋代、供奉着"大成至圣先师"牌位的"学宫"。县里只有几家也兼售不多书籍的文具店。当然，也有藏书颇丰的人家，这是我后来才知道的事情。我的家不是"书香门第"，父亲是个学徒出身的医生。家里有一些医书，一些基督教的书籍，上海广学会发行的刊物。那时，能得到一本喜爱的书，在生活里是一件重大的事情。

1950年代上中学以后，读书的条件有了改善。县里开办了文化馆，我就读学校的图书馆的藏书也慢慢多起来。我的一个同学，家里有不少三四十年代开明书店、良友图书公司、生活书店、文化生活出版社出版的新文学书籍。能读到好书的可能性大大增加。尽管如此，对于书籍仍产生近于"神圣"的感觉，这种感觉保留了很长的时间。当我从语文老师那里借到几本1920年代的《小说月报》时，当我终于有零花钱可以订阅《文艺报》《文艺学习》杂志时，我清楚地记得那种不夸张的"幸福感"。这是现在得到书籍如此容易的时代所无法想象的。

小时候，语文课外的书中，我读得最多的，其实不是最容易得到的武侠和言情小说。我的邻居就有许多这样的小说。但我并不喜欢。现在找起原因来，大概是我太缺乏想象力，对飞檐走壁、腾云驾雾总不能神会，使我现在对武侠这类小说，仍是不感兴趣。这好像是我的一大"损失"，不能有生活中我不熟悉的另一种乐趣。因为我的外祖母和父母亲都是虔诚的基督教徒，高小上的是教会学校，所以，读（和听别人读）得最多的，是《圣经》。星期日到教堂做礼拜，听牧师布道，参加学校、家庭里宗教性质的活动，都离不开《圣经》。小时候对教义什么的，并不能理解，记得最清楚的是一些故事。神创造世界的经过。亚当夏娃偷吃禁果。洪水和诺亚的方舟。罪恶的所多玛城的毁灭。罗得妻子变为盐柱。摩西带领以色列人出埃及。西奈山上的十诫。——当然,《新约》福音书中有关耶稣言行的记载,就更熟悉。《圣经》中的许多句子,在我脑子里,比后来读的任何书留下的印象都要深。"神的灵运行在水面上。神说,要有光,就有了光";"在伯利恒之野地里有牧羊的人,夜间按着更次看守羊群。有主的使者站在他们旁边,主的荣光四面照着他们";"我报给你们大喜的信息,是关乎万民的,因今天在大卫的城里,为你们生了救主";"那时,有施洗的约翰出来,在犹太的旷野传道,说,天国近了,你们应该悔改";"现在斧子已经放在树根上,凡不结好果子的树,就砍下来,丢在火里";"虚心的人有福了,因为天国是他们的。哀恸的人有福了,因为他们必得安慰。温柔的人有福了,因为他们必承受地土。饥渴慕义的人有福了,因为他们必得饱足。怜恤人的人有福了,因为他们必蒙怜恤"……

　　《圣经》究竟留给我什么,实在很难讲清楚。或者说,不能说清楚的比能说清楚的多。现在能想到的也有一些。比如有关"界限"的意识。人和神,已知和未知,今天和未来,善和恶,真实和虚假,真诚和伪善,平庸的生活和理想的境界等等,虽然经常混沌一片,但也不是不可区分。再有就是对于词语的感觉。文字能够创造一个世界,对我来说,真是一种奇妙甚至神秘的事情。1950年代,报纸刊物,包括语文课所推荐的,是一种规范化的语体文。这类文字读多了以后,我一度觉得《圣经》中文译本不大好。我知道这个通行本叫"和合本"。和当时的语体文相比,觉得许多语词、句式别扭,也不很顺畅。当时,我希望有人来重译。待到我厌倦了那些标准化的语体文之后,想法完全变过来了。设想《圣经》里的叙述,那些祝福、歌唱、劝诫的文字,也如五六十年代标准化语言那样,那将如何是好?让上帝、亚伯拉罕、但以理、约伯、耶稣、犹大都说着我们说的那种"普通话"

吗？我真庆幸没有人有我那样愚蠢的念头，去重新翻译《圣经》。

共和国成立后，我爱看的书有了改变。我读了大量五四的新文学作品，也读了许多外国的，特别是苏联、俄国的诗和小说。鲁迅的《呐喊》《彷徨》和杂文自不必说，却不能理解他的《野草》和《故事新编》。读曹禺的《北京人》（也看县教师剧团的演出），说来惭愧，最喜欢的人物，竟是相当概念化的人类学家袁任敢和他的女儿。初中有一个时期沉迷于巴金1930年代的小说，但持续时间很短暂。我在笔记本上抄录普希金的诗，读他的《驿站长》，读屠格涅夫的《猎人笔记》，契诃夫的短篇，普里希文的散文，也读《远离莫斯科的地方》《日日夜夜》《青年近卫军》。《红与黑》《包法利夫人》也是这个时期读的，却不能让我很投入。我上中学的这个时期，被看作是中国现代史的"转折"的时期。寻求、确立社会理想和价值观，是那时的"时代主题"。当时，引起我兴趣、能产生"共鸣"的书，好像都和这一"主题"有关。"浪漫"是年青人的"专利"，他们也和"革命"有一种天然的呼应。这些有关"革命"的书籍中，《钢铁是怎样炼成的》是对我影响很大的一本，尽管它现在已不会有很多读者，文学史对它也不会有高的评价。也有的学者认为它是不值一提的"惑人货"。但我永远不为曾经喜爱过它而羞愧。从上中学到1980年代，我一共读过三次。当然，每次读的时候，都有很不相同的体验。总的来说，当初那种对理想世界的期待和向往，那种激情，逐渐被一种失落、苦涩的情绪所代替。记得在"文革"两派武斗激烈的日子里，窗外高音喇叭播放着激昂的口号，我却在为保尔和丽达的无望的爱情伤心。

我们的一生里会读无数的书，但让我们难忘的其实不多。这不多的书最有可能是在上小学上中学时读的。而且往往不是语文里的课文。它们是什么书，对每个人来说不会一样。它们给予我们的东西，有一些则可能永远是个秘密。或者意识不到；或者意识到了，却不愿讲出来。

我的"巴金阅读史"

一

这几十年中，比较集中读巴金的书有三次。

最早是1950或1951年，那时我十二三岁，刚上初中。一位要好的同学家里藏有不少开明、良友、文化生活等出版社（图书公司）三四十年代刊行的新文学书籍。同许多走近巴金的读者那样，开始总是会被"激流三部曲"的《家》所吸引。记得读到鸣凤投湖的段落，竟无法控制地痛哭起来，只好躲进家里小屋的角落，幸好这个尴尬的场面没有被发现。1950年代初，是一个对"新世界"有着热切梦想的年代，而我又是处在基本上由浪漫想象控制的年龄。在那些年里，文学作品被看成生活教科书，文学世界与现实世界之间，也被看成具有绝对关联，甚至是可以等同的关系。我们热衷于以寻找生活箴言的方式进入书本，而且，一旦进入就不愿走出。不仅对巴金，鲁迅也一样。我读书的中学开会纪念鲁迅，墙上、柱子上贴着许多从鲁迅书中摘录的，如"有一分热，发一分光""一要生存，二要发展"之类的格言。巴金作品中对不合理现象、制度的揭露、控诉，对理想未来的热切、坚定期待，发自生命深处的真诚告白、倾诉，对善恶、美丑所做的明确分辨，期待读者情感积极响应的"启蒙"美学观念，都特别吻合少年时代我的生活认识和阅读心理。此后一段时间，我寻找着在那个小城可以得到的巴金的书。当然,并不是他所有的著作都能对我产生同样的冲击。比如说,现在普遍认为艺术更为成熟的《寒夜》《憩园》等,当时也翻过,却没有留下很深的印象:巴金1940年代这些作品的细致和阴郁,大概难以从我这样肤浅的少年那里得到呼应吧。

二

高中以后,读书的兴趣有了转移。那时有点无知的狂妄,觉得从他的书已经不能获得更多的东西,似乎就此告别了巴金的阅读。但过不了几年,我又再一次拿起巴金的书,但这次是完全不同的情景。这是1958年底到1959年初的事情,当时我在北大读三年级。阅读的动机直接来自1958年的"拔白旗、插红旗"的文化批判运动。"反右"和"社会主义革命"的开展,据说需要重新审查一切文化遗产,包括"新文学"在内;而作为一种世界观、生活伦理和精神态度的人道主义和个人主义,在当时成为最需要清理、批判的思想、精神对象。那些在知识青年学生中曾经和仍在发生较大影响的文学作品,在这个时间受到特别关注。从1958年下半年开始,各地报刊,如《文汇报》《文学知识》《读书》《中国青年》等,开设了各种有明确批评指向的讨论专栏,涉及的作品有《约翰·克里斯朵夫》《红与黑》等,巴金的作品也在其中。

为什么在众多的新文学作家中选择巴金,当时我没有想过这个问题。现在猜想,可能有下面这样一些原因。巴金作品(特别是《家》)在当时仍然有不少青年读者,仍然在"产生影响",这应该是主要一项。[1]而且,

---

〔1〕因为仍有许多读者,冯雪峰在1955年第24期《中国青年》杂志的"答读者问"栏目中,就当代重印巴金的作品有什么意义,现在的青年阅读时应该采取什么态度,从他的作品中能学到些什么这类问题,做了解答。

1958年开始,人民文学出版社开始陆续出版多卷本的茅盾、巴金等作家的文集。这属于现代文学"经典化"的规划之一。到1958年底,《巴金文集》已出版六卷。

在1950年代开始的新文学作家"经典化"过程中,巴金的地位也得到提升。从1958年开始,多卷本的巴金的文集,和《茅盾文集》等一起开始出版(到1958年底,《巴金文集》已出版六卷)。与此相呼应,巴金这个期间也连续发表了多篇创作谈,一些重要文学刊物也发表了大型的研究巴金的论文。[1] 这与1950年代初,巴金一再检讨自己在"旧时代"的创作,以及一些左翼作家认为巴金的作品已经落伍的情形,发生了明显变化。[2] 另外值得注意的因素,是这次"讨论"的始作俑者,应该是上

---

〔1〕《和读者谈谈〈家〉》(《收获》1957年第1期)、《谈〈春〉》(《收获》1958年第2期)、《谈〈灭亡〉》(《文艺月报》1958年第4期)、《谈〈秋〉》(《收获》1958年第3期)、《谈我的短篇小说》(《人民文学》1958年第6期)、《谈我的散文》(《萌芽》1958年第9期)等。在这期间发表的重要研究论文,有杨风的《巴金论》(《人民文学》1957年第7期)、王瑶的《论巴金的小说》(《文学研究》1957年第4期)等。

〔2〕1950年代初,巴金对自己的"旧时代"的作品,有过不少的自我批判。左翼作家丁玲1950年在《跨到新的时代来——谈知识分子的旧兴趣和工农兵文艺》中也说到,在"新时代",不要说冯玉奇、张恨水,就是喜欢冰心、巴金的读者,也应该向前跨出一步。

海的姚文元。他不仅写了引发"讨论"的文章,此后又有多篇文章发表。[1]这个事实与当时上海的政治—文化激进派别的出现,以及上海文化界内部的权力关系,是否存在某些牵连,也是可以考虑的问题。需要提到的事情还有,当时发生的美国作家法斯特事件中巴金的表现。1956年赫鲁晓夫在苏共二十大上所做的反斯大林的"秘密报告"被披露之后,引发国际共产主义阵营的强烈震荡。美国左翼作家法斯特发表公开声明,宣布退出美国共产党。这一事件,遭到当时中国大陆作家的谴责。1958年4月出版的《文艺报》(1958年第8期)刊发了一组声讨文章,其中也有巴金的《法斯特的悲剧》(参见本文的"附记")。巴金虽然也批判了法斯特,不过,他的声音没有别人的高亢;他甚至为这位"杰出的"作家的这一选择感到惋惜,似乎还有回头是岸的期盼。对巴金的这种对待"敌人"的温情主义,《文艺报》很快就刊发了读者的批评文章。

在巴金作品"讨论"开始之后,京、津、山东、武汉等地一些大学的青年学生,成立了多个讨论小组。我所在的班级也不肯落后;我就是一个有七八个人的小组的成员。在此前我们班批判王瑶先生《中国新文学史稿》的活动中,我因为暑假执意要回广东,大部分活动没有参加。回校后看到同学们已写出多篇批判文章,并已在《文艺报》《文学研究》上发表,有了"临阵逃脱"的愧悔。这次,便想能表现得积极点,弥补我的"过失",于是日以继夜地重读巴金的小说。除

---

[1]《中国青年》1958年第19期(10月1日出版)登载了姚文元的《论巴金小说〈灭亡〉中的无政府主义思想》。同月出版的《读书》《文学知识》等刊物,和上海的《文汇报》也开始出现巴金作品讨论专栏。姚文元后来还写了《论巴金小说〈家〉在历史上的积极作用和它的消极作用——兼谈怎样认识觉慧这个人物》《巴金作品的讨论,分歧的实质在哪里》等文章。《中国青年》《读书》《文学知识》的讨论,从1958年开始到第二年的4月,共刊发了近60篇文章。另外,这个时期登载有关巴金作品评价的报刊还有《文汇报》《文学研究》《新民晚报》《光明日报》等。

了"激流三部曲"之外,还有他早期的作品,即"爱情三部曲"(《雾》《雨》《电》)、《灭亡》《新生》等,都是写带有无政府主义色彩的革命者的小说。这次阅读的动机、方式,和中学时大不相同。这是在事先确定的阐释框架中的阅读,一种非个人的、"公共性"的阅读。在小组不断的讨论中,在阅读其他的"指导性"的文章中,个人可能有的感受、印象,都自觉、紧张地不断加以修改、提升、涂抹,以便达成统一的"正确"结论。作品的思想倾向,它们可能产生的社会政治功能,"积极作用"还是"消极作用"——这些成为我们思考、争辩的中心,甚至唯一的问题。就像是通过一具网眼细密的筛子,其他的东西都几乎被过滤掉。当然,后来我也明白,这个阐释框架,其实与巴金的文学观并不矛盾:社会革命的能量问题,如巴金所一再申明的那样,始终是他文学活动的最高目标。

这个期间,我们信服周扬在《文艺战线上的一场大辩论》中的论断:个性解放、个人主义在反封建,在民主革命时期有它的历史意义,到了社会主义革命阶段,只能产生消极、甚至反动的作用。但也不是没有一点疑虑,为此小组讨论经常发生争辩。比如,巴金在处理他的英雄所要逃离、叛逆的家庭、制度时,决绝的同时其实也有保留和温情,内心有矛盾的一面。这种复杂性是表现了巴金的思想局限,还是因为有了复杂性,作品才得以具有艺术深度?又比如,对于《秋》(1940)和《家》(1932)叙述方式、情绪格调上的某些变化,是巴金思想艺术的后退,还是他取得了重要进展?在这之前,我们曾在东长安街的剧场看过曹禺改编的话剧《家》,记得是中国青年艺术剧院的表演。显然,我和一些同学都更喜欢话剧,但是都不愿过分声张。我们的不安是,这是否因为曹禺突出、放大了觉新与瑞珏、梅小姐的感情纠葛,而满足了我们的"小资产阶级"的不健康情调?最让我们关切的问题是,进入"社会主义时代",一切与"社会主义"观念不同,或稍有偏离的精神产品便要批判、抛弃，那么，历史上还有哪些东西能给我们留下？别的同学不知道，以我而言，对那些要被"清算"的古典、现代"遗产"，心中存有许多的依恋。后面这个问题，泄露了我这样的1950年代"造反者"内心隐秘的"恐惧"。

因为有了这些疑惑和我们争论不休的"难题"，便商议造访一些作家、理论家，寻求"高人"的指点。应该是1958年的岁末。在打听到他们的住所或办公地点之后，便贸然前往求见。先后见面的有楼适夷、曹禺、林默涵诸位先生。杨晦、吴组缃先生就是北大的老师，见面当然是比较容易的事。楼适夷先生是太阳社和左联的成员，1958年担任人民文学出版社的领导工作。我们想了解的是《巴金文集》规划、出版情况。不过，当时见面的情形，现在已经毫无印象。曹禺先生住在城里的一所四合院里，他将我们让进有些狭小的书房。记得有冬日的阳光照进屋子。他温和亲切，但话不多，看得出有可以理解的戒心。他和巴金是好朋友。对于我们的提问只是回答说，我们（指他和巴金）都是从这样的家庭里出来的，总会有割不断的千丝万缕的感情纠葛。对于《家》的改编，他强调的是戏剧和小说在艺术上的不同。到了沙滩中宣部的传达室，我们提出访问林默涵先生，他当时任中宣部文艺处长。通过电话之后不久，秘书身份的女士急促地来到门口，领我们急促地小跑般穿过红楼，穿过民主广场，来到落成不久的中宣部大楼。林默涵先生最关心的，是周扬不久前（也是12月）在北大办公楼礼堂演讲后师生的反应。我们当时并不知道，这是当年周扬提出的建立"中国自己的马克思主义文艺理论和批评"的组成部分；演讲的题目就是"建立中国的马克思主义美学"。演讲中对1958年大跃进处理文艺与政治的简单关系，曲折地提出批评。但我们对这一切懵懂无知，不免答非所问。对于我们的巴金评价问题的提问，他没有正面回答，只是含糊其词地说，作品都是可以讨论、可以批评的吧。他对当时开展的批判"资产阶级"作家、学者的运动，也没有表现出我们意想中的积极支持的态度。谈话间他突然提到郑振铎。说对郑振铎先生学术的批判，周扬同志心里很不安，本想等他回国后当面向他解释，让他不要放在心上；可是已经不可能了。"不可能"是因为郑先生率文化代表团出国访问，10月17日因为飞机失事遇难。这番话是否是一种暗示，我们不得而知，但当时大家都沉默无语。

对于我们这次的活动，在很长时间里，我都以为文章并没有写出，最后是不了了之。直到最近查对资料，才发觉我的记忆有误。一个能够解释这个错误的理由是，在1958年12月底，《诗刊》社的徐迟先生到了北大找到谢冕他们，提议在寒假里集体编写"中国新诗发展概况"。于是，我便离开了巴金作品讨论小组，和高我们一个年级的谢冕、孙绍振、孙玉石、殷晋培，以及我同班的刘登翰，带着铺盖和从图书馆借出的几百部诗集，住进中国作协和平里宿舍的两居室公寓里，开始了另一次无所畏惧的"造反"：用"东风"与"西风"、"主流"与"逆流"的"两条道路斗争"线索，来"清理"中国的新诗历史。

三

第三次集中读巴金的书，是1980年代末到1990年代初那段时间；主要读的是当时反响很大的《随想录》。阅读虽说也有想从中得到释疑解惑等动机，但在很大程度上是"职业"的需要。我在学校教"当代文学"课，在1980年代的思想、文学潮流中，《随想录》是重要文本，不能视而不见，必须向学生提出可以供他们参考的分析。当时的情景是，社会转型的迹象已经出现，政治、意识形态热情开始"衰退"。"当代"经历过许多挫折的知识分子，出现了明显的分化。

一度高涨的启蒙热情受到质疑，知识分子的精英意识和"代言"姿态，被认为是一种虚妄的幻觉。从文学界的状况说，"回到文学自身"代替"干预生活"成为主要口号。分析起来，这时的"纯文学"的诉求自然有着"政治"含义，它隐含了削弱、挣脱当代政治对文学禁锢、困扰的努力。但是从部分知识分子的现实取向上看，则反映了他们中相当部分人的"后撤"趋势。这种变化的气候，这种情势产生的氛围，我在当时多少能够感受到。而且，觉得与这种变化之间，似乎存有一种亲近感。虽然自己不愿承认，但这肯定与怯懦的性格有关。这些，当然制约着我对《随想录》的阅读。

　　从《随想录》中，我有许多的感动。首先是巴金对亲人、友朋的真挚的情感，和对自己的生命、行为的真诚态度。这是贯穿巴金作品的动人的元素。这种感情其实并不复杂、深刻，而且可以说是天然而又"简单"的，但却持久不变。在笼罩着悲观主义迷雾的现代，这难能可贵地表现了他对人类基本生活及其前景仍一直抱有信心。有的时候我甚至偏执地认为，《随想录》中有了这些篇章、这些元素，也就够了，虽然它们有的写得过于伤感。不过，巴金不会这样想，大多数读者对巴金也不限于这样的期待。关切人类未来的胸怀和责任心，促使他反复向我们提醒历史中仍有许多"债务"没有了结，有许多真相还未揭示。毫无疑问，"抵抗遗忘"是他不厌其烦地宣讲的中心话题。这也是他作为20世纪中国重要作家的标志。另一点让人感动的，是关于个人在历史中的责任的问题。生命与"当代"历史重合的许多写作者，在1980年代纷纷以或虚构，或纪实，或纪实掺合虚构的方式来反思"当代史"。他们或者承担起揭露、控诉的责任，或者塑造被迫害的受难者角色。不过，像巴金这样的严格自省的写作者，确实还不很多见。因此，我通过对若干作家的文本的比较，讨论了1980年代个体在"历史反思"中的位置、态度问题，并杜撰了这样的"类型分析"：有虚构了空洞化英雄以回避自省者；有如堂·吉诃德临终时从"英雄"幻觉中清醒者；有通过自审以重建启蒙责任，从公众和自己内心那里重新获得"文人英雄"的资格者。巴金正是后面的这一类人。

但是我那个时候读《随想录》也有感到困惑，或不满意的地方。我们应该将《随想录》看作是什么性质的文本？听课的学生也提出相似的问题。如果是"文学"文本，那么，其中不少文字在"文学性"（假如我们还相信有"文学性"这个东西）上有明显欠缺；如果当作"公共知识分子"的社会文化批判的记录，那么，对于现实、历史问题的讨论深入，似乎还有更多的期待。举例来说，我不认为巴金在20世纪五六十年代都是处于失去独立思考能力，在各种压力下讲违心话，做违心事的情境下。他在"当代"的不少时间里有崇高的地位。他对"新时代"曾经有过的礼赞也应该是经过"独立思考"、发自内心的。它们并不完全是外部力量所强加，从一个方面看，他的选择与他所一直坚持的历史观有紧密的逻辑关联。是的，对于我们生活的特定语境，"讲真话"是艺术和历史叙述的至关重要的前提，但也肯定不是问题的全部。

至于说到"文学性"，记得当时香港的一个读书杂志《开卷》，曾登载当地大学生的文章谈到《随想录》艺术的欠缺。这引起了内地一些作家和巴金研究者的不满，甚至愤怒。我当时的同情是在那些学生方面。我不能理解的是，为什么指出《随想录》艺术的不足就是犯了大错呢？巴金对这个批评的反应，是他的"我不是艺术家，我只是有话要说"的再次重申。我知道，从1920年代《电》的前言开始，他就一再表达了他以艺术承担社会使命，而无暇、没有心情考虑艺术形式、技巧的观点。这当然是艺术家的一种选择和艺术观的表白。但这不应该成为回应批评的根据。巴金其实并非没有考虑艺术、形式的问题。而且，在读者的心目中，能够想象巴金还有文学家、小说家之外的其他身份吗？

后来，我在《作家姿态与自我意识》这本小书中提出、讨论了这些问题。除了艺术和社会关系之外，也谈到人道主义的社会理想的力量和限度等。但问题可能是，在我们这个时代，"深刻"、冷静、知道限度的聪明人并不缺乏，而巴金这样的一如既往的"傻子"，却实在过于稀少。当时读《随想录》的时候，我也读着德国作家黑塞、伯尔、格拉斯的一些小说。在看待、处理历史的"灾难性"事件上，他们之间，他们与巴金之间当然存在许多不同。不过，也可以看到那些可以被称为"重要作家"的相似的基本点。所以，在课堂上，我挪用德国一位批评家谈伯尔的话，来谈写《随想录》的巴金：他的作品会有失误，艺术上也有欠缺，但他的生活和著作决无欺骗。他正直，正直得近乎憨傻。过去常说作家是民族的良心，现在听起来已经过时。但巴金的为人和写作，使这句话重新被我们相信……

四

不过，巴金的离去，也确实象征一个文学时代的结束。近年来文学界热衷于"新文学终结"这个话题。虽然对"终结"人们各有自己的理解，但是文学形态及各种形态的关系，和五四，和五六十年代，甚至和1980年代的不同，却是不争的事实。巴金的去世也许就是这样的一个"宣告"？巴金"遗产"在这个变化的文学时代，意义在何方？都是留给我们的问题。前些日子，东京大学的尾崎文昭教授在北大中文系就这个问题做学术讲演。提问、讨论时，主持人钱理群教授问我有什么话要说。我说想向尾崎先生提一个幼稚的、与学术无关的问题：当你在说"新文学终结"的时候，你是快乐，还是伤感？这个提问引起一片笑声，以至于我没能听清尾崎的回答。在场的青年教师王风的话倒是听清楚了："这个问题要反过来问洪子诚老师才对。"

在我这里，一个值得敬重的个体生命的终结，和一个同样值得敬重的文学时代的终结，都是会让人长久伤感的事情。

2006 年春

附记：巴金的《法斯特的悲剧》

霍华德·法斯特（1914—2003）是 20 世纪美国革命畅销小说家，在 1950 年代前期的中国大陆文学界，也是影响颇大的西方左翼作家。在 1950 年代前期，我知道的美国作家很有限，知道名字，或读过他们一些作品的，有马克·吐温、惠特曼、马尔兹、德莱塞、海明威等，而法斯特在当时似乎是名气最大的一个。他的小说、报道、政论等作品，在 1950 年代前期有多种译本。当年上海的文化工作社、文艺联合出版社、平明、泥土书店等，出版有《公民汤姆·潘恩》《斯巴达克思》《都会一角》《光明列车》《没有被征服的人》《自由之路》《最后的边疆》《知识分子为争取和平而斗争》等小说、报道、政论作品，是翻译出版的西方当代作家最多的一。他的小说明确表明了站在被压迫者一方，描写他们的挣扎、抗争的立场，并坚持写作、言论与行动之间的一致性。由于他的左翼立场，1950 年代被美国政府列入黑名单，曾被捕入狱 5 个月。

1956 年 3 月苏共二十大赫鲁晓夫发表反斯大林报告，特别是 10 月匈牙利事件，苏联军队入侵布达佩斯之后，法斯特发表宣言，宣布退出美国共产党。1957 年他出版了《赤裸之神》。后来，对这个时期立场的改变（也就是革命阵营所说的他成为"叛徒"），他做过这样的说明：

"我属于那个普遍相信社会主义的时代,但是那信仰终于被摧毁。这并不是说我弃绝了共产主义或社会主义,只是说我对苏联的实践有了某种程度的了解。一个人在二三十岁时可以相信武断的教条,可是如果到了五六十岁时还是保持这种武断,只证明他的学习能力不足。"

在法斯特宣布退党之后,中国文学界作出激烈的反应。《文艺报》1958年第8期(4月26日出版)开辟了取名《呸!叛徒法斯特》的批判专栏。据编者的说明,专栏的设置固然是为了让"读者擦亮眼睛,提高自己的识别能力",但也和国内当时的情势相关,即有助于反右之后中国知识分子"努力摆脱资产阶级世界观的束缚,求得彻底的思想解放";因为法斯特的这种表现,是知识分子的资产阶级个人主义、唯心主义的"危险性和危害性"的有力例证。专栏除了报道"法斯特叛党的经过及各国进步文学界对他的批判"之外,还发表、译载了巴金、曹禺、袁水拍和一些外国作家的批判文章。

巴金文章的题目是《法斯特的悲剧》,在这篇文章里,虽然同样批判,谴责了法斯特的"叛变",但由于措辞不够严厉,态度不够决绝,刊出后便受到"读者"的批评。巴金在文章里说,法斯特走的是法国作家安德烈·马尔洛的悲剧道路,他为此感到惋惜,"他背弃了人民,背弃了他的主人公""去拥抱他过去所憎恨的美国方式的'民主'""我们从此失去了一个诚实的作家"。巴金又说,"我并不怀疑法斯特过去的诚实,我也不认为法斯特最初发出他那'痛苦的哭声'时就有坏的动机。他过去为他的思想和言行吃过苦,受过迫害,坐过牢,受过抵制",但"他怎么能够在短短的一年多的时间内毁掉了自己十几年艰苦忘我的劳动所造成的一切,而且一点也不顾惜呢"。在这里巴金流露了遗憾、惋惜之情。巴金文章还触及自由知识分子面对现代革命时经常遭遇的目的与手段之间关系的难题。他引述了杰弗逊的话("人类为了夺回他们久已丧失的自由所作的努力,竟然不能免掉暴力,错误,以至罪行,这是不幸的。但是我们为手段悲哭的时候,我们同时也为目的祈祷")之后说,这个问题在一百几十年前已经解释明白了,可是法斯特却没有明白。因此,他期望法斯特"回头是岸"。

1958年初读这个批判专栏里的这组文章,倒是巴金的一篇留给我较深印象,也为我所喜欢。这大概是他个人情感的加入,以及那种并不那么强硬的情感、语气。因此,在巴金文章受到批评之后,当年追求政治进步的我,便意识到自己思想情感有许多的不健康角落。

现在想起来,在一个思想、情感、思维逻辑日趋"严苛"的时代,巴金这些言论受到批评,是理所当然的。他的"错误"在于承认目的和手段可能的分裂,也在于远没有熟练运用当代确立的那种好坏、美丑的绝然判分的思维方式和感情方式。正是这种"不彻底性",使巴金在"文革"结束后的《随想录》写作中,似乎也"靠拢"了他曾经批判过的法斯特的"转变"的道路。

巴金的精神遗产[1]

虽然巴金先生已经102岁高龄，且多年一直住在医院，生命已基本上靠药物和外部干预支撑，因而，他的死对任何人都不是什么意外的事，但是，2005年10月17日他离世的宣告，仍让许多人伤心。报刊、网络上大量文章和留言，并不完全是对一位知名或居权位高层者去世的例行公事，我们看到许多来自内心的真诚表白。五千多民众自发给他送行的情景，也说明了这一点。在当今的中国，文学，尤其是"严肃文学"的读者锐减，在社会生活中的影响力，已不是以前的年代（比如1980年代）所能比拟，他们中的著名者曾有的"文化英雄""精神领袖"的身份，在公众心目中已经褪色。在这样的背景下，巴金去世产生的反响似乎成为一个"特例"，由此也可以说明他在20世纪中国文学，在人们关于20世纪的历史记忆中的重要地位。

巴金的功绩，当然是他在长达七十余年中的文学写作和文化活动。对于巴金作品文学价值的评价，这二三十年来文学界存在着不同意见，他的文学史地位也发生高低错落的变动。但不管怎么说，26卷的小说、散文随笔、评论，10卷的译作，是他一生执着、勤奋劳作，和他巨大创造力的证明。在20世纪，他是拥有最多青年读者，并对

---

[1] 这是巴金先生去世时，应《人物》杂志之约而写的纪念文章。

他们的生活道路发生重要影响的新文学作家之一。他的"爱情三部曲""激流三部曲"(《家》《春》《秋》),他的《寒夜》《憩园》,在中国新文学史上确立了难以动摇的地位。他的小说写作,也建立了有独特标记的叙事美学:耽爱"三部曲"的长卷体式;发自生命深处的真诚告白、倾诉的叙述方式;人物塑造、情节安排上强烈的主观干预色彩;对善恶、美丑所做的毫不含混的分辨;对读者的积极响应、参与的期待……对于这种叙事美学的价值,它的艺术功过,肯定存在争议,巴金在他1940年代的作品(《寒夜》《憩园》等)中也做了调整。但是,这种叙事美学,却是巴金式的,独特而不可替代。这大概是一个真诚时代产生的美学。它在今天当然不可能再复现,真诚越来越成为稀缺的东西,但它肯定是值得辨析的财富,至少是值得我们在记忆中留存。

巴金的艺术创造在今天的现实意义,还突出表现在他的写作与他的信念、社会理想之间的关系上。我们都清楚,巴金最初并不是想当文学家,五四时期他在成都成立社团,办刊物,印发传单,后来到上海、南京和法国读法国革命史,翻译研究无政府主义,目的都是为了寻找中国的出路。意大利工人领袖梵宰蒂的话("我希望每个家庭都有住宅,每张口都有面包,每个心灵都受教育,每个人的智慧都有机会发展")是他一生追求的目标,认为小说家也应该是高尔基的那个在黑暗中高举"燃烧的心"的勇士丹柯。虽然在后来,巴金对某种具体学说(如无政府主义)的理解发生变化,在命运之途中也遭遇到各种挫折、磨难,但是,对不合理制度的憎恨,与强权保持距离,对弱小者、被损害者的同情,和对一个平等、公正的世界的期待,可以说终其一生都从未有改变更易。而他的文学写作,正是服务于这一崇高信仰的。即使在"文革"中受到许多非人的折磨,度过痛苦、辛酸的十年时间,但是并没有走向逃遁与淡泊,直至生命的临近终结,仍以他的文字和行动，表达了他这样的生活态度：既然历史已经赋予我这样的责任，而我又早已答应承担，那么我就不能放弃，不管付出什么代价。

　　自然，文学写作与社会理想、社会承担之间的关系，是一直存在争议的、复杂的问题。强调作家对时代问题、社会行动关切，将文学当作"武器"，与重视文学的艺术特征，追求语言、形式的独创性之间，并不是总能协调一致的。在多数情况下，它们之间的差异、矛盾更为显见。因此，在20世纪的中国，这也是文学界争论的焦点问题之一。在一些时候，当文学过分地成为一种"工具"（而且是"粗劣"工具），过分强调为了政治，为了社会行动应该牺牲艺术的时候，提出文学的"自律性"和"自足性"问题，不是没有道理。不过，当作家、诗人普遍被看成工匠式的"技艺人"，不少作家也把自己定位为单纯"娱人者"，写作的历史承担被看作是虚妄的幻觉，"人"与"文"、人格与文章的分离正成为一种普遍趋向，而20世纪新文学的那种"感时忧国"、关切时世、干预现实的品格，被简单、不加分析指认为是弊端和缺陷的时候，重提巴金提倡、也身体力行的写作承担，指明写作与社会责任存在的关联，相信也并不是无的放矢。也就是说，巴金等作家在实践中体现的那种思想遗产——作家的热情、想象力、文学技巧，应该为了将现实生活中提供的各种信息加以辨认，做出处理，以确立对现实和社会未来的深刻了解，并向同时代和后代人施加影响——的当代有效性，是个值得我们思考的问题。我们虽然不会无保留地全盘接受，但不应忽略其中合理、庄严的内核。

　　在1950至1970年代，巴金的写作出现重大的"滑落"，这是他的写作生涯黯淡的时期。"文革"结束后，他最重要、影响最大的作品，是为人们广泛谈论的《随想录》：作为一个"过去时代"的作家，他以此参与了当代的思想文化问题的思考。巴金是文学家，《随想录》理所当然地被看作是文学创作。其中确有不少精致、情真意切的篇章，常被举荐的有《怀念萧珊》《小狗包弟》，以及他回忆、怀念亲朋故旧，包括追忆胡风、路翎等的文字。不过，《随想录》的重要性和已产生的影响，显然不能仅从"文学"这个层面去解析。它们提出的思想、历史问题的尖锐、深刻程度，和这些表达与当代中国的现实思想文化问题的契合程度，更应为我们所重视。评论家、读者也更多从这一角度来看待《随想录》。说《随想录》里的篇章并非一一精美，这可以理解为在"文学"层面指出其中存在的缺陷；但是从参与思想思考，对社会公众发言的层面，离开所谓"精美"的判断，却又可能更切近作者所要达到的目标，和文章传达的主旨。在语言与良知、艺术与道德之间，巴金的选择显然更倾向于后者。相信这一选择，有他的充足的依据。

《随想录》的内容相当广泛，有对现状——社会、政治、文化、教育等现实问题——的杂感，有对自己创作生涯、思想历程的回顾，有对亲朋故旧的深挚怀念……但是它的中心，是对当代历史，尤其是"文革"的反思、批判。正如他所说，"尽管我接触各种题目，谈论各种事情，我的思想却始终在一个圈子里打转，那就是所谓十年浩劫的'文革'"。在巴金看来，"文革"是一个"难以置信"的历史谬误；让他长久困惑的是，人们因何种缘由卷入这场动乱，"互相憎恨、残害""人性受到这样的摧残、践踏"。对于他所说的这一"可怕而又可笑，古怪而又惨痛"的事件，他认为，仅是宣布终结，仅是控诉、谴责远远不够，重要的是思考、总结，探究它发生的根源，以及它在人类历史上的经验教训。因此，《随想录》可以说是一部探讨历史责任的书；它的"关键词语"是"拒绝遗忘"。他提醒读者，那些重要的"过去"不应该轻易从记忆中消失，只有不畏惧的记忆才能使我们摆脱愚昧，使身心健全；而忘却却可以让我们经受的一切变得毫无价值。巴金在《随想录》中坚持的思想，可以用这样的话来说明："假如我胜利的话，我必须使人发疯。"不是编造、臆想美丽的谎言，而是讲出真相，摆出哪怕是可怕的事实：这就是他反复申言的"讲真话"的涵义。

在八九十年代，一再提醒人们正视历史、反思历史的，当然绝非巴金一人。但是，巴金却是始终坚持不懈者。而且，更让人敬重的是，这种"正视"，是从历史的"反思者"自身开始。这一点却不是许多人都能做到的。他坚持认为，"审判"历史，必须从自我审判作为起点。巴金在"文革"中原本是个"受害者"，他可以如大量的回忆文字那样，略去当时的思想感情细节，而突出他的受难的情景，博得人们的同情，痛苦、受难也会转化为一种荣耀，一种缘饰冠冕的光辉。但是他没有这样做。他自觉对"历史"负有"债务"，要在有生之年偿清这些"欠债"。这就是人们所说的那种近乎"残酷"的自责、自剖。这些文字，这种立场、举动，就是要弄清楚"我是谁"。如果在"我"的身份、立场、品格都是疑问的情况下，"我"又如何能有力量对历史进行裁决？因此，有关巴金的"自审""忏悔"，不能仅看作是有关个人的道德自我完善，看作是性情修养的问题。这些命题具有普遍的意义，涉及的是个人与历史责任之间的关系，是历史反思、历史承担的前提这一问题。

当然，《随想录》并不是一部讨论社会历史问题和人生哲学的著作，我们无权要求作者提供深入论证和结论。它的价值其实是历史某一重要时期个人体验、思考的广度、深度。体验的深度只能来自于冲突，来自于环境与心灵，以及对人的内部世界冲突的把握。我认为，虽然巴金可能有失误，艺术上有欠缺，但是，他的生活和著作决无欺骗。人们正是在正直、在经常告诫不要忘记民族灾难的历史，并身体力行进行有效反思上，称他为"民族的良心"。

我很同意陈思和先生多年前一篇文章中说过的话，我们现代人

"不怎么关心一个过去时代的老人的真实思想和话语内涵。90年代知识界流行过许多新的偶像和新的话语,这自然是不错的,但因此而完全忽略了今天的社会正是从历史阴影里走过来的,而对以前鼓舞时代的精神武器完全采取不屑一顾的态度,只能使今天的思想建筑于流行的旋风之中"(《巴金的意义》)。巴金先生已经去世,继承、爱护,并在新的历史环境中发展他留下的精神遗产,是我们最好的纪念,也是我们所应承担的时代精神建设的课题。

2006年春

历史承担的意义

——"我的阅读史"之《郭小川全集》[1]

一

1950年代初刚上初中的时候,就在报上读到许多署名"马铁丁"的思想杂谈,后来知道郭小川是这个写作集体的主要成员。1955年,郭小川的《致青年公民》抒情诗发表,我是热爱者之一,并在作文课上,模仿这一体式,写作长篇的楼梯体诗。1956年来到北京上大学,这一年和随后几年郭小川发表的作品(《山中》《致大海》《白雪的赞歌》《深深的山谷》《望星空》等),在我们一部分喜欢诗的同学中传诵。记得,我和同班的刘登翰当时特别喜欢他在《月下集》"权当序言"中所表达的观点,欣赏他对已获评论界高度赞扬的《致青年公民》的自我反省("浮光掠影的东西""粗制滥造的产品"),欣赏他对诗的"思想创见""独特风格"的追求,和探求诗歌创作"新路"的执着。我的《月下集》(1959年人民文学版)上,现在还可以看到刘登翰在"作者自己""新颖而独特""巧妙而奇异"这些字句下所画的圆圈。1962年

---

[1] 在《郭小川全集》首发式上的发言。本文刊于《开放时代》(广州)2000年第3期的时候,题目是《历史承担的意义》。《郭小川全集》共12卷,由广西师大出版社(桂林)出版于2000年,杜惠、郭小林、郭岭梅、郭晓惠编。

冬天回广东老家路过厦门,和刘登翰又一次到鼓浪屿,听到海涛拍浪的声响,不约而同脱口说出"如鼓的浪声"(郭小川《厦门风姿》)。我们对于郭小川的亲近的感觉,想起来是很自然的。他对于革命和文学的真诚,战胜平庸和寻找独创性,以及在那个时代,在"探索"和"独创"上,环境的压抑和自我的压抑,都为我们所熟悉,我们也多少体验过。"文革"结束后不久,我在《文汇报》(香港)和《长江》(武汉)上读到公开发表的长诗《一个和八个》,既惊讶又兴奋,因此写了论郭小川1950年代诗歌创作的长文,讨论他这一最有光彩的文学时期。"新时期"的最初几年,是郭小川最受读者和批评家热情关注的时期。随后,中国大陆诗歌的热点和诗学问题,发生重大转移,郭小川逐渐退出诗界关注的中心。回想起来,这十多年中,除了编写文学史、诗史有所涉及之外,我只是在《望星空》的重读活动中,写过一篇几百字的短文;我自己不清楚还有哪些重要问题可能提出。有时便会有这样的想法,这位诗人的写作,是否已失去在新的视角下被重新谈论的可能?

《郭小川全集》(下面简称《全集》)的出版,纠正了我的这一想法。由于大量的背景材料和诗人传记材料的披露,作为当代诗人、知识分子的郭小川的精神历程的研究价值得以凸现,也使其诗歌创作的阐释空间可能得以拓展。近些年,对于当代(1950—1970年代)的作家、知识分子生活道路和精神历程的研究,已被逐渐重视。不过,"集体传记"式的研究风格和方法,似乎仍颇为流行:许多作家、知识分子,被放在几种类型的粗糙区分下谈论。每个时代的知识分子也许有他们的共同问题,但是,我同意这样的说法,每个人的日常境遇,和面对决定的困难,总是各不相同的。在读了《全集》的有关材料后,更相信这一点。在"当代",郭小川不是被革命遗弃的作家,不是与时代存有严重冲突的作家。不过,他也不是那种将生命化为抽象的思想,面孔失去光泽的人，犹如《日瓦戈医生》中的斯特列尼科夫那样。郭小川既为那时的文学界所推崇举荐，但在某一阶段，或某些作品，也受到严厉批判；他进入1950年代文学的权力机构，却对拥有权力并不十分热衷，且不能与这一权力体制完全融合；在诗歌艺术的独创上有很高的要求，却因不能获得开阔、丰厚的参照和借鉴，而使这种要求受挫；一生忠诚革命的"集体事业"，但在面对"革命"要求放弃个体的精神独立时又会犹豫不决，甚至陷入内心冲突的痛苦之中；人性、温情、信任等人道主义"毒素"，显然侵蚀了他对于阶级论和斗争哲学的信仰；为了所犯的"错误"和"罪行"多次检讨，做出真诚的忏悔和反省，但始终坚持着心灵和人格的高贵，而与怯懦和委琐无关；并不一味沉湎于对纯粹目标、概念、原则的神圣幻觉，在感情上更倾向于对日常生活，对有着具体的喜怒哀乐的生命过程的尊重……说起来，在经历了纷繁变迁的时势之后，对于那些被他人和自己塑造成"毫无杂质"的"纯粹"的人，我们总会心存疑惧，不再那么信任和亲近。《全集》为我们进入一个活生生的人的生活世界，创造了必要的条件。它所提供的材料，是真实的，不空洞含糊的，这是它的价值所在。

二

《全集》的出版，对于"当代文学"研究的改善和深化，应该也有一些启示作用。《全集》所收入的日记、书信和各个时期的工作笔记、思想鉴定、会议记录、检查交代，有助于更切近地了解这一时期文学和作家的历史处境及文学生产方式的性质。当代文学的路向、形态的确立，与这一时期文学的"生产方式"的特殊性无法分开，不考察这个期间的文学体制和与此相关的文学格局，我们将难以深入理解它的形态，理解当代作家的表现和做出的选择。

现代文学生产的政治化和商业化的趋势，在当代发生了泛政治化的转移。杂志和报纸副刊虽然仍是文学生产的重要场地，但是，它们原来那种相对独立于政府的"公共论域"的性质，在很大程度上已不再拥有。国家以组织政治和经济活动的方式来组织文学生产，对文学写作、出版、流通、阅读、评价，根据意识形态目标加以管理、调节、控制。这个问题，应是了解当代文学的"本质"的关键。这涉及作家的身份、经济来源、社会地位；涉及出版社、文学刊物的性质和经营管理方式；涉及创作的组织方式、发表方式、评价机制；涉及文学团体和作家组织的机构性质和职能……这方面的问题，已受到研究界的重视；不过，从目前的情况看，还很难说已取得实质性的重要成果。一方面是学术观念和现实政治—学术体制的限制，另方面则是材料获取的困难。

1950年代，郭小川在中国作协书记处工作。这个期间，会不同程度地参与、介入当时文艺界的若干重要事件（胡风事件、丁陈事件、文艺界的"反右"运动和"反右倾"运动等）。另外，郭小川的部分创作，也成为当时文坛的大事，如《望星空》的发表，《一个和八个》所受的内部批判等。《全集》对上述的事件，提供了若干值得重视的材料。这些材料之所以重要，在于目前有许多事情仍是水面下的冰山。史实、材料的被封闭和垄断，导致当代文学研究在许多问题上仍是暧昧不明。举个例子说，1957年6月到9月召开的共27次的中国作协党组扩大会议，批判丁玲、陈企霞、冯雪峰、艾青等人。在会上作批判发言的有一百一十多人，几乎囊括了当时大陆全部知名作家、艺术家，而内容则涉及中国现代文学（尤其是左翼文学）的历史和现状，表现了不同的人在严峻情境下的思考和反应。会议记录共一百多万字（包括被批判者的发言、检讨等）；当时一小部分在整理后曾打印成册发到部分参加者手里（后又收回）[1]。即使这个很不完全的部分发言，目前也未见公开。全部事实是否永远封闭于"暗箱"中，甚至从此湮灭，那也是难以逆料的事情。

当然，我不想夸大《全集》在呈现被掩盖的"真实"上的贡献，但它肯定有助于研究者对一些问题认识的加深。至少，能帮助我们了解当代文学评价机制的性质和实施状况。一部作品好坏的判定如何做出？由谁做出？遇到争论，谁有权做出"最终"的裁定？对有"问题"的作品采用何种方式处理？这个处理会循怎样的程序？凡此种种。从《全集》载录的思想检查、交代和批判会的记录等材料中，也多少能窥见环绕作家的社会压力是如何被创造出来的，这种压力又怎样转化为驱动当事人不断进行"自我反省""自我控制"的内部压力——这一点，即压抑的机制和"自我压抑"的主体的形成，是当代文学生产体制研究的关键。

三

《全集》提出的另一问题，是有关我们如何面对历史的。这方面，主要体现在《全集》的编辑方式上。谈起当代的1950—1970年代这段时间，我们可能会有互异的感觉和判断。由于不同的历史观念，不同的经历和体验，和不同的现实处境，在1950—1970年代与1980年代以后的关系处理上也会有很大不同。如果就比较重要的分歧而言，主要有更强调"断裂"，和更偏向与强调连续、弥合"断裂"的区别。"断

---

[1] 1957年9月，中国作协内部编印的《对丁、陈反党集团的批判——中国作家协会党组扩大会议上的部分发言》。集子中的部分发言，曾刊登于1957年《文艺报》，但夏衍等的重要发言，则未见披露。

裂"的强调应该说是有道理的,这是我们对那一时期的问题,对那些失误,那些悲剧进行反思、揭露、批判的理论上和感情上的依据。

不过,具体到《全集》编辑者的历史态度,可能不是那么非此即彼,而表现出一定的复杂性。这种复杂性,既值得尊重,也值得思考。我的印象是编者在处理有关材料时的坦率和勇气。对这一点的高度评价,无论怎样都不过分。不是说都应该把自己(或亲属)的属于隐私的日记、书信加以公开发表,相反,个人,或几个人的秘密,如何处理都应该得到尊重。我这里说的是面对历史,《全集》的编者所表现的诚实态度。在写作传记,编纂研究资料时,当事人(或他的亲友),把一些不利,或者有损其形象的材料加以剔除、掩盖或涂改——这种处理方式,我们已经司空见惯。人们对自己(或对亲近的人)的能够认同的想象,一是正确,一是无辜,一是受迫害者。有关责任的材料和思考,许多都被放弃。一种较为流行的解释是,那些言论,那些举止行动,是特殊年代违心之物,其责任应由环境来承担。对比这种情况,《全集》编者的态度,在今天有重要意义。他们对诗人的思想、行为的爱护和信心,并不体现为把他塑造成没有瑕疵的人,塑造为那个时代特立独行的弱者来实现。这种坦诚,可以说也就是郭小川本人最为动人的性格特征。

当然,说到编辑者的胆识和勇气,那是有着两方面的涵义的。一方面,是对郭小川曾有的失误,以及所应承担的历史责任加以正视的勇气,另一方面,则是对郭小川投身革命,对他所确立的生活目标,和他的生活道路,在经过反思、检讨之后仍然具有信心。这种信心不是对历史不做清理的"怀旧",但也不是简单地加以"埋葬"。在近代中国的"革命"已被叙述为破坏的、失败的故事的今天,《全集》所表达的这种观点,不知能否在我们的历史叙事中,成为一种参照?

2000 年初

"怀疑"的智慧和文体
——"我的阅读史"之契诃夫

重读将损失些什么

1960年代初的几年里,我曾经沉迷于契诃夫的小说和剧本,那是大学毕业前夕和毕业后参加工作的那几年。那个时候,也可以说是两个"革命高潮"之间的"间歇期"。"大跃进"还是昨天的事情,但在心里仿佛已变得有些遥远;而另一次以"文化"命名的"革命",则还没有降临。

在这个悄悄到来的时间夹缝中,即使你并未特别留意,"变化"也能够觉察。日子变得有些缓慢,心情也有些松弛。不再有无数的场合要你表明态度、立场。你为过去居然没有留意冬日夜晚湖面冰层坼裂的巨大声响而惊讶,你开始闻到北京七八月间槐花满树的浓郁香味。你有了"闲适"的心境倾听朋友爱情挫折的叙述,不过还没有准备好在这类事情上进行交流的语言。你经常有了突然出现的忧伤,心中也不时有了难明的空洞的感觉。

在此之前的1959年冬到60年春,你正读大四。年级四个班被派到京郊农村参加"整社"运动;这是58到59年数不清次数的下乡的一次。你的班分散住在平谷县望马台、甘营两个村子里。为了反击"右倾机会主义",便在甘营的小学教室举办歌颂"三面红旗"(总路线、大跃进、人民公社)的图片展览,班里让你编写漫画、图表上的说明文字。从地里收工吃过晚饭之后,每天总要忙到午夜的一两点,如此十多天。深夜,你拿着手电筒和木棍(老乡说常有狼出没),独自回到相距四五里地的望马台住处。走过积雪有几寸深的空旷寂静的田野,你看到远处海子水库("市场经济"时代它的名字改为"金海湖")工地朦胧的灯光,表明"大跃进"的规划仍在进行。但你感受到村庄已被萧条、寒冷、饥饿的气氛笼罩。听着雪地里仿佛不属于你的吱吱的脚步声,你想起另一个班一个同学的自杀身亡:他经受不了"整社"运动的火力猛烈的批判。听到这个消息,正编写着那些解说词的你,瞬间隐隐有了一种负疚的感觉。虽然你很快将这种"错误的情绪"驱赶开,却已经意识到自己那可怜的智力,和同样可怜的感情"容器",已无法应对、处理这种种纷杂的现象和信息。

当时,同班的一位同学,正好有一套分册的契诃夫小说选集(上海平明、新文艺1950年代版)。它们陪伴我度过那些年许多的夜晚。这个期间,也陆续购买了此时人文社出版的《契诃夫戏剧集》(1960)、《契诃夫小说选》(上、下,1962)、《回忆契诃夫》(1962)。小说集是汝龙先生的译文,剧本译者则分别是丽尼、曹靖华、满涛先生。当时没有读到焦菊隐先生的译作。我的这几本书"文革"期间被同事借走并多次辗转易手,待到想收回时,小说选的第一册和《回忆契诃夫》已不见踪影;上面有我当年阅读的各种痕迹,这让我感到有点可惜。

因为和教学、研究没有直接关系,当时并没有认真想过喜爱这些

"怀疑"的智慧和文体

人民文学出版社1960年版,曹靖华、丽尼、满涛、王金陵译。购于1962年6月。收入《海鸥》《万尼亚舅舅》《三姐妹》《樱桃园》等12部剧本。

作品的原因。记不清是从《醋栗集》还是《新娘集》开始的。那种平淡、优雅,却有韵味的语调吸引了我。自然,还有大家都说到的那种契诃夫式的忧郁和诗意。那种将冷静和内在的温情包容在一起的叙述,对我来说有难以分析的奇妙;就像1980年代初第一次听到拉赫玛尼诺夫的音乐,惊讶于悲怆和辉煌能这样的交融在一起。1960年代初我二十出头,自然又很容易和契诃夫作品中对生活目的、意义的苦苦思考,对一种有精神高度的生活的争取,以及爱情的期待、破灭等的讲述发生共鸣。回想起来,当时的喜欢,如果套用现在的话,那是在向我展现一种"新的感性",一种与我经常接触,也曾经喜欢的夸张、坚硬、含糊的文体相区别的文体,后者就像《第六病室》中说的,"总是涂上浓重的色彩,只用黑白两色,任何细致的色调都不用"。这种"新的感性"所教给我的,是我不大熟悉的那种对细节关注,那种害怕夸张,拒绝说教,避免含混和矫揉造作,以真实、单纯、细致,但柔韧的描述来揭示生活、情感的复杂性的艺术。刚毕业的那几年,我

1950年代由上海平明出版社、新文艺出版社陆续出版的、共27册的契诃夫小说选集。每一集以其中一篇小说名字作为书名。在张洁著名的短篇小说《爱,是不能忘记的》中,这27本书是男女主人公刻骨铭心爱情的信物。

给文科低年级学生上"写作课",便把我从契诃夫那里感受并充分认同的这种"文体",有些绝对化地当成艺术准则传授给学生。我本来想选他的《在流放中》作为范文,但担心思想情调过于"低沉",便换为在"当代"得到认可的《万卡》。作为这种艺术理想的补充和延伸,在课堂上我讲孙犁的《山地回忆》《铁木前传》语言的简洁、精致,讲从朱德熙先生那里"贩"来的对赵树理、毛泽东在语言运用上精确、传神的分析[1]。

---

[1] 我1961年毕业后,多次听过朱德熙先生的文章分析课,如赵树理的《传家宝》,朱自清的《欧游散记》,毛泽东的《丢掉幻想,准备斗争》,汪曾祺(他在西南联大的同学)的《羊舍一夕》等。他对赵树理语言运用的功力十分赞赏。

这种阅读继续到 1964 年。随后发生的批判运动，和"文革"的发生，让我放下了契诃夫，和许多人一样，不同程度投身到这场"革命"中去。这种转变，在个人的生命中也可以说是一种"转折"，其实也包含着自然的、顺理成章的因素。"文革"期间我没有再读过契诃夫的作品；但到了"改革开放"的八九十年代，同样也没有。除了"新时期"纷至沓来的各种书籍的吸引力之外，有时候也有一种担心。通常的理解，名著的重读将可能加深原有的感受、理解，但我更明白也很可能会损失一些东西。多次的经验告诉我，重读时既有可能因为有新的发现而欣喜，也会疑惑当年为什么会有那样的感动而惭愧。后面一种情况，不仅自己的趣味、感受力的信心受到打击，而且当初留存的情感记忆也被损毁。因而，便告诫自己，为着那些已经成为个人经验世界的一部分的印象得到保存，有时候抑制重读的诱惑是值得的。

比如说，你印象中的空气中树脂的气味，林中小路枞树积满的针叶，暮色中树木与树木之间隐藏的阴影，乡村教堂钟楼上夕阳中燃烧的十字架……就像《带阁楼的房子》的结尾所写的："我已经渐渐忘掉了那所带阁楼的房子，只是间或在画画儿或者看书的时候，忽然无缘无故想起窗子里的绿光，想起我在那天夜晚满心的热爱，在寒冷里搓着手，穿过田野走回家去的时候我的脚步声。有时候（那种时候更少）孤独折磨着我，我心情忧郁，我就模模糊糊地想起往事；渐渐地，不知什么缘故，我开始觉得她也在想我，等我，我们早晚会见面似的……"是的，你也许难以明白，这种对曾经有过的温暖，曾经有过的灯光和满心热爱的无缘无故的回想，当然无足轻重，但对个人来说也许不是无关紧要。

但想法还是发生了改变。两年前,参加戴锦华先生指导的博士生孙柏论文的答辩,在《西方现代戏剧和社会空间》中,有一章专门讨论契诃夫戏剧的"知识分子的工作和生活"。熟悉契诃夫的读者都知道,他后期的戏剧(特别是《三姐妹》《樱桃园》)、小说,"工作""劳动"是经常涉及的中心命题,这与知识分子摆脱闲散、无聊、庸俗、厌倦,与"新的生活"的创造等联系在一起。在历来的契诃夫评论中,《三姐妹》中衣丽娜的那段著名台词——"人应当劳动,应当流着汗工作,不论他是谁,人生的目的,他的幸福,他的欢乐,就在这儿"[1]——也总是被作为契诃夫思想的重要的积极因素得到肯定。对此,孙柏论文在引述江原由美子、约瑟夫·皮珀等社会学家、哲学家的论述后指出,这里表达的"劳动中心主义",是19—20世纪资本主义社会生产的组织原则的基础,是对"闲暇",对非职业性、非物质生产性、非实用性的活动、兴趣的歧视、压抑。论文指出,契诃夫显然受到这种"劳动中心主义"的影响,不过也表现了对这种"工作至上"的疑虑,这种疑虑已包含了他对"工作至上""劳动中心主义"观念的批判,甚至否定。论文从戏剧内在的反讽基调,戏剧语言和戏剧动作的对比上的分析,来支持这一论点。他认为,"不仅因为在作为抽象人类活动的劳动与资本主义具体的社会分工之间存在着不能忽视的重大不同,知识阶层也可能会在工作的选择上发生质的分化,而且'工作至上'的观念或者劳动中心主义不可避免地要造成的剥削,已经为契诃夫所洞见"。

这是质疑苏联和当代中国(自然也包括我在内)的"契诃夫观"。

---

[1] 据曹靖华译本。焦菊隐译本为——伊里娜:"所有的人,无论他是谁,都应当工作,都应当自己流汗去求生活——只有这样,他的生命,他的幸福,他的兴奋,才有意义和目的。"

对我来说，由于原先形成的看法已经难以改变，因此会"本能"地要抵制不同的论述。但我因为没有重读作品，在答辩会上只好委婉地表示我的怀疑。大概出于对年事已高的老师的尊重，答辩者既没有和我发生争论，也没有做进一步解释，只是说回去要更多读材料，深入思考这个问题。

被迫地改变（哪怕是部分）所喜欢的作家的印象，无论情感还是理智，都是不很容易的事情。为着寻找质疑论文的根据，终于还是再次拿起契诃夫的书，重读了主要的剧本和一些短篇。

"当代"的契诃夫图像

契诃夫在"当代"（指的是上世纪 50—70 年代）中国大陆文学界的地位有些"微妙"。根据李今女士的研究，1907 年就有契诃夫小说的汉译（《黑衣修士》），1916 年中华书局出版他的第一本汉译小说集。但契诃夫在五四时期和 1930 年代初并没有受到特别关注。1930 年代末到 1940 年代，对他的翻译、出版开始"系统化""规模化"，并对当时的小说、戏剧创作产生重要影响[1]。这种"集体性"影响的发生，与当时中国作家"沉潜"心理意向，和写作向着"日常生活"倾斜有关。我在上高中之前，从未读过他的作品，不知道柴霍甫就是契诃夫。记得第一次和他相遇，是在《文艺学习》上。1954 年 4 月，由中国作协主办的这份文学杂志创刊时，封面印有鲁迅先生的头像，第

---

[1] 李今：《三十四年代苏俄汉译文学》第 323、328 页，人民文学出版社 2006 年版。这个时期，开明书店出版《柴霍甫短篇杰作集》（1—8 卷，赵景深译），文化生活出版社编选了"契诃夫戏剧选集"6 种。有的作品且有多种译本。如《樱桃园》就有耿式之、俞荻、满涛、焦菊隐、芳信等的译本。

二期便换成了高尔基。于是便猜测接着将会是谁。莎士比亚？巴尔扎克？从俄苏文学在当时的显赫地位看，似乎更有可能的是普希金、托尔斯泰，或者是1950年代被众多中国诗人奉为榜样的马雅可夫斯基。这些猜测全都落空，面前竟是戴着夹鼻眼镜、蓄着山羊胡子的陌生老头（当时以为有六七十了，后来才知道他去世才44岁；这样的年龄，放在"新时期"还是"青年作家"）。自然，之所以选择契诃夫，可能也跟他被"世界和平理事会"定为1954年的"世界文化名人"之一有关。这一期的《文艺学习》除了评介契诃夫的文章外，还附了他的小说《宝贝儿》。读过之后却没有觉得怎么好……

> 多年之后的60年代初，你读高尔基的回忆录[1]，里面写到托尔斯泰在读《宝贝儿》后，眼睛充满泪水地说，这"跟一位贞节的姑娘编织出来的花边一样"，她们把"所有的幸福的梦想全织在花纹上面。……用花纹、图样来幻想她们所爱的一切；她们的全部纯洁而渺茫的爱情……"。虽然你抗拒地想，"伟大作家"的感受、判断也不见得处处正确，但还是为自己的"幼稚"而似乎脸上发红。可惊讶之处还有，你发现对同一作品的感受竟然会如此不同，当代批评家从《宝贝儿》中见到的，是对于一个缺乏主见、没有独立性的妇女的批评性刻画。也许"幸福的梦想"与批评性刻画都包容于其间，只是托尔斯泰有更大的温厚的胸怀，才能体察、同情普通人即使是卑微的梦想……

1940年代的确是中国文学界"发现"契诃夫的年代，如同有的

---

[1] 高尔基：《安东·契诃夫》，《回忆录选》第173页，人民文学出版社1959年版。

研究者所说，他对中国小说、戏剧的走向"成熟与深沉"，起了"巨大的推动作用"。[1] 这个时期，是抗战初人们激动兴奋之后，消除某种幻想而趋向清醒的时期。作家发现，契诃夫用来揭示悖谬思想、情境，表现偶然、"孤立"事件和遭遇，传达某种复杂思绪、情感的有效性。当然，对不同的作家来说，存在不同的"影响"；他们各自有自己的契诃夫。我们在巴金、师陀、张天翼、曹禺这个时期的创作（如《北京人》《第四病室》《寒夜》）中看到契诃夫留下的"印迹"，和在胡风那里看到的差异颇大。胡风 1944 年的题为《A. P. 契诃夫断片》[2] 的文章，既是他和他的朋友（"左翼"的某一派别）对契诃夫的"当代阐释"，但也是阐释者的"自我阐释"；既是契诃夫画像，也是胡风自画像（或者是"自我"的投影）。在主要由"驳论"构成的文字中，一一批驳了中国"僵硬了的公式主义的批评家"（大概是"左翼"的另一派别）加给契诃夫的种种"恶谥"——"旁观的讽刺者""悲观主义者""怯懦者""没有内容没有思想""客观主义者"……之后，胡风说，持这种看法的人是"因为麻木了的心灵不能够在他底讽刺、他底笑里面感受到仁爱的胸怀"。在塑造他的契诃夫形象时，他使用了"诚实""仁爱的胸怀""含泪者至人底笑"等胡风式话语。他甚至借用鲁迅的话，（有些不着边际地）称他"在无物之阵中大踏步走……但他举起了投枪"。这样的"战士"的、新时代"预言家"相貌的契诃夫，有可能让这个时期的曹禺、巴金、师陀认他不出。不过，他们与胡风也应该有着共识，这就是，那些"平平常常的人生，不像故事的故事，不像斗争的斗争"，也有着深切的人生真相；对那"逆流的日子"里的"日常生活"悲剧性的揭示，和与此相关的"简单的深刻"的文体，

---

[1] 李今：《三十四年代苏俄汉译文学论》下卷第 7 节，人民文学出版社 2006 年版。
[2] 写于 1944 年 8 月大后方重庆，收入胡风《逆流的日子》，上海，希望社 1946 年版。

也有它们的不容轻慢的价值。

进入1950年代，1940年代发掘的这种思想、艺术经验变得可疑、不合时宜起来。乐观主义、明朗、激烈冲突和重大事件，是"当代美学"的几个基本点。等待着契诃夫这样的作家的，如果不是被彻底"边缘化"，被忘却，那就需要有新的阐释。如果我们还喜爱某个作家，需要他的"遗产"来为当代的文学建设助力，那么，就必须提出与这个时代的文学标准、时尚相切合，或能够相通的理由。五六十年代中国文学界的契诃夫评价，说起来像是在延续胡风的观点（在将有点抽象的人性内容替换为阶级涵义之后），其实是基本仿照当时苏联主流批评家[1]的模式和尺度。一方面是强调他对"旧生活"的批判性，把他称为"伟大的批判现实主义作家"，赞扬他对旧俄沙皇统治下的虚伪、黑暗生活作了深刻揭露，尖锐批判；另一方面，则指出由于未能形成"完整、正确的世界观"，没有与工人阶级的革命运动结合，而产生阶级、时代局限（脱离政治的倾向，作品中"忧愁、悲哀的调子"，就是这种局限的表现）。[2] 提到他的"强的一面"的同时，之所以不能忘记他"弱的一面"，是为着不至于导致将"旧现实主义"与"新现实主义"混同，模糊先进的"无产阶级文学"与"资产阶级文学"根源于阶级、世界观的区别；如爱伦堡（在他的《司汤达的意义》中）、秦兆阳（在他的《现实主义——广阔的道路》中）在1950年代所犯的"错误"那样。

---

〔1〕对当代中国的契诃夫阐释影响最大的是苏联"契诃夫研究专家"叶尔米洛夫。1950年代，翻译出版了他的多种研究论著，如《契诃夫》《契诃夫传》《论契诃夫的戏剧创作》等。

〔2〕参见杨周翰、吴达元、赵萝蕤主编《欧洲文学史·下册》，陈毂黑《契诃夫小说选·前言》，王西彦《真实与真理》、陈瘦竹《契诃夫论》等论著。

在这样的"规范性"评价之外，或之下，你也发现其实存在着不同程度逸出"轨道"的部分。这种觉察，让你困惑，有时也让你欣喜。不要说他的艺术在"当代"已经成为典范性质的遗产，成为老一辈作家（如茅盾等）引领文学学徒的范例，并在有关短篇小说特征、技巧的讨论中，成为某种"本源性"的事实（侯金镜先生还以他的作品为根据，提出以"性格横断面"和"生活横断面"来"定义"短篇的主张），更重要的是，那种"日常生活"的悲剧，那种"简单而深刻"的文体，对于"庸俗""麻木"的警惕，在50年代一些作品中若隐若现地得到继续。如果你举出《组织部新来的年青人》《改选》《茶馆》等作为例证，相信不会过于离谱。显然，他，连同他的"弱的一面"，仍在赢得一些读者（观众）的心，引发他们的"共鸣和神往，微笑和浪花"（王蒙语）。这种不由规范评价所能完全包括的亲近，很大可能是"寄存"于个体的某些情感、想象的"边缘性处所"，某些观念和情绪的顽固，但也脆弱易变的角落。于是，他有时就成为感情孤独无援时刻得以顽强支撑的精神来源（张洁《爱，是不能忘记的》），但对他的迷恋也可能让人"变得自恋和自闭"（王蒙的自传），而在环境的压力下被迫与他告别的时候，就有了并不夸张的痛切（流沙河《焚书》："留你留不得，／藏你藏不住。／今宵送你进火炉，／永别了，／契诃夫！"）……

孤独的"无思想者"

王蒙说："俄罗斯的经历是太严酷了，它本来不可能容得下契诃夫。它可以产生果戈理，它可以产生陀思妥耶夫斯基，它可以产生屠格涅夫、普希金,强烈的与理想的浪漫的,却不是淡淡的契诃夫。所以契诃夫就更宝贵。樱桃园和三姐妹就更宝贵。"[1] "太严酷"的说法,和别尔嘉耶夫的"世界上最痛苦的历史之一"大概有相近的意思:"同鞑靼入侵和鞑靼压迫的斗争;国家权力的经常性膨胀;莫斯科王朝的极权主义制度;动乱时期的分裂;彼得改革的强制性;俄罗斯生活中最可怕的溃疡——农奴法;对知识界的迫害;十二月党人的死刑;尼古拉一世所奉行的可怕的普鲁士军国主义的士官生制度;由于恐惧而支持黑暗的无知的人民群众;为了解决冲突和矛盾,革命之不可避免;最后,世界历史上最可怕的战争。……"[2]自然,可能还得加上精英知识分子与一般群众之间的分裂、脱节和存在的鸿沟:"受过教育者与'愚暗人民'(dark folk)间的巨大社会分裂","启蒙最大与最欠启蒙的人之间,没有一个逐渐扩大、识字、受教育的阶级借着一连串社会与思想步骤为之连接。文盲的农民与能读能写者之间的鸿沟,比其余欧洲国家扩大"。[3]

在这样的历史境遇中,作家、知识分子普遍迷恋观念、理想,拥有履行崇高社会责任的庄严的使命感,就是理所当然的事情。激进的,有正义感的知识分子,都会"准备为了自己的理想去坐牢、服役以至被处死"。别尔嘉耶夫说的大概有点道理:"俄罗斯人不是怀疑主义者,他们是教条主义者。在他们那里,一切都带有宗教性质,他们不大懂得相对的东西";"在俄罗斯,一切按照正统还是异端来进行评价"。[4] 这就产生了将文学艺术看作讲述真理,解决社会问题的载

---

[1] 王蒙:《寻找女人和狗》,《上海文学》2007年第4期。

[2] 别尔嘉耶夫:《俄罗斯思想》第5页,雷永生、邱守仁译,三联书店1996年版。

[3] 以赛亚·伯林:《辉煌的十年》,《俄国思想家》第151页,彭淮栋译,译林出版社2001年版。

[4] 别尔嘉耶夫:《俄罗斯思想》第25—26页。

体，而社会和道德问题是艺术的中心问题的强大意识。丹钦科说到，在19世纪80年代，俄国文学界发生的文学思想性方面的争论中，"纯粹艺术上的问题"是被瞧不起的；"人们并非开玩笑地说，要获得成就，必须经受苦难，甚至被流放几年"，"诗歌的形式被轻视。只剩下'传播理智、善良'或者是'无所畏惧、坚决前进'，……普希金和莱蒙托夫被束之高阁"。[1]

处于这样性质的"主流文化"之中，温和的，有点软弱，敏锐纤细，而又比较"懂得相对的东西"，拒绝"党派性"立场的热衷，拒绝激昂的陈词滥调的"思想"迷恋的契诃夫，确实有些特别，也有些不合时宜。契诃夫生活的时代，是俄国激进社会民主革命高涨的时期。他的写作、思考，不可能自外于这一社会潮流。但他也并没有积极介入，做出直接的反应。他与"到民间去"的既强调土地、民间性，也重视知识分子启蒙重任的"民粹主义"，保持着距离。因此，他活着的时候，就受到了"悲观主义者""无思想性""无病呻吟的人"、对社会问题和人民"漠不关心"的指责。在他身上，确实存在着伯林所说的，与"俄国态度"不大相同的另一种艺术态度。被有的作家称为"不讲说教的话"的"俄国最温和的诗人"契诃夫，不能够指望得到俄国批评界的了解和好感，"他们不是要求列维丹把牛、鹅或女人画进风景画去，使风景画'活'起来吗？……"[2]

其实，我们现在看来，契诃夫的作品并不缺乏"思想"探索，不缺乏对社会生活、时代问题的关切。但他坚持的是以个体艺术家（而不是"党派性立场"）的独特感受为出发点。因此，他认为作家"应

---

[1]《回忆契诃夫》第442页，人民文学出版社，1962年版。书中收入契诃夫同时代人的22篇回忆文章。除契诃夫的亲属外，大多是与他有交往的作家，艺术家，如柯罗连科、列宾、斯坦尼斯拉夫斯基、聂米罗维奇-丹钦科、高尔基、布宁、库普林等。

[2] 布宁：《契诃夫》，见《回忆契诃夫》第520页。

当写自己看见的,自己觉得的",他回避回答人们"在小说里要表达什么"的提问,也不想在自己的作品中布满种种"使得俄罗斯人的脑筋疲劳不堪的、恼人的思想"。不过,在强大的时代潮流之中,个体毕竟是脆弱的。孤独感的产生,说明了这一点。契诃夫大概也不能自外,虽然他并没有被击倒。

面对"悲观""无思想性"的指责,你注意到,不管是苏联,还是中国的那些热爱这位作家的批评家、读者,都会强调他后期对革命,对美好明天所做的"预言",来证实他是关切时代的乐观主义者。你在60年代也按照这样的逻辑,在心中默默为他做过同样的辩护。不过,你同时读到俄国作家布宁的一则记述,这种辩护的力量虽说没有完全破坏,也因此受到一些削弱。

那是1900年(世纪转换的年头!)冬天一个温暖、寂静的夜里,布宁和契诃夫乘坐马车,穿过已有春天柔和气息的森林。契诃夫突然问,"您知道我的作品还会给人读几年吗?七年。"布宁辩驳说,"不,……诗可以长期存在。诗的寿命越长就越有力量。"看起来契诃夫并不信服这些话,他用疲惫的眼光看着布宁说,"……只有用这种词句写作的人才能被人称为诗人。例如,'银白色的远方'啦,'谐音'啦,或者是'走向战斗,走向战斗,同黑暗搏斗!'……反正我的作品还只能给人读七年。而我的生命要比这更短,六年。"

布宁写道,"这一次他错了,他并没有活那么久。"他只有再活四年。布宁的这则记述写于1904年9月,那时契诃夫刚刚去世。

"怀疑"的智慧

我们生活的不少时间里，存在着一种界限清晰的观念方式，对把握"无限性"的坚信，执着争取道德制高点，并发布道德律令的热情。在这种情况下，精细、复杂、怀疑有时被看作一种病征，具有可疑的性质。契诃夫的独特，在于他坚持以艺术感性的复杂和"怀疑"的智慧，来在已深入人心的象征方式和思维逻辑中，争取一个"微弱"的空间。在他写作，也在我们阅读的时代，这样的艺术不可能成为"主流"。在呼唤"暴风雨快点到来"和"暴风雨"已经到来的岁月，人们不需要这样的艺术。

原因在于，在他的文字中缺乏决断。我们见到的更多是互相矛盾、牵制，甚至互为抵消的态度和情感。虽然神学的象征主义者将他与高尔基笔下的人物并列，同样归为"精神贫穷"的"心理上的"流浪汉[1]，高尔基对他也有出乎寻常的景仰，但他毕竟不是"无产阶级作家"，具有高尔基在"当代"那样的崇高地位。他对于庸俗的揭发是尖锐的，但我们同时也看到揭发又是温和的。他严厉地嘲笑了庸俗和慵懒，但也似乎为这种严厉而有些难为情。他表达了对人的思想、精神生活高度的向往，但对这种向往本身也感到疑惑。他的故事发生的地点都在"外省"，那些不满"外省"乡村停滞、沉闷生活的觉醒者都在向往着莫斯科和圣彼得堡，但他也揭示莫斯科出身的知识精英同样无所作为。他相信美好爱情、友谊的力量，却从未给看来顺理成章的情感幸福以完满结局。无疑他十分重视沟通、理解在人的生命中的重要性，但突破"隔膜"的障碍在他看来前景渺茫：那两篇在

---

[1] 参见梅烈日柯夫斯基《先知》，赵桂连译，东方出版社2000年版。

《回忆录选》为"高尔基选集"丛书之一,曹葆华、巴金等译,人民文学出版社1959年版。购于1960年夏天。收入对列宁、托尔斯泰、托尔斯泰夫人、契诃夫、科罗连科、普利希文等的回忆文章。对契诃夫的回忆,是这本书写得最好的一篇。可以看到,被尊为无产阶级文学之父的高尔基,和被称为资产阶级批判现实主义作家的契诃夫之间,对人性、对语言、对文学的价值有更多相通的理解。

当代通常被当作揭露黑暗社会中劳动者痛苦生活的短篇(《万卡》和《苦恼》)中,孤独几乎成为人的命定的处境。他既通过人物之口表明知识分子需要以"工作"来拯救自己和改变社会现状,但也没有给予那些热情"工作"的人物以无保留的肯定。况且,他确实(如孙柏论文指出的)揭示了"工作"的各种不同性质,指出某些"工作"的"剥削"性质和对人的精神、创造力的压抑。在《我的一生》中,建筑师的儿子挑战上层社会成规,选择了"异数"之路,自愿成为体力劳动者,"生活在必须劳动,不得不劳动的人们中间"。但他因此真切看到,"他们像拉大车的马那样劳累,常常体会不到劳动的道德意义,有时候甚至在谈话中也不用'劳动'这两个字"——这从一方面,涉及这个庄严话题中残酷地包含的虚假意义的真相。

这种内在于文本中的矛盾性,也表现在文体的层面。关于契诃夫一些作品(小说和戏剧)在"风格"上究竟属于"喜剧",还是属于"悲剧",因为难以区分,一直存在不同理解和争论。例如,在中国当代舞台上被作为"正剧",或带着悲剧性风格处理的《海鸥》《樱桃园》,作家本人却坚持认为,并在剧本上标明它们为"喜剧"……

这确实是一个有趣,且在很长时间里你感到费解的问题。李今女士的著作谈到,《樱桃园》的译者焦菊隐先生认为它是一出"社会象征剧",说契诃夫是一位"社会病原"的诊断的医生。可是在1940年代芳信所译的《樱桃园》里,附有日本学者米川正夫《关于柴霍甫的戏剧》的文章,他强调的是契诃夫戏剧中的"笑的意义","实在比许多批评家所想的要重大得多,也许可以说是第一义的",并提醒人们注意契诃夫本人的观点,说《樱桃园》并不是表现悲惨不安的俄国现实的思想剧,而不过是以愉快的笑为目的的轻松喜剧;它"不是用笑来缓和泪,而是用泪来加深笑",因此芳信将它译成了一部"轻松的喜剧"。但你在1960年代是绝对相信焦菊隐先生的看法,虽然那时你不是没有注意到《契诃夫戏剧集》(1960年版)附录的"题记"中,引述了作家本人的话,强调《樱桃园》"不是正剧,而是喜剧,有一些地方甚至还是闹剧"。你也知道,1904年1月《樱桃园》的演出,契诃夫对演出并不满意,包括导演对它的风格所做的总体解释。在给妻子克尼碧尔的信中他埋怨"为什么要在海报和报纸广告上那么固执地称我的剧本为正剧?"他认为导演丹钦科和斯坦尼斯拉夫斯基"从我的剧本中发现的绝不是我所写的东西"。但是在1960年代的当时,你还是信任自己的感觉,和当代中国导演的处理,而不大理会作家自己怎么说,不能接受这样的表白。1960年下半年或者1961年初,你曾写过一篇千字文,名字似乎是《栽下一棵树苗》登在《人民日报》的副刊。记得结尾就引《樱桃园》作为例子,将花园里传来的砍伐树木的声音，看作一个旧的制度、旧的时代灭亡的象征。在那个"喜剧""悲剧"都失去合法地位的"当代"（在1950—1960年代，曾有过关于"喜剧""悲剧"的当代意义的，最终却没有结果的讨论），你自然不会相信这样严肃、重大的主题，可以用"喜剧"（或"闹剧"）的方式来处理。

事实上这里可能存在某些含混的成分，也就是说，事情的不同方面可能是互相渗透和交错的，因而具备了可以从多个侧面理解、阐发的可能性。但我想，合理的阐发也可能是一种综合的理解。我们不大可能以"反讽"的意味来理解《樱桃园》中的那些台词（"我们将建立起一个新的花园，比现在这个还要丰美"，"在我们眼前将展开一个新奇美丽的世界"……），理解被经常引述的契诃夫的"再过三百年，生活将会变得多么美好啊"（这出自作家库普林的回忆）的话：在很长的阅读史中，它们被众多导演、演员、研究者"公认"为是作家对未来生活乐观的诗意告白。然而，说实在的，在我看来，像"三百年后"之类的这种夸张言语，出自"像害怕火一样害怕夸张"的契诃夫之口，委实有点难以想象。人们为了塑造一个符合时代集体心愿的契诃夫，会有意无意忽略了这些庄严、美好的思想告白之下存在的，虽不易觉察，但真实的嘲讽、有时候甚且是"颠覆"的笑声。

在契诃夫留给我们的遗产中，值得关注的是一种适度的、温和的"怀疑的智慧"：怀疑他打算首肯、打算揭露、批判的对象，但也从对象那里受到启示，而怀疑这种"怀疑"和"怀疑者"自身。这种"怀疑"并不是简单的对立、否定，因而不可能采取激烈的形态。它不是指向一种终结性的论述，给出明确答案，规定某种坚硬的情感、思维路线。他从不把问题引向一个确定的方向，他暴露事情的多面性，包括前景。也就是说，思想捕捉各种经验与对象，而未有意将它们融入或排斥于某种始终不变、无所不包的一元识见之中。他不是那种抽象观念、超验之物的耽爱者，他偏爱的，是具体的日常经验和可证之物。他为这个越来越被清晰化，日渐趋向简单的世界，开拓小块的"灰色地带"，并把这一"灰色"确立为一种美感形式。这种思维方式和美感形态，其独特性和弱点、弊端，都同样显而易见。而且，说真的，这个具有"怀疑的智慧"的人，从根本上说也不是一个可以亲近的人。"亲近"在这里，不仅指日常生活人的交往（他的同时代人有不少相近的描述，比如，"在他脸上，最突出的是他眼睛里那种细致的、冷峻的纯俄罗斯式的分析神情"，感到他"周身披着刚强的铠甲似的"。比如，"摆脱不开这样的印象，'他没有和我们在一起'，他是观众，而不是剧中人"），还指读者与作家、文本所建立的那种关系：他让读者信任和投入，但也不同程度有意损害、破坏这种信任和投入。

　　这种状况的产生，归根结底来源于作家对自己，和自己社会处境的认识。他可能是意识到"生活"本身，在他所批判的"制度"之外原本就包含着"琐碎、卑微方面的悲剧性"，也可能明白相信自己同样没有办法处于"生活"的残酷逻辑之外……

　　　　不仅契诃夫认识到这一点，高尔基也同样意识到。高尔基说，"'庸俗'是他的仇敌……他嘲笑了他，他用了一管锋利而冷静的笔描写了它"；"然而'庸俗'……也用一个恶作剧对他报了仇：就是把他的遗体——一个诗人的遗体——放在一辆装'牡蛎'的火车里面。"这指的是契诃夫去世后遗体运回莫斯科这件事。高尔基在这里发现了其中象征的意味。对于这一结果，当然不是契诃夫所能具体预见到的，但就整个的情势而言，你觉得肯定不会特别出乎他的意料。你在这次重读中，从不少作品里，看到对高尔基下面这些话的有力印证："在他这种温和而悒郁的笑容里面,我们看出了一个知道语言的价值和梦想的价值的人的敏感的怀疑,"在他对人的态度里面隐隐地含得有一种跟那冷静的绝望相近的沮丧"。这种"沮丧",也包括对自己未来的预想。在《主教》这个短篇中,你读到一种对于命运的,并不把自己摒除在外的描述。在它的结尾写到那个名叫彼得的主教死了,接着新的主教到任。这时谁也不再想到彼得,他完全给人忘记了。只有他的老母亲在牧场上遇到别的女人,谈起自己的儿子和孙子的时候,才会说到她有个儿子,做过主教。而且,她说这些话的时候总是胆怯,深怕别人不信;而"事实是,也有些人真的不信她的话"。

不奢望,也就不会有苛求

在《契诃夫回忆录》中,谈及契诃夫的爱情和家庭生活的有两篇。一是女作家阿维洛娃的《在我生活里的安·巴·契诃夫》,另一出自契诃夫妻子克尼碧尔－契诃娃笔下。在1960年代,前者吸引着我,让我激动,以至不觉得它有几十页的篇幅。它是阿维洛娃去世5年(1947)之后才公开发表的,里面记述了契诃夫与她的秘密的感情关系。写到有三个孩子的阿维洛娃,在1889年见到契诃夫时,怎样的感到一种"照亮我的灵魂的亲密",并"老是带着淡淡的、梦样的哀伤想起他"。这里有"刻骨铭心"的情感,让当事人甜蜜,但也经受折磨的思念。当然,还有许多有关爱情的"小伎俩""小诡计"穿插期间,增添了这种无望的情感经历的滋味。这看起来有点像契诃夫《关于爱情》这个故事的现实生活版本:被压抑的、温柔忧郁的爱有可能粗暴毁掉平稳的生活所产生的胆怯。

所幸的是，不论是《关于爱情》这个短篇，还是契诃夫自己，都没有落入这样的俗套。其实并不是有关勇气、胆量的问题。作家经常提出，也苦苦思索的问题是，情感、思想的那种没有间隙的交流是可能的吗？在契诃夫的札记中，他对此做了回答："爱情，这或者是某种过去曾是伟大的东西的遗迹；或者是将来会变成伟大的东西的因素；而现在呢，它不能满足你的要求，它给你的比你所期待的要少的多。"正是在这个问题上，这样一句话讲得十分确切："不爱是容易理解的，而爱却永远无法成为谈话的内容。"（引自孙柏论文）

但是在60年代，你不了解，也没有条件了解这一点。你处在一个幻想的，热衷于"浪漫"情调和"浪漫"表达的年龄。契诃夫对这种"浪漫主义式"的事物、情感总是持一种怀疑的态度。因此，你几乎没有注意到莫斯科艺术剧院的演员克尼碧尔－契诃娃（1870—1959）的那一篇《回忆契诃夫》。克尼碧尔所写到的深挚情感，完全不是阿维洛娃式的。里面没有什么"觉得我的心忽然跳了起来，好像什么东西打中了我的头似的"那种叙述。"我决定把我的生活与安东·巴甫洛维奇的生活结合起来，尽管他身体很弱，而我又是那样热爱舞台。我相信生活可能，而且应该是幸福的，事实也是如此，我们虽然常常因为分离而痛苦；但这些痛苦的离别之后总是愉快的会面。"——这样的平淡、理智，甚至谈不上亲密的文字，在你年青的时候，觉得有点诧异。而他们结婚的时候，契诃夫在给苏沃陵的信中的那些话——"请原谅，要是你愿意的话，我就结婚。不过我的条件是：一切应该照旧，那就是说，她应该住在莫斯科，我住在乡下（他当时住在梅里霍沃——引者），我会去看她的。那种从早到晚，整天厮守的幸福，我受不了。我可以当一个非常好的丈夫,只是要给我一个像月亮一般的妻子,它将不是每天都在我的天空出现"——更觉得不可思议。这封信克尼碧尔也读过,但是如克尼碧尔说的,他们从未谈过"生活不能彻底结合"的原因。

不过,在你年老时重读的时候,你离开了对阿维洛娃叙述的热爱,你却从克尼碧尔那里得到真正的感动。契诃夫去世的情景,克尼碧尔有如下的记述:

> 医生走了,在这寂静、闷人的夜晚,那瓶没有喝完的香槟酒的瓶塞忽然跳起来,发出可怕的响声……天渐渐亮了,大自然醒来,我听到鸟儿温柔、美妙的歌声,它们像是在唱第一支挽歌,附近教堂送来一阵阵的琴声。没有人声,没有日常生活的纷扰,眼前只有死亡的美丽、静穆和庄严……
>
> 我直到听见醒来的生活的第一个响声,看见人们走进来,这才感到悲痛,感到自己失去安东·巴甫洛维奇这样一个人,但是……我当时究竟有什么感受,有什么体验,我要反复地说,这对我来说至今仍旧是一个不可捉摸的谜……那样的时刻,在我的生活里以前不曾有过,将来也不会再有了……[1]

也许倒是意识到存在某种障碍,意识到不可能"彻底结合"的克尼碧尔,对契诃夫有更真切的了解。她因此也尊重了这种了解。契诃夫也好,克尼碧尔也好,并没有对他人,或者对自己的情感、生活有

---

[1]《契诃夫回忆录》第644页。

所奢望，因而对此也就没有苛刻、过分的要求。

2007 年 7 月—2008 年 3 月

2011 年 2 月附记：在编辑本书的时候，偶然读到梁文道先生 2010 年 10 月 24 日 22 点 26 分在"凤凰网"博客上的一段文字，题目是《契诃夫在萨哈林岛》。这段令人感触至深的文字所触及的，是我们许多人曾遭遇，或仍在遭遇的问题。只是我们既缺乏契诃夫的"赎罪"的勇气，也没有他那"天纵的才情"！

那年夏天，是香港历史上最热的夏天。学校不再上课，或者说，每一节课都成了历史课，平素昏沉呆板的老师这时都成了大演说家，站在桌前慷慨激昂，目光含泪。写字楼不再上班，大家围在收音机旁，老板不只不指摘，还走出来下令："开大声点！"一室肃然，鸦雀无声，只听到纸页偶而翻动。都已经到了这种时候，你却还在书房里沉吟一句诗的韵脚，琢磨最恰当的隐喻，好让这首诗里的每一个字都像镶在项链上的宝石那样，精密吻合，不可动摇半分。这，难道不野蛮？

那年夏天，我第一次遭遇艺术与革命之矛盾，创作自主与社会责任之优次的困境，很切身地遭遇。那年我十八岁，正要参与人生第一部剧场创作，正想把积压了十几年的青年郁闷和刚刚学到的青涩理论全都呕吐到黑色的台板上。但是所有那些比我年长也比我成熟的伙伴却在争论这台戏还该不该演。

"艺术的目的到底是什么？"他们问，"难道不就是为了回应时代，甚至呼唤那未来的世界吗？如今，世界就在这黑匣子外边，时代已然降临。我们竟然还要演戏？这岂不是太过自私！"也有人主张，如果政治是为了实现个人的自主，我们凭什么要在巨大的热潮前弯身让步？始终不懈地实践自己的艺术追求，恐怕才是体现自由的最佳选择。毕竟，在属于斯大林的夜晚，连唱一首情歌也是政治的。

就是这样，两帮人争论了几个日夜，到了演出的那天，有人留在剧场，有人上街寻找更大而且更真的舞台。

那年夏天，连剧场的常客也都不见了，他们一一隐身于街头的人海洪流。很多年后，我在已故台湾学者吴潜诚的书里读到爱尔兰大诗人希尼（Seamus Heaney）的《契诃夫在萨哈林岛》（"Chekhov on Sakhalin"），乃能逐渐逼近这个问题的核心。契诃夫和鲁迅一样，是位医生作家。不同的是，这位短篇小说的王者不只以文字诊治俄罗斯，而且从未放弃过行医救人。饶是如此，他仍深深愧疚于自己的失责。世间苦难深重，他却放纵自己的艺术才华，这实在无异于一种轻佻的冒犯。于是他决定走一趟萨哈林岛（也就是今天的库页岛）。那是沙俄时期的监狱岛，囚禁的全是政治犯和暴乱分子。

契诃夫要为岛上的犯人写一本书，描述他们的故事，传达他们的声音。很明显，这是一趟赎罪之旅，而且是非常艰苦的旅程。因为从莫斯科到远东，中间是西伯利亚的苦寒荒凉，行程至少六个月。起行之前，朋友赠他一瓶顶级法国白兰地。他就把这瓶昂贵的琼浆放进行囊，一路摇摇晃晃，在登陆岛上的第一个晚上，他才终于打开了这瓶白兰地。

希尼如此形容那一刻："作家正在享受琥珀色的白兰地。在周围弥漫着迫害气息和残酷音乐当中，他品尝着浓郁的醇酒和奢华放纵。"那瓶酒，不只是朋友的礼物，也是一位艺术家的天赋（gift）。契诃夫在脚镣撞击的声响中，尽情享受创作的快悦，释放自己天纵的才情。因为这一刻他心安理得，他的赎罪之旅已然结束（也同时开启）。在两座险峻的悬崖之间，他找到了最细微精巧的平衡。

批评的尊严
——"我的阅读史"之丸山昇[1]

一

丸山昇先生是日本著名的中国现代文学学者。二十多年来,虽然有不少向他请教的机会,但事实上见面只有两次,每次的时间都很短暂。1991年10月我到东京大学教养学部当教师,学部在目黑区驹场。大概是年底,东大在学校的山上会馆,举行外国人教师的招待宴会。教养学部村田教授陪我乘车来到本乡的东大,并介绍我与当时任中国语言文学科主任的丸山昇教授见面。知道我的专业是"当代文学",寒暄之后他问我,洪先生喜欢当代的哪些作家。虽然我以"当代文学"作为职业已经十余年,却从未想过这个问题,一时愣住了。一连串的"当代作家"的名字,便走马灯般地在脑子里打转,最终还是拿不定主意该"喜欢"谁,只好嗫嚅地说,"没有最喜欢的"。在当时,即便是"新时期文学"也有点让我失望,加上对自己的判断力缺乏信心,

---

[1] 丸山昇,1931年生于东京,毕业于东京大学。自1965年开始,在国学院大学、和光大学、东大学、樱美林大学从事中国现代文学研究和教学,东京大学名誉教授。著有《鲁迅》(1965)、《鲁迅与文学革命》(1972)、《"文革"的轨迹与中国研究》《验证中国社会主义》《鲁迅·文学·革命》等著作。2006年11月26日病逝。这篇文章在《鲁迅研究月刊》和《文艺争鸣》刊发时,有"作为方法的丸山昇"的副标题。

批评的尊严

收入丸山昇1960年代到1995年有关中国现代文学研究论文16篇，北京大学出版社2005年11月版。就在书出版的这个月，北京大学20世纪中国文化研究中心在北大召开"左翼文学世界"的国际学术研讨会，会上，热烈庆祝这部书的出版，研讨丸山先生的学术道路。一年后的11月，先生离世。

所以，下意识地将丸山先生的"喜欢"，偷换成"最喜欢"，当作这个推诿的回答的理由。但是谈话似乎就很难继续下去，离招待会开始又还有一段时间，村田教授便说，我带你去看看资料室的藏书吧，我便松了一口气地逃离现场。第二年，按照规定，丸山先生年满六十从东大退休，到了私立的樱美林大学任职，不过还是在东京。而我在1993年秋天离开日本之前，却没有再去拜访他。待到又一次见面，已经是十多年之后了。2005年初的冬日，我和谢冕、孙玉石、臧棣、姜涛他们到日本旅行，从大雪后初晴的箱根、伊豆到了东京。那一天去了浅草寺，乘船游了隅田川，回到新宿的王子饭店，已经晚上八九点。丸山先生和夫人从傍晚就一直在饭店等我们回来。握着他的手，见到温和、真诚的眼光笑容依旧，但比起十多年前来，毕竟是苍老，且消瘦了，心中有说不出的滋味。

就在这一年秋天，北大的20世纪中国文化研究中心举办"左翼文学世界"的研讨会。丸山昇、尾崎文昭等多位日本学者都来出席。

· 57 ·

会议主题是检讨"中国1930年代文学",探索左翼文学遗产的现实意义,也庆祝丸山先生论著中文译本(《鲁迅·革命·历史》,北京大学出版社)的出版。我也是这个"文化研究中心"名义上的成员,研讨会主持者便要我去参加。因为那一段身体不大好,也因为丸山先生的书刚拿到手,还来不及读,便没有去。后来听说不少发言和论文质量很高,特别是丸山先生论著座谈会,气氛的热烈为近年学术会议所难见,便不免有些后悔。可以安慰自己的是,这让我能够静下心来,阅读他的这本著作,从中收获没能当面从他那里得到的教益,特别是有关文学批评、研究的精神态度、视点、方法的方面。

二

丸山昇的学术风格,应该说具有日本学术的那种重视材料梳理、论述细密的特征。不过,我与这本书的译者一样,能够真切感到"那似乎琐细的材料考证背后的热诚"(《鲁迅·革命·历史》译后记)。我的最深刻的印象是,他的学术不是那种"职业性""生命萎缩"的,在严谨论证中可以把捉到动人的生命热度。这样说,不仅仅是指文字之中透露的执着、诚恳,更是表现在研究方法、视角的选取和运用上。

丸山在书的《后记》里写到这样的一个细节。1956年他患上急性肾炎,未能治愈;到了1976年,医生宣告进入肾功能不全阶段,需要人工透析。在当时的医学条件下,普遍认为即使透析,也只能维持四五年的生命。得知这一情况,他写道,"我最先想到的是,我怎么能就这样连一趟中国都没有去过就死呢。其次想到的是,在中国承认'文革'是一场错误那一天之前无论如何我也不能死"。这些话让我震动,以至一时没能继续读下去。我想,即使是像我这样的经历

"文革"的中国"当事人",似乎也从未产生过这样的想法和情感吧。他和他的"学术"与异国的历史,与隔海发生的事变之间,究竟是如何建立起这种关联的?这是我常想的问题。

当然,就一般的情形说,这种联系能够得到理解。1990年代初我在日本的时候,东京大学专治现代汉语的传田章教授跟我说过,近半个世纪中,日本学者走上中国问题研究道路比较集中的时间,一个是战后到新中国成立,另外是"文革"初年。丸山昇1950年代初对中国现代文学感兴趣,并最终选择它为自己的专业,是基于当时"现实中中国革命的进展"。就像他在《作为问题的1930年代》中说的,回顾日本近代史的过程,将它同中国的现代史进行对比,从中寻求日本批判的立足点,"可以说这既鲜明地体现了战后一段时期的思想、精神特色,也代表了战后日本中国研究的一个'初衷'"。丸山在学生时代,参加过日本的左翼民主运动。1951年和1952年,因为示威、发表演讲,反对美国对日本的占领,两次入狱。借鉴中国革命的经验,来反思日本在近代的失败,寻找未来的道路,是他从事中国文学研究的主要动力,也构成他的源自深切现实关怀的问题意识。置身于"将中国作为尊敬与憧憬对象的无数人中之一",由此产生了对"五四运动""文学革命"等历史问题的"深切同感"。中国研究所形成的"中国像",与日本现状的抗争,在他的学术中构成"共振"的关系。

这虽然在一代学者那里带有某种普遍性,但是我相信丸山有他自身的缘由,只是没有更多的材料能够支持进一步的分析。但是,从视角和方法上也能够看到这种独特的方面。他在分析竹内好将中国作为有意识的"方法"所选取的视角时,说竹内"与其说是通过和中国的对比来构筑日本批判的立足点,不如说是先存在强烈的日本批判,然后将中国设定为对立的一极"。丸山的视角与竹内显然有所不同。丸山的倾向，显然更重视他所描述的状况与中国现实的切合程度，中国文学的"历史真相"，以及它的现实展开的复杂性，始终是他考察、追踪的目标，并转化为几乎是"自身"的问题。从1950年代中期中国发生"反右"运动开始，丸山看到现实的情况已经"大幅度"地超出当初中国研究的"初衷"。他的独特之处在于，一方面，他没有放弃这种"初衷"仍具有的某种合理性，即便在发生了"文革"的激烈事变之后，也没有打算做断裂性的"转向"。另一方面，又以严肃的，追索事实的态度面对超出预想的复杂性，不回避给原先的"尊敬与憧憬"蒙上阴影，甚至产生震撼性打击的事实。相对于一些历史"终结论"的学者（他们已经把研究转向某些过去忽略的"细部"）的认识，丸山认为我们对中国现代历史、文学的"复杂性和深刻性问题"的了解、把握仍有待继续。他说："在迄今为止形成的中国文学研究的框架中，而且还是远远贫瘠、窄小的框架中，仅仅去挖掘以前未被讨论的问题，这不是太寂淡冷清了吗？"他的这个评述，可能得不到许多人的赞同，他自己也说"也许还是精神遗老的一种杞忧"，但是却值得认真思考。意识到他那一代人试图解决，但并未解决的基本"问题"有可能被丢弃，他殷切地表达了这样的期待："希望大家替我们将以我这一辈人的感觉无法感知的问题一个个弄清楚。"（《战后五十年》）

1990年代后期，丸山自觉体力、精神逐渐衰弱，为没有更多力气跟踪、把握中国文学现状而感到"没有多大长进"的沮丧，也为重读自己过去的文章发现没有新的话可谈而"真的十分厌烦"。从这里能够看到那些"问题"在心中的纠结程度，看到那种逼迫的力量是怎样的难以解脱。不过，这种沮丧，这种自我的"厌烦"，不也体现了对学术有所"承担"的学者尊严的人格吗？

三

在丸山对中国 1930 年代文学的研究中,鲁迅占有中心的位置。"中心"不只是从花费精力与所占篇幅,而且是从研究的"本源性"意义(研究论题的生发和历史评价标准的确立)的角度上说的。谈到历史研究的时候,丸山说,"很多情况下,身处历史漩涡中的人并不自觉的行为中往往蕴含着重要的意义","研究的意义之一就在于挖掘出那些未被意识到的意义并让它作用于今天"。接下去他又说,"只是,不能忘记,这有时候最终只不过成为自己的影子在研究对象上的投影"(《"革命文学论战"中的鲁迅》)。这些话,一方面是在说明历史研究的出发点和现实价值,另一方面也提示了研究者与对象之间可能的关系。我想,说丸山所描画的"鲁迅像"上面有着他的投影,恐怕不是一种妄测。换一个说法,丸山对鲁迅的"形塑",包含有他对一个可以作为榜样的人物的期望,寄托着他有关知识者精神处境、精神道路的想象。从这个意义上说,鲁迅在他的研究中,也是"作为方法"存在的。

在丸山对鲁迅在"革命文学论战"和"左联"时期的"思维构造"的讨论中,鲁迅那种通过"抵抗",通过转化引起他共鸣的思想资源,以建构个体与时代"洪流"的"最具主体性的结合的方式"(《鲁迅和〈宣言一篇〉》)这一点,有深入阐释与强调。文学与现实的关联,个人对体现"历史必然性"的"洪流"的投入,是作为马克思主义者的丸山的研究视角。在这一前提之下,他对个体的自主性给予高度重视;这让丸山具有"个体的马克思主义者"的意味。能够获得他所称的"最具主体性"的方式,就不是将自己无保留地交付某种方向、立场、阵线,"不是瞄准新的可能性一口气飞跃","而是确认自己当前的所在的地点和自己的力量,然后一丝不苟地干该干的事,从中寻求前进的保证"(《鲁迅和〈宣言一篇〉》)。这种"最具主体性方式"的建立看来不是轻而易举的事情,需要通过"抵抗"(或竹内好所说的"格斗")来产生独特的"思维构造"和行为方式。丸山使用"抵抗"是个富于紧张感的词,它所包含的具体情状,却并没有特别予以解释。但是,从他对鲁迅的论述中,也间接从我们的现实经验中,"抵抗"所面对的,大概可以归纳、想象为这样的一些内容:僵硬的思想框架,强大潮流的裹挟威力,正义感宣泄的自我满足,与潮流保持距离的孤立恐惧,对自身位置,能力的虚妄判断,等等。这个理解如果不是那么离谱的话,那么,使用"抵抗"这个词也不是浪漫的夸饰,从心理的层面说更是如此。

这方面涉及"思维构造"的"能源"的重要问题。丸山指出,鲁迅与日本的马克思主义文学论,以及中国1920年代的革命文学论的重要区别,表现在后两者均以"观念性""阶级性"设限,将非革命,非无产阶级的文学家及其思想成果"全部排除后再出发"(这也是中国当代政治和文学激进派别的纲领)。鲁迅却不是这样;他忠实于引起个人共鸣的思想,从里面吸取到能够转化为自己思想能源的东西。这在鲁迅和日本文学家厨川白村、武者小路、有岛武郎的关系上,可以看到这一点。武者小路等文学家自然不属于"第四阶级",有的且是左翼文学家所反对的自然主义、"纯文学"的提倡者、守护者。但是,鲁迅却在有关文学要发自"本心",要有作家人格的充实,要有内在生命等方面与他们产生共鸣,形成"决定文学作为文学是否有意义的只能是作家主体的存在状态,决不放过将文学的存在根据委托给'政治'的""不负责任的态度"。这些文学家在鲁迅对马克思主义的接受上,在把握世界、把握文学的方式的形成上所起的作用,丸山认为远超出我们今天的预料。他认为,鲁迅对他所反感的文学是革命的武器的理论的"抵抗",一方面是以自己的力量,一方面是通过更新武者小路强调作家"忠实于自己"的"自己"这一词语的内涵来实现(《鲁迅和〈宣言一篇〉》)。鲁迅不是那种将要"超越"的对象当做毫无用处的旧时代"遗留物"抛弃,不管三七二十一急驰入麾下,投入大潮的文学家。

投身于具有正当性的思想、文学潮流之中,但坚持自身的独立性,拥有处理、解释问题的独特的思想框架和方法,这是丸山对鲁迅的"发现"。这种鲁迅阐释,其实也是丸山性格的一个投影。丸山经历了"尊敬与憧憬"的对象蒙上阴影,"大幅度"改写的情形,对历史进程的思考,和个人性格上的特点,使他逐渐确立了一种以执着探求"事实真相"为目标,在"潮流"中充当质询、纠正的力量的思维结构。丸山在鲁迅那里,印象最为深刻的可能也是这一点吧。我想,在他看来,阐释思潮的性质,推动思潮的发展的思想方式固然重要,但是,质询、纠正的思想方式也不能或缺。有的时候甚且更值得重视;当随声附和之声在空中到处飞舞,模糊并掩盖存在的裂缝、偏差、扭曲的时候,此时,揭发偏差、扭曲,就是坚持独立立场的清醒者所应承担的工作。丸山的研究,正是体现了这一特点。这只要仔细阅读他在"文革"初期写作的系列文章,对中国官方进行的对鲁迅,对周扬,对1930年代文学等的阐释的质疑、拒绝,就能清楚看到这一点。举一个让我印象深刻的例子是,在当时展开的对周扬等的"右倾投降主义"的批判中,鲁迅被构造为"正确路线"代表,而周扬、李初梨、成仿吾、钱杏邨等被作为对立面受到无情打击。这个时候,丸山倒是表现了对李初梨等当年处境的谅解和同情。他说,"如同一开始碰到怎样的大课题时闪溅的火花:马克思主义如何接受鲁迅,或者马克思主义是否具有足够的框架和宏大来容纳鲁迅这样的思想家、文学家提出的问题?不论是成仿吾、李初梨,还是钱杏邨,今天想起来,他们都碰到这个棘手的难题,所以我现在不如说对他们感到一种亲切和同情"(《"革命文学论战"中的鲁迅》)。这种不抛弃"时间"维度的，设身处地的中肯、平实之论，和厌弃、激烈的流行论调形成对照。支持这个论述的还有这样的一段话："如果今天重新将1930年代作为问题还有意义的话，那么尽管它有那么多弱点和缺陷，当时中国最优秀的青年中至少相当一部分（关于这一点我的认识到现在依然不变）还是被这场运动所吸引，他们真的甘愿为此不惜自己的生命，这是为什么、是什么从内心驱动他们？果真不过是幻想吗？如果说是幻想，那不是幻想的又能是什么？"（《鲁迅的"第三种人"观》）

"文革"结束之后，中国现代文学研究出现了活跃的局面，这种活跃建立在对过去的历史叙述反省的基础上。丸山看到这个活跃展开的趋向是，从过去过分倾向以左翼文学为中心，忽视左翼文学以外的作家，转移到对各种"流派"的研究和对"主流"以外的"边缘"的研究的兴起；过去在当代中国被轻视的作家，如徐志摩、戴望舒、郁达夫、沈从文、钱锺书、萧乾等成为研究者集中的兴趣。对于这个转移，他表示了赞同的态度，说现代文学的众多侧面被阐明，内部所包含的丰富的发展可能性被揭示。但是对这种趋势也有所警觉。他认为，人们对过去被忽略的事物表现兴趣，"恐怕根源于人类自然的本性"，"但最终又往往仅是将历史颠倒过来，未改变其本质，这种例子我们早已屡见不鲜"（《关于中国现代文学研究的一己之见》）。这个后来被中国的现代文学研究者意识到的问题，丸山提早就向我们指出了。1980年代，在一种"回归文学自身"的潮流下，对现代文学中强烈现实性做出过多否定的思潮，他也表示了异议。他引述日本三位作家在二三十年代对中国现代文学的感受之后写道：

> 谷崎润一郎、金子光晴、宫本百合子这三位思想与文学大相径庭，但各自却都具有超人的知性的文学者，虽然表述的方

式各不相同,但却把与包括文学家在内的中国人民、中华民族所处的现实"苦斗",作为中国现代文学的最大特色来认识,并且与之发生共鸣。而且金子光晴还认为在中国现代文学这一特色中蕴含着纠正日本文学弱点的力量。关于这些,我很想让中国的同行们知道。

——《关于中国现代文学研究的一己之见》

在讨论萧乾的文章(《从萧乾看中国知识分子的选择》《建国前夕文化界的一个断面——〈从萧乾看中国知识分子的选择〉补遗》)中,他通过个案,深入阐明他在有关"主流""支流"问题上的看法。他说,如果抱有成见,将萧乾的作品看成"非左翼"或"反左翼"的,忽略从本质上来追寻他的精神轨迹,那么,"最终只能把他作为右派予以否定这一过去中国的看法颠倒"。对于"新时期"文学"走向世界文学",和在中国文学中寻找与外国文学的流派相当的部分(如"现代派"等)的热衷,丸山当时也表示了疑惑,说这种研究只不过是与外国之说相契合,"去套用实际上并非各国通用的架空的'世界文学规律'","这样观察中国文学实在是一种皮相的做法"。上面的这些或温和、或尖锐的意见讲在1988年,自此以后,研究状况当然有很大改变,但是他提出的这些问题,特别是其中隐含的视角、方法,也并非已经失效。

四

在历史研究上,丸山认为具有"敏锐的时间感"是研究者需要具备的重要条件。这也是他自己一贯秉持,并且保持警醒态度的原则。"时间感",既指研究者对自己所处的位置的认识,问题提出的时间意识,也指研究对象的具体情境,以及两种不同"时间"所构成的关系。

对"时间感"的强调,是强调一种回到事实,将问题放回"历史"去考察的态度,是重视问题、概念、思想发生和变迁的条件的态度。如果扩大的理解这个问题,则还包含着对"历史"的某种同情、尊重,和重视研究者、研究对象个体的各自不同的感受性等等。思想、观念总是由各自不同的条件所支撑的。离开了这些,也就失去了说明问题、处理问题的能力。在当代批评界广泛流行的种种概念、命题(现实关怀、宏大叙事、日常生活、纯文学……)也无不如此。"某一命题所具有的历史社会意义,甚至于构成这一命题的各个单词,都由于命题所处的历史社会状况不同而相异,不同的个体对命题的态度也应该随之相异。因而,这一命题的反命题,以及从这一矛盾中产生出来的新命题的意思也自然各不相同。"(《"革命文学论战"中的鲁迅》)

在批评、研究中,概念、范畴的"固化",和它们的作用被无限放大,是相当普遍的现象。这种情况,丸山称为"理论的自我运动",即"当一个命题被定为权威,其运用范围便会超过其当初确定时的范围、条件,有不断扩大的倾向"。于是,概念、被"固化"的思想,便脱离具体语境加以繁衍,成为抽象操持的对象。这种情况的普遍发生,可能源自两个方面。一个是我们的"社会传统"。长期存在的社会生活的"政治化"与"党派性"特征,将立场、阵线、意识形态派别的区分置于首要地位。在这样的情境中,上述的观念、知识的运作方式的流行,是不言而喻的事情。不过,丸山还指出了另一种情况。他在叙述鲁迅革命文学论争时期所"留给我们的遗产"之后说,"真正要把这个遗产变成自己的东西的难处在于,当我们用这样的话语来叙述它的瞬间,它就固化了"(《"革命文学论战"中的鲁迅》)。我们在叙述"历史"的这个"瞬间",由于叙述作为一种话语活动的性质,由于已逝情境无法复现,也由于个体感受性的不同,环绕、融解在思想、概念中的诸多要素、条件也会减损,漏出,扭曲。因此,"抵抗"

这种"固化",便是一件困难的事情。丸山显然意识到这一点,为此,他提出了"中间项"的概念。"中间项"在他那里是讨论思想与现实关系的命题:思想为了推动现实,转化为现实,不仅需要终极目标,而且应当具备联结终极目标与现实间的无数中间项。思想、观念如果不是"固化"的,抽象的,意识形态化的,那么,它的具体形态,围绕它产生的特定条件,它与现实的关系,它在不同个体那里的有差异的表现方式等等,就不能轻忽和剥离。

但事实恰如丸山所说,"不论在中国还是日本,比起将思想当成包含从其终极目标到其与现实的接点的多重中间项的整体,人们只重视终极目标的层次"。这就是在他的研究中,为什么要花费大量篇幅来讨论"方法"问题的原因。在有的时候,丸山对某些作家、文学问题的研究,主要不是指向作家、问题本身,而是指向方法论的层面;《作为问题的1930年代——从"左联"研究、鲁迅研究的角度谈起》便是讨论研究方法的重要一篇。在中国和日本,有关1930年代文学的研究、论争,一直被有关政治"路线"的议题所笼罩。丸山当然也不轻视"路线"的意义;作为体系确立的"路线",也的确给予个人强烈影响。但是,他指出,即使承认"路线"的存在,它也只能由活生生的人来承担,而存在于现实中的人的无数实践,则"无法全部还原为路线"。也就是说,在进入历史的时候,不是性急地确定什么是"正统",然后展开对"异端"的批判,也不是相反进行"异端"的再评价,将它翻转过来,而是"再次调查、重新构成当时的问题状况本身",着重探明在当时状况下,文学家以什么为目标,如何行动,各种各样的思想、理论在个人身上的具体表现,在激烈变动的场域中处于何种位置。他的这些话,实在是切中肯綮之论。丸山说,轻易地依赖宏观的"历史本质论",与面对现象的复杂呈现而感到无法分辨的困惑,这两种表现其实是同一事物的两个方面。不过,以我的理解,如果要在这两者间进行挑选的话,与其挥舞大而无当的"历史本质论",不如在复杂事物面前保持手足无措的虔敬态度。

由于丸山在方法论上的这种自觉,他的研究一般说来不会先设定某种思想、原则作为坐标,先设定理论的"正统性",然后把讨论对象加以比照,而是将某种见解,与见解所处状况、条件的关系纳入思考。这样的结果,倒是有可能将对事情"真相"的揭发、讨论,引向深处。举例来说,"文革"期间对何其芳、周扬等作为反动的"黑线"人物展开严厉批判,日本学者也辩论他们的"路线"归属,是否真的反对毛泽东等等。丸山写于1972年的文章(《中国的文学评论和文艺政策》)抛开这些"前提",不以张贴道德标签,指认路线归属作为目的。在对他们的言论、言论表达方式,以及与言论相关的条件的耐心分析中,提出了中国文化的双重性、不均等性的问题。丸山指出,中国传统文化的巨大、厚重,知识分子的特殊社会地位,和大量存在的文盲,进行义务教育任务的艰巨这样的反差,构成在其他国家少有的文化的双重性、不均等性。所谓普及与提高、知识分子与大众的关系等命题,正根源于此。"文革"中批判何其芳、周扬等在1960年代初的见解是"两面派"现象,说他们在调整时期复活"资本主义逆流",在丸山看来这是"过于远离了他们所担负的艰巨课题"。其实这是由于他们面对这种"不均等性",在道路选择、摸索时,在与这种"不均等性"恶战苦斗时出现的"步履蹒跚"。这个分析即使需要再加以思考,但直到今天也仍然是值得我们重视的见解。

丸山的这些论述,表现了他的视野,同时也体现了他对于历史对象,对前人的那种同情和尊重。"同情"也好,"尊重"也好,主要不是一种表面上的避免轻慢的态度,而是对他们的探索,提出的理论,是否有诚意去辨别其中的缺陷和可以发展的可能性的问题。所以,丸山这样说:

所谓超越过去的时代,一方面是指达到该时代所达到的最先进的部分,而同时,也要致力于批判时代所造成的局限。仅仅嘲笑和嫌恶过去时代所造成的可笑而使人羞愧的错误,并不能超越那个时代。如同翻一座山一样,只能越过最低的地方,而不能够攀上高峰。

——《关于中国现代文学研究的一己之见》

五

在这篇读后感性质的文章的标题里,我用了"尊严"这个词,来概括读丸山昇先生著作之后的感受。这确有一些踌躇。在我们生活的许多崇高词语贬值或变质的时代,这个词可能过于重大,但也可能过于媚俗。不过,如果从坚持某种目标和信念,通过"抵抗"形成某种属于自己的独立方式,不断寻求对于"事实"的接近这一点,使用这个词应该是恰切的吧。

2006年11月—12月

附记: 在这篇文章交《鲁迅研究月刊》发排之后,接东京大学尾崎文昭教授信,告知丸山先生近日逝世。心中黯然。我对他的敬意竟未能当面表达,只好以此文作为纪念。

"幸存者"的证言
——"我的阅读史"之《鼠疫》

《鼠疫》与"文革"叙述

记不清是1981或1982年,我第一次读到加缪的《局外人》和《鼠疫》。比较起来,我对《鼠疫》印象更深刻。《鼠疫》的译者是顾方济、徐志仁先生,上海译文社1980年的单本本。因为有时还会想起它,在过了将近二十年之后,我曾写过一篇短文[1],谨慎地谈到记忆中的当时的感动:"在那个天气阴晦的休息日,我为它流下了眼泪,并在十多年中,不止一次想到过它。"在这篇文章里我说到,读《鼠疫》这些作品的动机,最初主要是要了解在当时思想文化界热度很高的"存在主义"。那个时候,萨特是众多知识精英、知识青年的偶像;"存在先于本质""自由选择"等是时尚的短语。加缪的名气虽然没有他那么显赫,但也具有很高的知名度,且也被归入"存在主义"的代表性作家的行列。[2] 当时,我对"存在主义"所知不多(其实现在也还是这样)。1980年代是新知识、新学说、新方法纷至沓来,令人眼花缭乱的年代。从相当封闭的文化环境中走出来,求新慕奇相信

---

[1]《读〈鼠疫〉的记忆》,刊于1998年4月15日《中华读书报》。

[2] 加缪,尤其是他的《西绪福斯神话》,到1980年代末1990年代初才被广泛谈论。

是很多人都有的强烈意念。"文革"后我开始在大学里讲授"中国当代文学"的课程,那时的"当代文学"地位颇高,负载着传递、表达思想、哲学、感性更新的"时代使命"。求知欲望与唯恐落伍的心理,长时间支配、折磨着我,迫使我不敢懈怠,特别是像我这样资质平庸的人。这种紧张感,直到退休之后,才有所松懈、减弱[1],也多少放下了那种"创新"的面具意识。

存在主义和萨特的进入当代中国(指的是中国大陆),自然并不始自"新时期"。"文革"前的五六十年代,萨特的一些作品,以及国外研究存在主义的一些著作,就有翻译、出版;但它们大多不是面向普通读者,主要是供研究、参考,或批判的资料的"内部"出版物。[2]萨特和波伏瓦1955年还到过中国。他们的到访,在很大程度上是以亲近"社会主义阵营"的和平民主人士、进步作家的身份。1950年代,中国当代文学界对法国作家马尔罗、阿拉贡、艾吕雅,对智利诗人聂鲁达的肯定性评价,大致也主要基于这一角度。1955年我正读高中,萨特他们的作品几乎都没有读过,好像只在《人民文学》上读过艾吕雅一些诗的翻译,也读过袁水拍翻译的聂鲁达的诗;最著名的当然是《伐木者,醒来吧!》。萨特和存在主义虽然五六十年代已经进入中国,但当时的影响即使有的话,肯定也相当微弱;好像并不存在着相

---

[1]《鼠疫》中的塔鲁在回答"您这是说真心话吗"的时候说:"到我这样年岁的人,说话总是真诚的。撒谎太累人了。"

[2] 20世纪五六十年代出版的相关著述有:《丽瑟》(萨特,罗大冈译,《译文》1955年第11期。这个剧本或译为《恭顺的妓女》《毕恭毕敬的妓女》)、《存在主义简史》(让华尔)、《存在主义哲学》(现代外国资产阶级哲学资料选辑)、《辩证理性批判》(第一卷,萨特尔,徐懋庸译)、《局外人》(加缪,孟安译)、《厌恶及其它》(萨特,郑永慧译)等书籍。另据柳鸣九先生所述,"文革"前中国大陆还出版了萨特的《存在与虚无》(见柳鸣九、钱林森《萨特在中国的精神之旅——纪念萨特百周年诞辰》,《跨文化对话》第18辑,江苏人民出版社2006年),但没有进一步提供译者、出版社、出版年份的资料。

关思潮渗透、扩散的社会条件和文化氛围。萨特在中国成为偶像式人物，要到"文革"之后。一般的解释是，经过"文革"，人们多少看到世界的"荒诞"的一面，但也竭力试图建立整体性的新秩序和思想逻辑；这样，萨特的存在主义凝聚了那些急迫要"走向未来"的人们的"问题意识"，提供了他们张扬个体的主体精神的情感的、理论的想象空间。另一个并非不重要的原因是萨特在1980年的去世。受到关注的公众人物的去世，自然是一个社会性事件，正像加缪1960年因车祸去世在欧洲产生的反响那样，会更强烈地增加其关注度。中国一些感觉敏锐的外国文学研究者和翻译家，适时地对其著作、学说做了有成效的译介、推广工作[1]，萨特和存在主义热潮的发生便也顺理成章。

  我虽然是抱着了解当时被"分配"到"现代派"里面的"存在主义"的初衷，而拿起《鼠疫》的，但作品本身很快吸引了我，在阅读过程中，也就逐渐忘记了什么"主义"。在那个时候，我对加缪的身世知道得很少。《鼠疫》故事发生的地点是阿尔及利亚北部海边城市奥兰，但当时没有系统读过加缪的传记（况且较完整的加缪传记的中译本当时还没有在大陆出版[2]），因此我不知道加缪就在那里出生，不知

---

[1] 当时发表了一批论文，如《现当代资产阶级文学的评价问题》（柳鸣九，《外国文学研究》1979年1—2期）、《萨特——进步人类的朋友》（张英伦，《人民日报》1980年5月5日）、《萨特和存在主义》（冯汉津，《当代外国文学》1980年第1期）、《萨特的存在主义释义》（施康强，《世界文学》1980年第4期）、《读萨特的〈厌恶〉一书》（杜小真，《北京大学学报》1980年第4期）、《给萨特以历史地位》（柳鸣九，《读书》1980年第7期）等。尤其是柳鸣九主编的《萨特研究》（中国社会科学出版社1981年）发生较大的影响。该书收入萨特的部分作品的中译，编制了萨特生平、创作年表，收录国外评论萨特，以及波伏瓦、加缪的相关资料。

[2] 1990年代末，我才陆续读到《加缪传》（〔美〕埃尔贝·R.洛特－加龙省曼，漓江出版社1999年版）和《阳光与阴影》（〔法〕罗歇·格勒尼埃，北京大学出版社1997年版）等传记作品。

道他的童年在那里的贫民窟,在"阳光和贫穷"中度过。不知道二战法国被占领期间加缪参加抵抗运动的具体事迹。不知道他曾经否认自己属于"存在主义"。[1] 不知道他和萨特之间的争论。不知道他接受了诺贝尔文学奖,而萨特却拒绝接受。甚至不知道他1960年1月3日死于车祸,年仅47岁。不知道和他翻脸的萨特在他死的时候写了动人的悼念文章。加缪是属于这样一类作家,他的个人生活、行为和作品之间的关系密不可分,具有无法剥离的"互文性"。面对这样的作家,读者在种种背景资料上的无知,在作品感受、理解的"方向"和"深度"上,肯定会有不言而喻的损失。

但不管怎样说,阅读者的接受"屏幕"也不可能完全空白。相信当时的另一些读者也和我一样,会带着某些相同的东西(生活、文学的问题,情感、思想预期)进入他的作品。"自他去世以来",人们总以"各自的方式,针对当时所遇到的问题阅读过他的作品"。[2] 1980年代我们的方式和问题,也就是当时社会生活和文学写作的主题,即如何看待当代历史和刚过去的"文革",以及如何设计、规划未来的生活。因而,《鼠疫》的阅读,在我这里,便自然而然地和当时涌现的大量"伤痕""反思"的作品构成对话的关系。这种关系是相互的,中国的"文革"记忆书写有助于发现《鼠疫》的特征;同时,《鼠疫》又影响了我对那些"文革"叙述的认识和评价。

加缪将英国18世纪作家笛福的话置于这部作品开首:"用另一种

---

[1] 加缪1945年11月15日接受《文学新闻报》采访时说,"不,我不是存在主义者……我和萨特看到我们俩的姓名并列在一起,总感到惊讶不已,我们甚至考虑哪天在报上刊登一则启事声明我们俩毫无共同之处,并且拒绝担保各自可能欠下的债务"。虽然加缪对这样的分类"既不希望,也不欣赏",但这种分类"却陪伴他终身"。洛特-加龙省曼:《加缪传》第414页,肖云上、陈良明、钱培鑫等译,漓江出版社1999年版。

[2] 罗歇·格勒尼埃:《阳光与阴影——阿尔贝·加缪传》作者序。

囚禁生活来描绘某一种囚禁生活，用虚构的故事来陈述真事，两者都可取。"《鼠疫》是写实方法的寓言故事，它"反映艰苦岁月，但又不直接隐喻战败、德国占领和残暴罪行"[1]。虽然故事具有某种超越性，但读者也知道，它首先是"隐喻"那场大战，特别是战争中的占领和流亡。但问题在于，"文革"与二战之间是否可以建立起一种模拟性的联系？这是个至今仍存在歧见的问题。暂时抛开在这个问题上的争论不说，有一点应该是真实的，即"文革"刚结束的时候，这种联系具有一定的普遍性。我记得很清楚，1978年12月，北岛、芒克他们的《今天》的创刊号上，就刊载有德国作家伯尔的文章《谈废墟文学》[2]；刊物编者显然是在暗示可以用描述二战之后的"废墟""废墟文学"，来比拟"文革"的历史和对这段历史的叙述。在以历史"灾变"的重大事件作为表现对象上，在近距离回顾、反思历史上，在叙述者赋予自身的"代言"意识上，在同样持有强烈的道德责任和承担姿态上，都可以发现《鼠疫》和当时的"文革"叙述之间相近的特征。我这里说的"近距离"，既是时间上的（《鼠疫》的写作开始于1942年，写成和发表于1947年，那时战争刚刚结束；读者看到的，是他们"刚

---

[1] 埃尔贝·R.洛特－加龙省曼：《加缪传》第468页。

[2]《今天》发表这篇文章时，作者署为亨利希·标尔，程建立译。当然，正像崔卫平所说，伯尔在上世纪八九十年代中国文学界、读书界，并没有引起注意。他"实际上没有恰如其分地进入中国作家的视野。当他1972年获得诺贝尔文学奖时，中国仍然处于文化大革命的笼罩之下，关于这位作家的情况了解无多。而当七十年代末期我们这个民族重新返回世界，人们重新大量阅读西方19世纪和20世纪的文学作品、甚至为了一本新出版的书奔走相告时，却没有将眼光更多地停留在这位战后重要的德国作家身上。尽管八十年代初最新出版的那批书中，就有伯尔的好几本：《伯尔中短篇小说集》（外国文学出版社1980）、《莱尼和他们》（上海译文出版社1981年）、《小丑之见》（1983），但是比如我周围的朋友中，不管是平时的言谈还是他们的写作中，很少有提及这位当代德国作家的，几乎没有哪一位中文作家表明他受过这位德国作家的影响"。崔卫平《我们在哪里错过了海因利希·伯尔？》（《同济大学学报》2006年第2期）。

刚度过的日日夜夜"），更重要的还是心理记忆上的。

历史创伤的"证言"

1980年代的中国文学界，对萨特、加缪这样的作家无疑有一种亲近感，重要原因之一是他们的"介入文学"的主张和实践。"文革"后，主流文学界着力提倡、恢复的，是在"十七年"和"文革"中受到压抑的文学的启蒙、干预功能。那时，"纯文学""回到文学自身"的意识也已经在涌动[1]，但支配大多数作家的，还是那种社会承担的意识。在这一点上，加缪这样的作家更有可能受到倾慕。他是一位置身于社会斗争、人间疾苦的作家，他的写作与关系人类命运的事件不可分离。在悼念文章中，萨特正确地指出，"他怀着顽强、严格、纯洁、肃穆、热情的人道精神，向当今时代的种种粗俗丑陋发起胜负未卜的宣战"。

伯林曾在一篇文章中，谈到19世纪俄国、西欧作家对待文学、艺术的不同态度，他以简驭繁（因此也不免简单）地称之为"法国态度"和"俄国态度"。他说，法国作家是个"承办者"，他的义务是写出他所能写出的最佳作品。这是他的自身义务，也是公众对他的预期。在这种情形下，作家的行为、私生活与他的作品无关，也不是公众的兴趣所在。而"俄国态度"则不然，他们信仰"整体人格"，行为、言语、创作密不可分；他们的作品必须表现真理，"每一位俄国作家都由某种原因而意识到自己是站在公众舞台上发表证言"。伯林说，即使"唯美"的屠格涅夫也全心相信社会和道德问题乃人生和艺术的"中心要事"。[2]

---

[1] 不少研究者已经指出，即使当年的"纯文学"主张和实践，也具有明显的"介入""干预"的内涵，即企图剥离、反抗文学对当代政治的依附的状况。

[2] 以赛亚·伯林：《辉煌的十年》，《俄国思想家》第157—159页，译林出版社2001年版。

加缪和萨特是法国作家，但他们好像并不属于这种"法国态度"，甚至对法国文学传统的看法，与伯林也不甚相同。萨特在悼念加缪的文章中，认为法国文学中具有"最大特色"的是"警世文学"。这主要不是对现象的描述，而是一种评价；这基于他那种更靠近"俄国态度"的文学观念。不过，他说加缪"顶住历史潮流，独自继承着源远流长的警世文学"，也可以见到这种文学态度在法国并非经常处在主流的位置。我对法国文学的了解肤浅，无法做出判断。但是，中国20世纪的新文学作家，在文学态度上与加缪，与19世纪俄国作家的相近和相通，应该是没有疑问的。那些没有充分展示其生活和创作的"警世"姿态的作家，在大部分时间里，其道德状况在公众心目中总是存在疑点，他们自身也常存有隐秘的自卑感；直到现在，情形大概也没有很大的改变。

在重大的、牵涉到许多人的历史事件之后，文学的承担精神和"介入"意识，首先表现为亲历者以各种文学手段，记录、传递那些发生的事实，为历史提供"证言"。这被看成"历史"托付的庄严使命，在由一种文化传统所支配的想象中，他们的良知被唤起，受到召唤和嘱托。亲历者的讲述，他们对亲历的体验、记忆的提取，在历史叙述中肯定是十分重要的，这是呈现"历史面貌"的重要手段。加缪的《鼠疫》，不论是内在的逻辑，还是在叙述的形态上，都特别突出"见证"这一特征。加缪在《鼠疫》中，就多次交代这部中篇的类似新闻"报导"，和历史学家"见证"叙述的性质。虽然是虚构性的寓言故事，却采用"编年史"的，逐月逐日冷静记下"真人真事"的方式。"见证"所标识的历史的"真实性"，是叙述者的叙述目标。因而，当书中说"这件事发生了"的时候，叙述者期待的是"会有千千万万的见证人从内心深处证实他所说的话是真的"。我想，中国1980年代那些"文革"的书写者，也会有相同的期待。因此，后来编写当代文学史,我便使用了"历史创伤的证言"这样的标题。[1]这个标题试图说明这类写作的目的和性质,也提示写作者的身份特征和叙述姿态。

虽然有这些共同点,但我也发现它们之间的许多不同。最大的不同表现在作家(叙述者)的自我意识和叙述的关注点等方面。由于加缪认为世界是非理性的,也怀疑那种历史"客观规律"的存在,以及人对那些"规律"的掌握,所以,他的关注点是人的生活,特别是在遭到囚禁、隔离的状态下,流亡、分离的不幸和痛苦;他将人的幸福置于抽象观念、规律之前,而不是之后(虽然他也承认,当抽象观念涉及人的生死时,也必须认真对待)。也许那些艺术并不高明的,诸如《伤痕》那样的作品,也表现了将人的幸福置于抽象观念、教条之前的倾向,但是接踵而至的许多"反思"小说,就逐渐把关注点挪到对"规律"的抽取中,因而,事实上它们难以避免滑落进图解当代那些既定观念的陷阱。[2]另外一个明显的不同,是《鼠疫》叙述者清醒的限度意识。虽然叙述者认为是在以众人的名义在说话,但也不打算让这种"代表性"的能力、权威无限度膨胀。从《鼠疫》的叙述方式上也可以见出这一点。

由于那时对西方现代小说技巧所知不多,我最初读《鼠疫》时,对它的人称和叙述方式颇感新奇;大概不少人都和我一样,所以高行健的《现代小说技巧初探》这个小册子,才会在文学界引起那样的强烈反响。开始以为是一般的第三人称叙述,感觉有点像海明威的那种简约手法。待到小说就要结束,才知道叙述者就是作品的主要人物里

---

[1]《中国当代文学概说》,香港青文书屋1997年版;《当代文学概说》,广西教育出版社2000年版;《中国当代文学史》修订版,北京大学出版社2007年版。

[2]描述抽象观念、教条对人的生活控制的"正当性"和人自愿服膺、信仰这些观念、教条,在一些"复出"作家的"反思"小说中有所表现,尤以从维熙1980年代初一系列作品最为典型。

厄医生("这篇叙事到此行将结束。现在正是里厄医生承认自己是这本书的作者的时候了……")。这个本来应该显露的叙述者,却一直隐没在叙述过程中;也许可以把它称为"第三人称化的第一人称"叙述。这种设计,相信不是出于一般技巧上的考虑,而有着某种"意识形态"含义。这种个人叙述的客观化,按照加缪传记作者的说法,是因为他认为"他本人的反应和痛苦同样是自己同胞的反应和痛苦","他感到他是以众人的名义在说话"。[1] 不过,从另一角度来看,这也是在为这种"以众人的名义"的意识做出限制,不让它膨胀成虚妄的夸张。其实,在作品中,对于这一"见证"叙述的限度,已一再做出说明。书中强调,叙述者"只是由于一种巧遇才使他有机会收集到一定数量的证词",因而叙述始终保持着"恰如其分的谨慎"。谨慎是指"避免叙述那些他自己没有看见"的事情,也指避免把一些无中生有的想法,推测强加给所叙述的物件。这是既以客观的姿态显示了他的"知道",同时也以对"无知"的警觉显示"我不知道"。我推测《鼠疫》的作者有可能是在抑制第一人称叙述在抒情,在揭示心理活动、推测事情因由的各种方便,但同时,似乎也在削弱第三人称叙述有可能开发的那种"全知"视角:后者在加缪看来,可能近乎虚妄。

萨特在评论《局外人》的艺术方法的时候,曾有"玻璃隔板"的说法。他说:"加缪的手法就在于此:在他所谈及的人物和读者之间,他插入一层玻璃隔板。有什么东西比玻璃隔板后面的人更荒诞呢?似乎,这层玻璃隔板任凭所有东西通过,它只挡住了一样东西——人的手势的意义。""玻璃隔板"其实不是萨特的发明,倒是来自加缪自身。在著名的《西绪福斯神话》和《记事》中,他就不止一次谈到过。当然,他是以此来说明人与世界之间的荒谬关系,并不专指艺术手法的

---

[1] 罗歇·格勒尼埃:《阳光与阴影》第 123 页。

问题。不过在加缪那里,所谓"手法"与"内容"难以分开。这种"玻璃隔板"的方法,套用在《鼠疫》中自然并不完全合适,但它还是得到一定程度的应用。加缪在为《鼠疫》写作所做的笔记中写道:"人并非无辜也并非无罪,如何从中摆脱出来?里厄(我)想说的,就是要治疗一切能够治疗的东西——同时等待着得知或是观察。这是一种等待的姿态,里厄说,'我不知道'。""我不知道"并等待着观察、得知,正是《鼠疫》在叙述者与人物,甚至叙述者与他的情感、心理活动之间插上的"玻璃隔板"。它降低着叙述者(一定程度也可以看作是作者)认知的和道德的高度;不过,这种降低,其实也不意味着思想上的和美学上的损失。

"幸存者"的身份意识

虽然《鼠疫》的写作具有明确的"见证"意识,但和1980年代不少书写"文革"记忆的作品不同,它对那种"幸存者"的身份、姿态总是持警惕的立场。"新时期"的"文革"叙述中,"幸存者"这个概念并不是一个流行的概念,对它也没有强调的论述;只有先锋诗歌界在1980年代后期有过"幸存者"诗歌的提出。但是,这种身份意识存在于亲历者的"文革"叙述中。这种"存在"主要表现为两种情形,一是"文革"后主要以小说、回忆录方式的"文革"叙述,另一种则是在对"文革"期间的"地下诗歌"的发掘和阐释之中。这两种情形都相当普遍。而且,同样普遍的是对这种意识少有警惕和反省。"幸存的意识是如此普遍,幸存的欲望是如此强烈,幸存的美学是如此体面"[1]——这个

---

[1] 臧棣:《霍拉旭的神话:幸存的诗歌》,载《今天》1991年10月出版的第3—4期合刊。

描述大概不是过于夸大其词。印象中,鲜明地质疑这种写作身份和美学观念的文章,似乎只有臧棣的那篇《霍拉旭的神话:幸存的诗歌》。虽然文章的论述主要是在当代诗歌美学的层面,不过,"他们对幸存者的形象并不感到难为情,甚至自诩被人称为幸存者"的说法,可能会让有些人有点感到不快,因而在先锋诗歌界内部曾引发反响微弱的争论。

全面地说,如果不应该完全否定"幸存者"身份意识在写作上的积极意义,那么,也不应该对它有可能产生的损害毫无警觉。这种意识、观念在写作上,既表现为"良知"所支持的提供"见证"的责任感,表现为对美学标准的历史维度的重视,也表现为收集并强化"不幸"的那种"自怜"与"自恋",表现为将"苦难"给予英雄式的转化。同时,也表现为提升"幸存"经验表达的价值等级,认为在道义上和艺术上,都理所当然的具有优先性,以至认为"幸存"的感受就具有天然的审美性。

在《鼠疫》中,"幸存者"的那种"见证"意识当然也随处可以见到,不过,也可以见到时时的警醒和辩驳。这里,加缪需要同时思考、处理这样的相关问题。一个是如何看待现代悲剧事件、难以置信的特殊历史时间与"生活"之间的关系,在我们生活的年代,如何重新"定义"英雄和英雄行为。另一个问题,是艺术和道德的关系。1980年代后期在"当代文学"课上,我说到一些"伤痕""反思"作品,里面有曲折人生,悲欢离合,有不幸和痛苦,但是,作品的核心却是"胜利"之后的终结和安定;这是为显示不安状况的句子后面所画上的句号。[1]《鼠疫》的看法和这些作品并不相同,它审慎地处

---

[1] 这些想法,后来写到《作家姿态与自我意识》的第四章"超越渴望"中,陕西人民出版社1990年版。

理有关"胜利"的问题。在奥兰的瘟疫结束,城门重新打开,离散、分隔的人们重又欢聚的"解放的夜晚",人们在礼花中庆祝胜利。但那个患哮喘病的老人说的是:"别人说:'这是鼠疫啊!我们是经历了鼠疫的人哪!'他们差点就会要求授予勋章了。可是鼠疫是怎么一回事呢?也不过就是生活罢了。"因此,作为叙述者的里厄医生明白他的这篇"纪实",写的"不可能是决定性的胜利";"威胁着欢乐的东西始终存在"。对于这样一个关注人的生存状况的作家来说,生活既然并未结束,那么,悲剧和荒谬也仍然伴随。也就是说,他的写作不是要加入胜利的欢呼声,而是让读者看到这样的话:"鼠疫杆菌永远不死不灭,他能沉睡在家具和衣服中历时几十年……耐心地潜伏守候……"因而,在这部小说中,"胜利"不是一个与"终结"有关的历史概念,"幸存者"也不会因为经历了苦难而被自动赋予英雄和权威的姿态,特别是这个英雄的"幸存者"为抽象观念和教条所缠身并赋予高度的时候。《鼠疫》中写到,假如一定要在这篇故事中树立一个英雄形象的话,他推荐的是那个有"一点好心"和"有点可笑的理想"的公务员格朗,这个义务参加防疫组织,一辈子真诚地为一篇浪漫故事的遣词造句呕心沥血,但写作始终处在开头位置的"无足轻重和甘居人后的人物"。这种推荐,"将使真理恢复其本来面目,使二加二等于四,把英雄主义置于追求幸福的高尚要求之后而绝不是之前的次要地位"。而且,如果谈到亲历事件的"幸存者"的历史角色,前面引述的加缪的话是,"人并非无辜也并非无罪,如何从中摆脱出来?里厄(我)想说的,就是要治疗一切能够治疗的东西——同时等待着得知或是观察。这是一种等待的姿态,里厄说,'我不知道'"。

至于道德与艺术的关系,这确实是个经常让人困惑的问题。《鼠疫》不是单纯的自娱与娱人的文字,里面贯穿的是为爱而反抗荒谬、非正义,寻找出路的激情和勇气。不过正如罗歇·格勒尼埃说的,不应该忘记加缪"首先想要成为一个艺术家"。他在写作上的不懈怠，精益求精，都表明是在想进入他所说的由纪德作为守门人的那座文学的"花园"。[1]因此，苏珊·桑塔格认为，在表现"道德之美"上，20世纪的其他作家也许更有立场，更有道德色彩，但他们没有能显示出比加缪更多的美和更多的说服力。即使如此，道德美和艺术美还是不能不加区分地混为一谈；因而，"幸存感"也确实不能简单、直接地转化为"审美感"。[2]

危险的"感激之情"

上面说到的苏珊·桑塔格的《加缪的〈日记〉》这篇文章写于1963年，距加缪因车祸逝世（1960年）只有三年。在这篇文章里，桑塔格对加缪的思想艺术特征有发人深思的描述，也有一些质疑性的批评。但这是在"伟大的作家"的范畴内的指摘。她提出一个有趣的分类，说伟大的作家要么是丈夫，要么是情人；这两者在每个文学时代都不可或缺。"可靠、讲理、大方、正派"是丈夫的品格，而情人虽然"喜怒无常、自私、不可靠、残忍"，却能"换取刺激以及强烈情感的充盈"。桑塔格有点抱怨"现代文学"的"小说的家庭里""充斥着发疯的情人、得意的强奸犯和被阉割的儿子——但罕有丈夫"。在作家与文学"传统"之间的关系上来看待这两类作家，那么，"情人"式的作家在题材、主题、风格、方法上，将会更执意地和他的前辈较劲，更"炫耀性格、顽念以及奇特之处"，而"丈夫"式作家体现得较为"传统"，循规蹈矩。那么，加缪属于哪一类型？桑塔格说他是一个

---

[1]《阳光与阴影——阿尔贝·加缪传》作者序、引言。

[2]《加缪的〈日记〉》，见苏珊·桑塔格《反对阐释》，上海译文出版社2003年版。

"理想丈夫";但是作为一个当代人,"他不得不贩卖疯子们的主题:自杀、冷漠、罪咎、绝对的恐怖"。然后,桑塔格指出:

> ……不过,他这样做时,却带着一种如此理智、适度、自如、和蔼而不失冷静的气质,以致使他与其它人迥然有别。他从流行的虚无主义的前提出发,然后——全靠了他镇静的声音和语词的力量——把他的读者带向那人文主义和人道主义的结论,而这些结论无论如何也不可能从其前提得出来。这种从虚无主义深渊向外的非逻辑的一跃,正是加缪的才华,读者为此对他感激不尽。这正是加缪何以唤起了读者一方的挚爱之情的原因。

读到这篇文章,距我初读《鼠疫》已过去了二十余年。它让我多少明白了我当年的激动和那种挚爱之情产生的部分原因。从个性的方面说来,一般的说,我较能接受的艺术形态,更接近那种"正派丈夫"的样式。但太过"正派""可靠",不越雷池的循规蹈矩,有时也会令人生厌。加缪这种有着"情人"外表的"正派丈夫"作家,大概比较合乎我的胃口。他积极面对时代的思想、诗学问题,但也不反应过度。无论是在主题,世界观上,还是在艺术方法上,"适度",对理解加缪的艺术来说,确实是一个"关键词"。但在1980年代,"适度"美感也可以说是一种普遍的美感趣味。开放、变革、创新、崛起、超越、反叛……当然是那个文学"新时期"的主要取向,墨守成规会为多数作家、读者所不屑。但是反过来,过于激烈的那种"情人式"的言行,也难以被许多人接受,即使是具有先锋特征的思想、艺术群落。"意识流"的叙述需要有理性内核的支撑。"现代派"总是不够"现代"而被戏称为"伪现代派"。暧昧不明的人物性格仍会恪守一定的道德界限。"肉"（欲望）的揭示不再不被允许，但迟早会纳入"灵"（政治、人生理念）的规范。悲观主义的"危险性"因为通过反抗而减弱，不致坠入"深渊"。"片面"需要有"深刻"作为其合理性的保证。有"无尽的动荡不安混沌不堪"，但之后又会"挣扎出来"并"升华到一片明亮质朴的庄严"。一代人的疲惫、焦虑的面容，因受到召唤而激奋，而神采发亮。而在决绝、响亮的"我—不—相—信"之后，看到的是"新的转机和闪闪的星斗，正在缀满没有遮拦的天空"……这种保持"适度"的思想、精神依据，恰如桑塔格所指出的，是人文主义、人道主义的那种"意识形态火焰"。它既是批判的武器，也是建构人的"主体性"和新生活、新文学的内涵。它成为联结"除旧"与"布新"之间的桥梁；人们因它的激情的庄严，姿态的高贵而热爱它，暂时忘却这种联结的"非逻辑"。这种"适度"的美学，或美感形态，是在一个感受到荒诞、非理性的世界中，试图解决人如何保持尊严，如何克服他的幸福受到的威胁，和如何重新赋予"正派"的、古典的丈夫以"现代品格"的问题。

　　一个曾经从他那里受到强烈感动和教益的作家，多年之后对他的重读，最担心的事情是这种热爱是否还能保持。虽说不可能出现当初的那种状态，但也许会在另一向度得到发展。而对于加缪这样特征的作家来说，问题又具有他的特殊的地方。从加缪来说，我们面临的考验来自两个方面。一个是加缪这种如桑塔格所说的有更多的美、更多的说服力的"图解式的文学"，这种"直接诉诸一代人对人们在某个既定历史处境里应体现出怎样的楷模之举的想象"的文学，是否仍能具有非同寻常的吸引力。另一个考验是，在多少削弱、剥离了作家的"传记因素"，对作家行为的时代依据的真切体验有所减弱之后，文本自身是否仍具有同样的魅力。让-保罗·萨特说的"个人、行为、作品的令人钦佩的结合"，常被引用来说明这位作家的魅力和特征。但是，一些研究者和传记作者的担心也是在这方面。

为了证明加缪作品的巨大分量，罗歇·格勒尼埃撰写的传记，就集中在对他每一部作品的分析，因为他相信"抛弃他那个家庭的和社会的'我'"，能"让更深刻的'我'出来说话"。[1]在加缪去世的时候，法国一位诗人写的悼念诗《在卢马林永生》中有这样的句子："同我们所爱的人，我们中止了对话，但这并非沉默"；"当意味深长的过去敞开为他让路之时……他就在那里正视我们"：这是坚信加缪这个人和他的写作能穿越时空而永恒。桑塔格对此却有一些保留。显然，她对加缪的小说和剧本"常常服务于他在随笔中更完整地加以表述的某些理智观念"颇有微词，认为这些作品都有一种"单薄的，有点枯瘦的""图解性"的特征。桑塔格说，尽管卡夫卡的小说也极具图解性和象征性，"但同时也是想象力的自主行为"。我想，桑塔格的评述是有道理的。导致这类作品在阅读中发生减损的因素，正来源于本来积聚的特定语境因素的一定程度的消散，表达、图解（即使是很有艺术质量的）的理念与"既定历史处境"发生的脱节，以及在后来的阅读中，作家个人、行动与文本之间肯定会发生的程度不同的分离。因而，如果对一个作家及其作品的高度评价，过分依赖，或离不开道德和作家个人行为的鼎力相助，并将道德、个人行为和作品评价完全不加区分地混合在一起，那是存在一定危险的。桑塔格对此说道："艺术中的道德美——如人的身体美——是极其容易消失的"，"道德美易于迅速衰败，转眼就化作了警句格言或不合时宜之物"；这种衰败，有的在作家健在时就赶上了他[2]。"幸存者"的叙述，和对这些作品的

---

[1]《阳光与阴影——阿尔贝·加缪传》第285页。
[2] "还在加缪的有生之年，这种衰败就赶上了他"，《加缪的〈日记〉》，见苏珊·桑塔格《反对阐释》，上海译文出版社2003年版。

阐释有时看起来可能很有力量,然而,最终只有作品留存下来,其他的东西,"都不可能由对作品的体验完整的复原出来"。

这些话,虽说有点"残酷",但事实就是如此。

2008 年 1 月—3 月

有生命热度的学术
——"我的阅读史"之乐黛云[1]

上高中和刚进北大的时候,我就知道乐黛云的名字,在文艺刊物上读过她的文章。1956年,她的连载于《文艺学习》上的《现代中国小说发展的一个轮廓》,也认真读过。1956年9月我入学时,她在北大已经有四年的教龄。但在校五年学习期间,却没有听过她的课。原因很简单,1957年春天,她和文学史教研室的另外几位青年教师,筹办名为《当代英雄》[2]的同仁刊物。不知道记忆是否准确,我在当时中文系办公地点的文史楼二楼墙上,看到创刊号的目录预告;里面有小说,散文,以及和毛泽东《讲话》商榷的文章。刊物没有办成,几位先生(好像还有傅璇琮、沈玉成、褚斌杰、金开诚、倪其心、裴家麟、潘兆明……)却都成了右派。乐黛云是领头的,成了"极右分子"。受到的惩罚是:开除公职,每月16元生活费,遣送京郊门头沟山区的斋堂"监督劳改"。她自己说,因为总不"认罪",右派"帽子"迟迟不能摘掉。1962年才回到中文系的资料室当资料员。

---

[1] 乐黛云,1931年生于贵阳,毕业于北京大学中文系。北京大学教授,北京大学比较文学与比较文化研究所所长,国际比较文学学会副主席,中国比较文学学会主席。著有《比较文学原理》《比较文学与中国现代文学》《中国小说中的知识分子》《跨文化之桥》等。

[2] 刊物名字与莱蒙托夫的小说《当代英雄》有关。当时,那个才气横溢的"多余人"皮却林,在大学知识青年中,有一定的影响。

我和乐先生有较多机会接触的时间,一是1963—1965年间。当时,她"获准"担任写作课的教学,和我在一个教学小组。说是教学小组,人数多的时候竟有二十多人。另外就是1969年底到1971年秋天的江西鲤鱼洲"五七干校"劳动。但我们并没有很多交往。这些年来她的著述编纂成果丰硕,受囿于褊狭的观念,我读过的大体是与自己"专业"相关的论著,以及她讲述自己生活的自传、随笔[1]。另外,她主持的"北大学术讲演丛书"和"比较文学研究丛书",也认真读过一些。虽然不能完全理解,但对我的学术眼界、方法的更新,常有难以忘怀的启示意义。[2]

"罗网困陷"的体验

1980年乐黛云发表了两篇文章。一篇是《论〈伤逝〉的思想和艺术》[3],另一篇是《尼采与中国现代文学》[4],它们我都读过。刊载论《伤逝》的这一期的《新文学论丛》[5],也有我的《关于对"写真实"的批判》。对比之后,就意识到在学识、修养上的分明差距;最主要的是我的文字的那种浮躁之气。不过对她的这篇文章,当时也

---

〔1〕这些讲述生活、学术道路的自传、随笔集,我读过的有《我就是我》(台北,正中书局1995年版)、《绝色风霜》(南昌,百花洲文艺出版社2000年版),《探索人的生命世界》(北京,中国广播电视出版社2007年版)、《四院沙滩未名湖》(北京大学出版社2008年版)、《乐黛云传》(王鸿儒,北京,中央文献出版社2008年版)等。

〔2〕这些丛书中,像杰姆逊的《后现代主义与文化理论》、浦安迪的《中国叙事学》、佛克马、蚁布思的《文学研究与文化参与》等,以及张京媛主编的《当代女性主义文学批评》《新历史主义与文学批评》《后殖民主义文学批评》等,在学界都发生过重要影响。

〔3〕《新文学论丛》1980年第1期,人民文学出版社。

〔4〕《北京大学学报》1980年第3期。

〔5〕人民文学出版社1980年出版的一份集刊性质的文学批评、研究期刊。

不以为就怎样出色，觉得于"当代"的相关研究，好像没有很多的超越。有关涓生、子君的"个性主义"局限，以及对"个人主义"危害的揭发，在右派批判中，在1958年"讨论"巴金，讨论《约翰·克利斯朵夫》的时候，已经听得够多了。因此，当时没有读出这篇文章另外的涵义。待到后来，参照了乐黛云的自传和其他文章，才意识到某种独特的东西从我的阅读中漏掉了。其实，文章中所谓个性主义的局限，个体在社会生活中的困境，别有一种指向，蕴涵着作者生命的苦涩体验和对这些体验的思索。这篇文章虽然发表在1980年，却写于1963年，那时乐黛云从劳动改造的乡下回到学校不久。文章投给《人民日报》，但未能发表。1994年，在生命流逝已有一个甲子的时候，乐黛云回顾来路有这样的感慨："我的生活充满了跌宕起伏，无论好事坏事全都来得出人意料，完全无法控制；大事如此，小事亦然。"所以她说："……米歇尔·傅科曾经断言：个人总是被偶然的罗网困陷而别无逃路，没有任何'存在'可以置身于这个罗网之外。"[1]《论〈伤逝〉的思想和艺术》讲述的，就是这种生存经验。"当我作为极右派在农村'监督劳改'的时候，我常常想起《伤逝》，想起靠'一点小米维系残生'的'鸟贩子手里的禽鸟'，想起'被系着细线，尽情玩弄、虐待'的坏孩子手中的蜻蜓，想起那无所不在，而又看不见、摸不着，冠冕堂皇，无法反抗的'无物之阵'。"对乐黛云来说，个人的这种"偶然的罗网困陷"，其实并不需要读了福柯才能明白，那便是她的生活本身。由是，她常常"不免满心悲凉"。[2]

"文革"期间在鲤鱼洲，乐黛云是劳动能手，有力气，也不吝惜力气。我不止一次听她说，她常有这样的念头：能在农村有一间茅草

---

[1] 乐黛云：《我就是我》自序，《我就是我》，台北，正中书局1995年版。
[2] 同上书，第72—73页。

屋，房前种豆，房后种瓜，也养鸡养鸭，过着日出而作、日落而息的简单生活。说这些话，有时候是在表示"扎根"农村的决心，有时候则是检讨"消沉"的思想。但我当时将信将疑，甚且是不愿相信，觉得这不大真实。当时在开会的时候，我也会说些什么"长期扎根"的话，心里其实是盼望、并且也认为终会离开这个对我来说其实是"无根"的地方，回到原来的生活轨道。以己度人是我常犯的毛病，因此就很容易地忽略不同生活经验在心灵中留下的不同刻痕，忽略她的那种对"政治"厌恶、恐惧，对知识分子群体警惕的心理内容。[1] 这也就是没有能读出她的文章中真实含义的原因。这种隔膜，这种丝毫没有觉察，不由得使我想到，人们有时候在言语，在文字，在举手投足中的寄托，可能难以被"读"出，如果不是自己出来解说，就永久埋藏，或没有留下任何痕迹地失散飘逝。

当然，对个人"罗网困陷"的深切体验，在乐黛云那里，并没有导致放弃个人责任的悲观厌世，也不是推导至无是非的相对主义。从"本质"上说，即使身处逆境，她也是对未来仍有期待的理想主义者。只不过意识到"罗网"存在，理想也就剥离那种虚无缥缈的成分，而行动也更为坚实。最主要的是，她意识到个人的这种处境，不仅是特有的经历，而夸张、放大这种受难。正如一位评论者说的，"在她看来，错误并不都在一面，而是由于许多个人无能为力的、错综复杂的历史机缘所造成"。因而，个人在受限的处境中的行为轨迹，虽是生命中偶然的点和线，但是，将各种"偶然"连成一气，也有可能展现

---

[1] 1950年夏天，那时正是乐黛云热烈向往、投身革命的时候。她作为中国学生代表团成员，参加在捷克的布拉格召开的第二届世界学生代表大会。代表团秘书长柯在铄曾问她是否愿意留在全国学联驻外办事处工作，并说可以到莫斯科大学留学。"我对此……一口回绝，自己也说不清是什么原因。我虽然积极参加各种革命工作，但内心深处却总是对政治怀着一种恐惧和厌恶之情。"《我就是我》第39页。

那"似有似无"的"必然"。这就是"别无逃路"的个人的勇气和胆识的根据:

> 如果把某种主体意识通过自身经验,建构而成的文本也看做一种历史,那么,这些点点线线倒说不定可以颠覆某些伟大构架,在一瞬间猛然展现了历史的面目,而让人们于遗忘的断层中得见真实。[1]

"思想之源"的鲁迅

和读了论《伤逝》的毫无感觉不同,她发表于同年的《尼采与中国现代文学》[2],我却印象深刻;它在当时的学术界也发生一定反响。反响来自几个方面。首先是有关尼采的研究。在"当代"中国,尼采大部分时间是以"法西斯思想的先驱""歌颂帝国主义战争"、宣扬"弱肉强食"的"权力意志"的反动、丑恶面目出现[3]。在这篇文章中,这样的图像发生翻转式的改变,他成为一个质疑旧价值观的偶像破坏者,成为一个"超越平庸"的,精神健康的"超人"形象。这是当时让人感兴趣的一点。其次,有关鲁迅与尼采的关系,它"大胆肯定尼采对鲁迅思想影响具有积极意义"[4],而不是像"当代"通常论述的那样,将尼采影响看成是消极因素的损害。再次,在于比

---

[1] 乐黛云:《我就是我》自序,《我就是我》。

[2] 《北京大学学报》1980 年第 3 期。

[3] 参看 1957 年初版,1972 年修订的《欧洲哲学史简编》,汪子嵩、张世英、任华等编著,人民出版社 1972 年版。

[4] 1981 年《中国文学研究年鉴·鲁迅研究概况》,《中国文学研究年鉴·1981》第 102 页,中国社会科学出版社 1982 年版。

较文学学科"重建",和在中西文化比较的领域、方法开拓的意义上。

现在看来,文章还表达了乐黛云当时对鲁迅的看法。鲁迅是乐黛云重要的"思想之源",是她心目中"二十世纪最了解中国的人"。虽然在写了有关《伤逝》,和鲁迅与尼采的文章之后,没有将鲁迅作为主要研究对象,但对鲁迅的基本理解,一直是她观察社会、文化问题的主要思想支柱。在八九十年代,她先后编选了两册海外鲁迅研究论集[1],它们在研究界曾发生不小的影响,尤其是收入夏济安、林毓生、李欧梵、丸山昇、竹内实、普实克等人文章的《国外鲁迅研究论集1960—1980》。不夸张的说,当时这本论集,对我有一种打开"新的天地"的冲击。也许丸山昇、竹内实、普实克等在思路、用语上,我还不是那么陌生,因而对这些文章的重要价值有些忽略。冲击主要来自"英语国家"的那些观点和论述角度。论集中夏济安的两篇文章,题目都有"黑暗"这个词[2]。"黑暗"就是我那时获得的深刻感性印象。鲁迅写到目连戏中的鬼魂,在"当代"通常理解为是他强烈、决绝反抗精神的体现。但现在有了一些颇为"陌生"的说法。说"鲁迅无疑背负着某些鬼魂";说他对这些鬼魂"甚至隐藏着一种秘密的爱恋";说表现了"死的美和恐怖"的无常与女吊"在鲁迅一生中都保持着魅力";说鲁迅"透过浓厚的白粉胭脂的假面,窥探着生命的奥秘"……夏济安有些遗憾地认为,鲁迅并未完成对这一奥秘的探究,他更多的是表达对社会罪恶的抗议,"然而,使他区别于他的同时代

---

[1]《国外鲁迅研究论集1960—1980》,北京大学出版社1981年版。《当代英语世界鲁迅研究》,江西人民出版社1993年版。后者收入李欧梵、M.安德生、D.波拉德、林毓生、葛浩文等的16篇论文(或专著摘录)。

[2] 夏济安文章题目是《鲁迅作品的黑暗面》《黑暗的闸门》。论集中的文章还有林毓生的《鲁迅的复杂意识》、竹内实的《中国的三十年代与鲁迅》、李欧梵的《一个作家的诞生——关于鲁迅求学经历的笔记》、丸山昇的《革命文学论战中的鲁迅》等。

人的,正是他承认这种秘密,而且从不否认它的威力,他甚至可以被生活中存在的这种黑暗的威力所震慑。他同情那些脱离了他们的社会环境而处于孤独时刻的个人"。[1]

这些说法带来的新鲜感,源自那种对比性的感受。在此之前我读到的"标准"的鲁迅论述,基本上是"明亮"的,"白天"的:处理的对象既是"可见"的领域,方法也逻辑而单向;所有的一切,包括情感心理,都只能在社会矛盾、制度的"物质"层面得到解释。对一个多少已被神化的人物的谈论,可否以"唯心主义"的语言方式,来触及其隐匿且复杂难明的生命世界,他的心灵秘密,他个人的孤独感,这是当时产生的疑问。夏济安他们的这些谈论,影响(确切地说,应该是预告)了1980年代中国大陆"存在主义鲁迅"的逐渐浮现。鲁迅阐释的这种转向,甚至也表现在"新启蒙"的倡导者李泽厚身上。1979年,李泽厚出版了著名的《中国近代思想史论》。在《略论鲁迅的思想发展》那篇文章中,也说到尼采的影响,但目的是区分尼采和鲁迅:尼采"那种践踏群众高倨人民之上的超人哲学,与鲁迅本质格格不入";"尽管个性主义的孤独感对鲁迅一生有强大影响……但鲁迅一生的出发点和着眼点始终是广大人民"。李泽厚又说,在"人道主义"和"个性主义"问题上,对鲁迅来说,前一因素比后一因素"要更为基本,更为持久,也更为重要","尽管从表面看来(例如常引尼采等)情况似乎相反"。他将鲁迅"不再是抽象的人性探讨,而是切实具体的社会揭露和批判",看作是思想发展的重要标志。[2]

"文革"刚结束的"新时期",是李泽厚呼喊、憧憬"农业小生产基础和立于其上的种种观念体系、上层建筑终将消逝,四个现代化必

---

[1] 《国外鲁迅研究论集 1960—1981》第 375—378 页。

[2] 参见《中国近代思想史论》第 453、449、450 页,人民出版社 1979 年版。

将实现","人民民主的旗帜要在千年封建古国的上空真正飘扬"[1]的时候。这样的时候,不需要,也不应该发掘鲁迅的"孤独感"。但到了1980年代后期,似乎已经"超越启蒙"的李泽厚对鲁迅有了新的解释。他说,鲁迅之所以有独特光辉和强大吸引力,除了对旧中国的传统文化鞭挞入里之外,是因为他"一贯具有的孤独和悲哀所展示的现代内涵和人生意义"。对于鲁迅与尼采的关系,也有了新的认识:鲁迅早期接受尼采哲学作为人生观,是他贬视庸俗,抨击传统,勇猛入世,呼唤超人的思想武器;但"也是他的孤独和悲凉的生活依据","这种孤独悲凉感由于与他对整个人生荒谬的形上感受中的孤独悲凉纠缠融合在一起,才更使它具有了那强有力的深刻度和生命力"。李泽厚引述鲁迅的《野草·一觉》之后,说他是在意识到"死"时感受到"生"的光彩,是在对"死亡"的意识中,在对人生极大悲观中,加深了存在的"强力意志"。在这个时候,李泽厚明确地将鲁迅与加缪联结,说"可惜加缪晚生,否则加缪将西西福斯（Sisrphus）徒劳无益却必须不停歇的劳动……比作人生,大概是会得到鲁迅的欣赏的吧?"[2]李泽厚的鲁迅论述的变化,从一个侧面,呈现他自己,以及思想、文学界1980年代的思潮演化的轨迹。

乐黛云编辑的鲁迅论集,在中国大陆最早提供具有"存在主义"色彩的鲁迅形象,但我猜想,她自己可能不是很认同这种描述。1980年代后期,曾经有名为《拯救与逍遥》的著作为众多人所阅读。作者刘小枫在这本中西文化比较的书中也谈到鲁迅,谈到鲁迅与陀思妥耶夫斯基、卡夫卡的区别。书中对"存在主义"有这样的分类,说鲁迅《野草》的存在主义,"只是施蒂纳、尼采、萨特、加缪式的存在主义,而

---

[1]《中国近代思想史论》第488页。
[2]李泽厚:《胡适 陈独秀 鲁迅》,刊于《福建论坛》1987年第2期,引自《中国现代思想史论》第112—113页,东方出版社1987年版。

不是克尔凯戈尔、舍斯托夫、马丁·布伯、马塞尔、乌纳穆诺的存在主义"。刘小枫说,鲁迅采纳了尼采的"唯有个体的生命是最终极的实在"的主张,"至死都在号召人们反抗并扑灭阻挡他们生命发展道路的任何一个人",这样,鲁迅就和庄子一样,"任何价值形态的东西就被暗中勾销"。他说,虽然鲁迅和陀思妥耶夫斯基都以觉醒的冷眼看清了残酷的历史事实,但重要的不同在于,后者给世人昭示的真理,"是神性的温柔、受难的爱心、对祈告的无限信赖","给世人昭示的是对上帝的绝望的信念",而鲁迅昭示给世人的是"不可相信温柔、爱心、祈告和一切神圣的东西,除了人的生命权利,一切道德、宗教价值都是虚假的"。因而,陀思妥耶夫斯基是"超越历史的理性",而鲁迅则是"屈从于历史理性",被迫放弃对神圣的东西的信赖,根本否认价值,提倡以恶抗恶,成为"西式逍遥(现代虚无主义)的同路人"。[1]

将鲁迅置于"拯救"对立面的"逍遥"和"价值虚无主义"的范畴内,相信当时不少读者会同我一样,感到惊诧莫名,尽管刘小枫有他的逻辑,对"逍遥""虚无主义"也赋予特定的内涵。因而,在《拯救与逍遥》的后记中看到乐黛云对这样来谈论鲁迅的"愤怒"反应,就一点都不感到奇怪。[2] 如果要说有一个"存在主义鲁迅"的话,乐黛云能够认可的限度,最多是刘小枫分类中的尼采、萨特、加缪式的存在主义,最多是李泽厚这样的鲁迅描述:"虽悲观却仍愤激,虽无所希冀却仍奋力前行";其悲观主义"比陈独秀、胡适的乐观主义更有韧性的生命强力",是不停向各种封建主义作韧性战斗的伟大启蒙者,

---

〔1〕参见刘小枫《拯救与逍遥》第四章"希望中的绝望与绝望中的希望",上海人民出版社1988年版。

〔2〕《拯救与逍遥》的"后记"中,刘小枫感谢了"以各种方式鼓励了我的思考"和写作的朋友,其中说"乐黛云先生仔细阅读了第四章讨论鲁迅的部分,提出了许多有见地的看法(尽管她对我如此看待鲁迅表示愤怒)",《拯救与逍遥》第539页。

但又超越启蒙,有着对人生意义的超越寻求;他的孤独与悲怆,是一种具有具体社会历史内容的孤独与悲怆。[1] 她既不会同意将孤独、悲凉感过分强调,更不会容忍将这种有具体社会历史内容的抗争、韧性战斗的孤独,看作是缺乏宗教救赎情怀的"逍遥"而放置于受批判的位置上。

在1980年代(以至也可以说直至今天),乐黛云更重视的,既不是陷于孤独悲凉的鲁迅,也不是在一个时候构造的全身心投身政党政治革命的鲁迅。她推重的,是写作《文化偏至论》《摩罗诗力说》《破恶声论》的早期鲁迅。乐黛云说:"他的'掊物质,张灵明,任个人,排众数'的社会主张,他对'外之既不后于世界之思潮,内之仍弗失固有之血脉,取今复古,别立新宗'的学术理想,他的不满足于现实层面而超越于现世的终极精神追求,可以说都是我后来学术生涯的起点。"[2] 乐黛云高度评价的,恰恰是鲁迅对"超然无事地逍遥"的否弃,热爱的是那"被风沙打击得粗暴"的"人的魂灵",是既吸取外来文化的"野蛮精悍"的新鲜血液,也总是以中国文化传统精髓(包括百草园、无常女吊等"小传统")作为文化更新资源的鲁迅。乐黛云大概不会将希望放置于"另一个世界",也不认为过度强调鲁迅的孤独悲凉就一定提升了其思想深度和历史价值。她爱的还是那个"启蒙者"鲁迅,那个将"个性主义"作为生命内核,而将"人道主义"作为历史责任的鲁迅。她虽然承认个人命运受到摆布控制,但对于历史、未来仍抱有坚定信心,确信鲁迅的"世事反复,时事迁流,终乃屹然更兴,蒸蒸以至今日"(《文化偏至论》)的世界观。

---

[1] 李泽厚:《中国现代思想史论》第115—116页。
[2] 乐黛云:《我就是我》第58—68页。

"野蛮精悍之血"

1980年代中后期,文学界对"现代派热"的实验成果的评价发生过争论。"我们的"现代派是"真的"还是"假的"?什么是"真正的"现代派?中国为什么不能出现"真正的"现代派? "真""伪"的说法能否成立?诸如此类。1988年我在《文艺报》上读到的季红真的长篇论文,就是从历史、现实处境、文化传统等方面,比较中西"现代派"作品的本质性(哲学的)区别。针对这一论争,这一年年初,黄子平在《北京文学》上发表了《关于"伪现代派"及其批评》的文章。那时,黄子平还在北大中文系任教,他把刊有这篇文章的杂志分送一些老师。一次系里开会遇到乐黛云,问我"觉得子平的文章怎么样?"我想,这个缠绕不清的问题,经他在中西、古今等关系的层面上讲得这么清楚,也揭示了论争中问题的症结,便很表示赞赏。但乐黛云没有同意我的赞赏,她疑惑地说,"这个时候强调规范,有点早了",又再次重复,"现在不是强调规范的时候……"

我从没有想到这篇文章和"规范"的问题有什么联系(这个词在中国学术界成为时髦的关键词,要到1990年代初),也就不能接过乐黛云的话头。但我还是努力去想这里面究竟有什么关系。她可能是认为,对一个纷纭复杂、探索尚有多种已知或未知的可能的事情,就进行条分缕析、层次分明的归纳整理,事实上有一种做出明确价值判断,"规范"方向、道路,试图阻止事情的"无序"状态的意图。我又推想,她的议论,可能也不止针对这篇文章,担心的是"过早"的"规范"会成为主导性潮流,阻滞了刚刚展开的活跃的探索。在她看来,"无序"不是任何时候都具有负面意义,而作为矫正力量的"反思"行为,也不都一概值得肯定。也就是说,在那个时候,面向世界、勇于吸收出现的新事物,虽然还"不曾扎根",也"尚未定型",具有容易招致批评的那种"表面性和流动性",但对待它们,其实是更应该持珍惜、支持的态度。

　　这是否是乐黛云当时的想法,我不得而知,后来也没有问过她。不过,1990年代初读了她的《文化更新的探索者——陈寅恪》[1]一文,似乎可以间接地证实我的推想。八九十年代之交,学术界出现让人印象深刻的分化。正如乐黛云所说,一些人自觉转向"边缘",他们批判了传统知识分子以天下为己任的"白日梦",提倡学术的绝对"学院化"而远离政治;一些人强调了资料第一的那种学术规范;另一些人则下"海"准备在商场中"作一番遨游"。[2] 在这样的情势中,"国学热"兴起,而对陈寅恪的重新评价是"国学热"中的一大热点。这个期间,乐黛云的思想观点不可避免也发生了调整。如1980年代末她在重新阅读20世纪初《学衡》等的史料之后,重新思考"保守主义"的历史功过。与"当代"对《学衡》,对文化保守主义派别全盘否定不同,她认为当年的保守主义、自由主义、激进主义等思想流派,都"存在于一个框架","他们之间的张力和搏击正是推动历史前进的契机"。她对自身学术思想的这种调整,其结果是逐渐"和过去支配我的、趋向于激进的泛情主义决裂,也就是和曾经禁锢我的某种意识形态决裂",而"能够更全面、更冷静地看待历史的方方面面"。[3] 不过,这种调整、反思,并没有导致她无保留地认同当时悄然发生,随后盛极一时,并为国家政权和"后殖民主义"论述所合力支持的"国学热"。在引述了陈寅恪的话("李唐一族之所以崛兴,盖取塞外野蛮精悍之血,注入中原文化颓废之躯,旧染既出,新机重启,扩大恢张,

---

[1]《北京大学学报》1991年第4期。
[2] 乐黛云:《我就是我》第211—212页。
[3] 同上书,第203—204页。

遂能别创空前之世局"）之后，乐黛云指出，把陈寅恪看作是"中国文化之传承者、固守者、史料集成者"是远远不够的，"不能涵盖先生之学术襟怀、伟大一生"，"甚且未得先生之真精神"；陈的"真精神"，他的治学的出发点，是寻求民族文化摆脱衰颓困境之路，是如何以"外来的血"改造旧的躯体，"重启新机"。所以，她将陈寅恪定位为"文化更新的探索者"。

在乐黛云那里，"走向世界""勇于吸收"，一直都是一个坚定的、重要的命题。她显然同意闻一多1940年代在《文学的历史动向》中的观点：一种文化的"本土形式"，在经历花开极盛到衰谢的必然过程中，需要"新的种子从外面来到，给你一个再生的机会"。闻一多说，世界上那些勇于"予"、怯于"受"的文化都没落了，只有中国是"勇于'予'而不太怯于'受'的，所以还是自己文化的主人"。从这样的理解出发，乐黛云强调，在中西文化交汇的过程中，"误读"几乎是必然的。她说：

> ……互相理解本身就是一个过程；况且我们也不能要求西方人像中国人那样理解中国文化，反之亦然。历史上，如伏尔泰、莱布尼兹、庞德、布莱希特等都从中国文化中得到灵感并发展出新的体系，他们对中国文化的理解也不见得就那样准确、全面、深入；为什么当我们的年青人从西方理论得到一点启发而尝试运用时，就要受到那样的求全责备呢？[1]

这也许可以看作是乐黛云对真、伪现代派论争所间接发表的意见。在吸取、试验刚刚开始，成果有限的时候，就急迫地为看来纷乱

---

[1] 乐黛云：《我就是我》第157—158页。

的事物设限,强调在原来秩序上的各归其位,在她看来,大概是"怯于'受'"的一种表现。

乐黛云1980年代以来的学术贡献,最主要当是在比较文学领域。比起"影响研究"来,她似乎更重视那种主题、文类和跨学科方面的"平行研究"。这基于她这样的信念:人类具有超越时空的思想、情感、心理状态共同性。1980年代中期"方法热"的时候,曾经有过对"耗散结构",对"熵"的急速升温,但在大多数人还不明究竟时就骤然冷却的谈论。时至今日,像乐黛云这样对这一谈论仍持有积极评价的,恐怕已经不多。在她的内心,存有挣扎着反抗社会运作统一化的"反熵"的责任承担。"反熵"的责任所面对的,不仅有突破隔离封闭体系,将文学,进而将人的生命引向开放、动态、发展状态的急迫,也有在"全球化"情境中抵抗另一种性质的统一、复制、同质化的危险。事物的瓦解衰竭,和趋向于最后的同质与死寂,都是她所忧虑的人类前景。

在1980年代,乐黛云也许更重视外来观念、学说、方法的引进,以激活中国当代僵化、板结的文化、学术状态。到了1990年代,她意识到人类真正实现各民族文化平等对话、多元发展这一她理想的境界,存在诸多阻力,并不是当初预想的那么乐观。她看到这一百年的世界文化史,"几乎就是以欧洲为中心,歧视、压制他种文化……的历史",但也认识到抛弃西方中心论虽是必要,却也非易事。而且,在乐黛云看来,试图以另一种中心论来取代西方中心论,以某些非西方经典来代替西方经典,都有害于世界文化发展,"只能是过去西方中心论话语模式的不断重复";这也是她1990年代以来,在认同彰显本民族文化重要性的前提下,坚定质疑、批评那种"封闭、孤立、倒退的文化孤立主义"的潮流的原因。她极有见地地指出,根本不存在一种"原汁原味"的,"未受任何外来影响"的,"以本土话语阐述"的"本土文化"。她指出,"文化孤立主义常常混迹于后殖民主义的文化身份研究",但它们之间有根本不同,前者不过是无顾历史和现实,在封闭环境中虚构自己的"文化原貌'。这只能导致文化的停滞、衰微。

基于她的批判精神,也基于她的乐观的理想主义的性格,乐黛云提出有关人类文化精神、文化生态前景的设计,她称之为"新的人文精神"。说所谓"新",就是它不是固定、一成不变的"原则",不是少数人建构以强加于他人,不是少数"先觉者"去"启""后觉者""不觉者"之"蒙",不是白璧德的"新人文主义"。乐黛云的"新的人文精神",强调把人当作人看待,反对一切使人异化为他物的因素;强调关心他人和社会的幸福,关怀人类发展和未来,接受科学带来的方便舒适,但警惕科学可能对人类造成的毁灭性灾难;赞成对权威、中心消解的解放的思维方式,也试图弥补由此带来的零碎化、平面化和离散的消极因素。而实现新的人文精神的主要途径是"沟通和理解":在人与人、科学与人文、学科与学科、文化与文化的沟通、对话、理解中,"互为主观",建立"最基本的共识"……[1]

乐黛云描述的,可能也是我所憧憬的。不过在我看来,那大概是一种"乌托邦精神",虽动人,富于魅力,却有点缥缈。但乐黛云却坚信不疑,并一直为向这一境界的推进,不避繁难地做出自己的努力。这正是她的可爱,也是她的可敬之处。

"我就是我"

托多洛夫曾经讲到他在英国与别人的两次会面,一次是与亚瑟·柯斯特勒,另一次是与以赛亚·伯林;与托多洛夫一样,他们都

---

[1] 参见《乐黛云教授学术叙录》第27—35页,北京大学二十世纪中国文化研究中心2004年。

是从社会主义的"东欧"移居西方的作家、学者。托多洛夫原先认为，他和柯斯特勒这样的同一代人具有的同样立场，"是由宿命论和麻木不仁造就的"。但从柯斯特勒那里他得到"反证"，柯斯特勒沉稳自信，"他并没有接受宿命论的思想"。在牛津大学，伯林在听了托多洛夫谈亨利·詹姆斯小说叙述的结构分析的讲座之后，对托多洛夫说，"不错……可您为什么不去研究十九世纪的虚无主义和自由主义呢？"托多洛夫说，从这两件事他听到了批评和鞭策。"这两个人都同我一样，生活在异国他乡，接受着异域的文化，可他们却知道怎样生活在个人的相异性之中"，"伯林先生告诉我说，文学不是唯结构的，它是由观念和历史组成的；我又从柯斯特勒那儿知道，放弃自由的主张是没有什么'客观'理由的"。[1]

托多洛夫讲述这些事情，是为了阐述他提出的"对话批评"，讨论在对自己的精神轨迹进行反思的时候，怎样通过别人的言语来了解自己。如果我们把"对话批评"暂且放在一边的话，那么，也可以看做是在怎样"保持着自我的自我"的提示。从一种"别人"的观察角度，托多洛夫将之概括为"他就是他"；作为自我陈述，乐黛云的说法是"我就是我"——这是她为自己的自传起的名字。在1980年代，以"代际"来区分20世纪知识分子是流行的方法。李泽厚在《二十世纪中国文艺一瞥》中，就用"转换预告""开放心灵""创造模式""走进农村""接受模式"和"多元取向"，来区分、描画20世纪六代（或六个时期）的知识分子的基本特征。按照这一区分，乐黛云当属"接受模式"的那一代（当然，她也生活在"多元取向"的时期里）。"接受"在李泽厚这里，应该是个动词，而不是定语；也就是说，那一代是缺乏创造力的，接受统一"模式"的一代。这种区分，这种代际的特征

---

[1] 托多洛夫：《批评的批评》第170—171页，三联书店1988年版。

描述，自然也可以说是合乎实际的。不过，正如托多洛夫指出的，它不能概括一切；总会有一些人虽困难，但也有效地突破这一模式。乐黛云呈现的，正是这样的形象。她知道怎样生活在个人的相异性之中。在"接受模式"的时代，她努力抵抗着"同质"文化的混淆，而在"多元取向"（实质上是另一种"同质化"）的时期，则抵抗着涌动着的强大潮流的同化力量。

和乐黛云谈话，听她讲课，读她的书和文章，一个突出印象是，她是个"自然"、自信的人。自然、自信，就是不做作，就是较少"面具意识"（并非贬义上使用），就是率直坦诚，就是她自己说的"情绪型、易冲动、不善计谋"，就是不左右摇摆，见风转舵；就是在风云变幻、眼花缭乱的时势中，努力坚持自己独立的判断，不苟且，也不阿世媚俗。就是保有开放、批评，但也包容、非排他性的心态。她的讲课和日常的谈话并没有很大的区别。她的文字是真实心声的表达。有时候你甚至觉得她并不怎样讲究"修辞"，卖弄"关子"，虽然她完全有能力这样做。在这些年来，我亲眼多次见识她面对重要事变时的沉着勇敢。她的言行，证明了她十多年前这样的一段话的可信：

> ……我似乎还有可能返老还童，从头开始。然而，即使一切再来一次，在所有关键时刻，我会作别的选择吗，我会走相反的方向吗，我会变成另一个人吗，我想不会，所谓"江山易改，本性难移"。总而言之，我就是我，我还是我！历史无悔！这历史属于我自己。[1]

2008 年 8 月

---

[1] 乐黛云：《我就是我》第 144 页。乐黛云的这部自传写于 1994 年 5 月。

"边缘"阅读和写作[1]
——"我的阅读史"之黄子平

1990年年初的一天,我外出回到北大蔚秀园的家里,上中学的女儿说,昌耀先生来访,带着一个两三岁大的孩子,还送你一本书。打开牛皮纸口袋,是1980年代后期青海出版的《昌耀抒情诗集》。我心里很是不安:远道来访,却正好不在,也不知道他有什么事情。过了一会儿,便疑惑起来。我和昌耀先生素无来往,他可能并不知道世上有我这么一个人。在此之前见到他的唯一一次,是1986年夏天诗刊社在兰州召开的诗歌理论讨论会上。会议的最后一天他才出席。我坐在会场后面听他的简短的发言。当时他说些什么,现在已经毫无印象。总之,想不出有什么理由他会来找我。过了一些时日,就把这个疑惑说给谢冕。"带着两三岁大的孩子"这一句刚出口,谢冕就打断我:"不可能!"接着不容置疑地说:"黄子平!他是去跟你告别的!"我愣愣地看着谢冕,明白了什么是聪颖敏捷,什么是愚不可及。这才想起来,几个月前,我和谢冕要合编一本"新时期诗歌"导读的

---

[1] 2000年我曾写过评论黄子平《革命·历史·小说》一书的文章,名为《文本"缝隙"与"历史深处"》,刊于《中华读书报》(北京)当年的6月14日。眼前这篇,是在此基础上的改写和扩充。

书[1]，约黄子平写昌耀的部分；《昌耀抒情诗集》就是我借给他的，上面还有我的名字……

等到这些都弄清楚之后，黄子平全家已离开北京。我约略知道他离开的主要原因，那个时间发生的事情，显然给他和他的妻子造成特别的困扰。不过也想，时间可能会医治这一切，不久他们应该就会回来。没有想到的是从此就离开北大。记得那天他来我家的时候，正下着大雪，处处晶莹光洁，而且是鲁迅说的那种"滋润美艳"、如"处子的皮肤"的那种。[2] 这些年来，置身朔方冬天漫无边际的干燥和风沙之中，对这"滋润"的一天便记得格外清楚。

再见到黄子平的时候，已是八年后的1998年4月。我应邀到香港岭南大学访问，在许子东家的聚会上，送给我他的两本书——《革命·历史·小说》（香港，牛津大学出版社1996）和《边缘阅读》（香港，牛津大学出版社1997）。前一本在此之前我已经读过，后一本则是第一次见到。2000年4月，他回到母校北大中文系讲学，问他是否有新著问世，说是没有，"还是那两本"，言语中露出似乎有些歉疚、但也似乎有些自得的神情。[3]

这些年中，多次有喜欢他的文字的朋友、学生问我，他为什么要离开大陆，离开北大？言语之中透着惋惜的意味。今年（2009）春天我在台湾，新竹"清华"的一个博士生也提起这个问题。我当然也认

---

[1] 这本书1980年代后期编好后，遇到1980年代末的事件，在北京大学出版社积压多年，最终未能出版。我和谢冕都深感有负参加撰写的朋友的热心。在此谨向他们表示歉意。

[2] 《野草·雪》："江南的雪，可是滋润美艳之至了；那是还在隐约着的青春的消息，是极壮健的处子的皮肤。雪野中有血红的宝珠山茶，白中隐青的单瓣梅花，深黄的磬口的蜡梅花……是的，那是孤独的雪，是死掉的雨，是雨的精魂。"

[3] 当然，后来他又有《害怕写作》等书问世。

为，北大和中国大陆，是他施展拳脚的最佳地点。但是，生活、情感的种种情况，那只有当事人才会有真切体验，别人不可能代为想象。况且，这里面也是得失相兼：处于"边缘"位置，取得某种距离，也不是没有一点好处。

回到历史深处

在他1990年代的论著中，《革命·历史·小说》显然是重要的一本，是对20世纪中国某一小说类型的研究。在大陆出版简体字本时，书名改为《灰阑的叙述》；有些文字可能有改动，但我没有认真做过比较。它考察20世纪中国文学中以小说的形式对革命历史所做的叙述（"文学形式与革命、政治之间的互动关系"），展现"文本秩序与社会秩序的建立、维护与颠覆""令人眩惑"的"奇观"。一方面，"小说"是如何被卷入"革命"之中，担负建构"革命"的重任，另一方面，"革命"又如何深刻改变了我们想象、虚构和叙述历史与现实的方式，在这一讲述过程中，"小说"形式本身发生了怎样的"革命"（变化）。粗粗看来，这部著作给人印象深刻之处，一是处理研究对象的"历史主义"的态度，另一是对形式因素的敏感、重视；以及这种"外部"与"内部"，历史与形式的内在关联的缜密处理。

这一研究路径，黄子平1980年代就已经开始确立。他的《论中国当代短篇小说的艺术发展》[1]的论文，讨论五六十年代文学界有关短篇小说"定义"的争论，以及"当代"重要短篇小说作家创作的形态特征。五六十年代讨论的参与者（茅盾、魏金枝、侯金镜、孙犁、杜鹏程……）的具体看法虽各异，却有相似的前提，即以为短篇

---

[1] 刊发于1984年的《文学评论》，收入《沉思的老树的精灵》，文艺出版社1987年版。

小说有它的不变的、恒定的本质性特质。黄子平没有沿袭这一思路,他怀疑那种对事物认识的"非历史的确定性"。也就是说,"短篇"的概念,体裁的形态,是历史性的,并非一种"本质化"的"抽象的结构"。这正如苏联美学家卡冈所言,"艺术体裁和文学体裁形成于现实的审美实践之中,受到这种实践的各种意向的影响,并历史地存在着"[1]。黄子平通过对中外作家审美实践的历史过程的考察,指出中外文学传统中,都存在着"短篇小说"(short-story)和"短篇故事"(short story)这两个系列。虽然他也认为两个系列之间,在"现代化"的维度上也包含有一种"发展"(也就是等级)的意味,但并不把这种"发展"绝对化,不把它们做新/旧、传统/现代的对立处理。他说明了不同系列在中国文学"现代化"进程中形成的消长、渗透、转换的复杂关系。在1980年代,"走向世界文学"是文学界的普遍信念。黄子平那时正和钱理群、陈平原一起,酝酿着后来反响巨大的"二十世纪中国文学"概念。他对短篇小说问题的论述,也是在论证"走向现代化、民主化过程"的中国文学具有与"世界文学"发展的共同趋势。但是,他的观察、论述,他对于"现代"的理解,具有更多的灵活性和更大的空间。

1990年代之后,黄子平研究敏锐的"历史感"和"形式感",有了进一步的发展。对于历史问题,包括文学史问题,有时候,我们会更倾向于采取一种"辩难"的、"对决"的评判方式来处理,即在所确定的理论框架(人道主义、主体性、启蒙主义等)之下,从"外部"进行审查,做出价值论断。这种方法无疑具有更大的诱惑力,尤其在解放我们对当前问题的关切,和对未来想象的焦虑的功能上,在释放"经由讲述而呈现眼前"的"历史"的"刺痛人心"的压力上。虽然,

---

[1] 莫·卡冈:《艺术形态学》第175页,三联书店1986年版。

这也是《历史·革命·小说》写作的基本动机（或撰述的"内驱力"），但是作者在更多时候，不仅在姿态上，而且在论述展开的内在理路上，更愿意抑制、回避这种"辩难"和"对决"。他试图有效地进入对象（也就是面对的文本）内部，分析其功能—结构的复杂关系，暴露其叙述逻辑。既不把讨论的文本视为表达"真理性"经验的"经典"，也不愿意简单使用道德主义的意识形态批判手段。在解读这些"革命历史小说"的时候，强调的是将它放回到"历史深处"，"去揭示它们的生产机制和意义架构，去暴露现存文本中被遗忘，被遮掩，被涂饰的历史多元复杂性"。

但是，什么是"历史深处"？我们又如何才能"回到"？这几乎是每一个历史研究者遇到的难题。在这里，"时间"与"真实"的问题，成为"关节点"。在黄子平所确立的论题中，时间不是单纯的直线关系，而是往复的交错结构。他明白问题的复杂在于，所要处理的，既有小说所叙述的年代，也有叙述这一历史的年代，同时，也还有阅读、讨论这一"叙述"（文本）的年代。另一方面，"历史深处"不仅是实存的"历史"自身，也不仅指叙述历史的文本形态，而是它们之间的互动关系。在这样的理解中，"时间"与"真实"的问题，便需要"拆解"借由小说形式建构的历史"经典"形态，追索这种建构所依赖的想象方式、叙述方式来解决。在有关文本的"生产机制和意义架构"的考察中，他指出传统中国治乱交替的"循环史观"，在关于革命的叙述中，如何被进化论的乐观主义的"矢线"取代，并在这一"矢线"之上，来安排、分配各种成分、力量的位置和等级关系，以确立历史的"真实"——这正是当代"革命历史小说"叙述的核心。通常的观点认为，为了实现意识形态的控制效果，主要是借助"压抑"真相、掩盖真相来达到。黄子平指出，问题往往要复杂得多，确立"意义架构"的重要"生产机制"之一，是力图收集和控制"全部"真相，然后加以分配、流通、消费和再生产。因而，当代叙述的秘密在于界定"真实"的标准，分配享受"真实"的等级（什么是"真实"，和谁有资格、权力享有和决定"真实"）；当然，"真实"在这种分配、再生产中，也就四分五裂了。如果我们联系当代有关《在医院中》《保卫延安》《组织部新来的青年人》《本报内部消息》《红日》《"锻炼锻炼"》《创业史》等作品的"真实性"的争论，就会理解这一论析包含的洞见。

在"回到""历史深处"的问题上，黄子平的研究自然会引入另外的历史叙述作为参照，这是发现"缝隙""空白"的有效手段。而个人经验的加入，也是参照的重要一项。他明白告示，这一研究"实际上是对少年时期起就积累的阅读积淀的一次自我清理"。因而，"回到"之路也就会添加另外的难题。既要有个人经验的积极介入，但也要与对象保持一定距离，对自我的立场、经验有警惕性的反思。离开个体经验和自我意识的加入，论述可能会成为无生命之物，"历史"有可能成为悬空之物，但过度的投入、取代，对象也可能在"自我"之中迷失，"历史"成为主体的自我映照。如有的阐释学家所说，这大概就像参加一种游戏，置身其间的游戏者，不将自己从"自我"中解脱出来，放弃已经形成的"前理解"，允许对象追问所设定的立场和标准，这种"游戏"就无法进行。面对这样的难题，相信黄子平也不是没有一点困惑。在他的文字中，可以见到他建立某种平衡的有效努力，也能见到处理中的犹豫和"挣扎"。

阅读、写作的策略

在过去，主流、中心是人人向往的位置，谁都不愿意被"集体"抛弃，被边缘化，但1990年代中期以后，"边缘"成为时尚，如黄子平说的,这个语词成为"学院理论滥调"。但他还是愿意使用它来描述自己的阅读和写作。不过他做了一些限定。不将"边缘"当作一种标榜、姿态,当作与"中心"对立的固定位置,甚至不将它设定为一种社会位置和政治、文化立场。他只是愿意"低调"地理解为一种时刻移动的阅读、写作"策略'。从阅读、写作的范围内,"边缘"在他那里,就是抵抗一般化、规格化的阐释和表述;就是逃离包围着我们,有时且密不透风的陈词滥调;就是必要时冒犯、拆解政治、社会生活的"标准语"和支撑它的思维方式;就是"读缝隙","读字里行间";就是寻找某种"症候"性的语词、隐喻、叙述方式,开启有可能到达文本的"魂"的通道;就是在看起来平整、光滑的表层发现裂缝,发现"焊接"痕迹,发现有意无意遮蔽的矛盾。当然,也就是发现被遗漏、省略的"空白"。后者正如特里·伊格尔顿在《马克思主义与文学批评》中说到的,"一个作品与意识形态有关,不是看它说出什么,而是看它没说出什么",也就是关注其中的"空隙和沉默"。黄子平对于现代小说中"病"的隐喻的精彩分析,对于革命小说中的时间观,以及隐含的具有"颠覆"功能的"宗教修辞"的揭示,凡此种种,都显现了这种阅读、写作策略的犀利之处。虽说限定为一种阅读、写作策略,但毕竟和人的生活位置、态度不可能没有关联。在中国当代的思想、文化的开展中,置身潮流中心,呼应各种潮流并为它的涌动推波助澜,这并不需要特别提倡,缺乏的倒是一种相对冷静的态度:了解"潮流",却不深陷其中,与之保持某种间隔。黄子平说,"浮躁的艺术家不可能成为浮躁年代的见证人"。同理,浮躁的批评家对艺术可能蕴涵的"年代见证",也不可能有深入的发现。

把握作品的"魂"的能力,当然关乎学识、才情,以及学识才情的融会贯通。比如,20世纪中国的"革命历史小说"的"经典"形态,为什么会以西欧、俄苏的"写实小说"作为传统(或"摹本")?对这个问题的回答,牵涉到对"文类"在不同社会语境中的"等差秩序"这一事实的认识,和对叙事形式中的文化传承的把握。不过,仅靠知识的"数量"并不足以支撑这种"发现";它更与阅读经验、联想、感悟能力所构成的才能相关,这样,对"颜色、音波、光和影的细微变化"才会有敏锐的感应。一些人不明白,在文学研究、批评上,没有强有力的感悟能力,所谓理论的穿透力往往只是一句空话。自1980年代以来,黄子平把自己阅读、批评的注意力,放在那些文学革新成果,和先锋性的文学上面,但他对艺术的品评,在尺度和方式上,看来却好像相当"古典":冷静的阅读者和批评家,总流连、穿梭于"传统"与"现代"之间。承认创新的必要,重视创新的成果,但又寻找着将这成果纳入"伟大的传统"的可能。我们有时候在他的阐释中,能发现难以归类、综合的互相抵触的因素。他信奉"好小说主义"吗?他更坚持艺术尺度的历史变迁,还是相信艺术尺度具有超越时空的共通性?但他其实也明白在"圭臬已死"的时代里,确定"精品"是怎样的困难。是的,在我们生活的世界里,"笼罩四周的均为难咽欲吐由甜向酸的败德之气味",我们如何可能辨认"好小说"之味?不过,他也不是失败主义者,如所有那些疑惑但执着的人那样,把问题的解决(或不能解决)交给"过程":在搜寻、拣选、评鉴之中,就已经在"抗拒败坏和腐烂",就已经在做"一千零一次地重建某种价值标准"的尝试。[1]

燕园"三剑客"

1980年代中期提出"20世纪中国文学"的燕园"三剑客",1990年代以来走着相近但也不同的道路。钱理群先生时刻感到有无形的鞭

---

[1] 这些引语,出自黄子平的《边缘阅读》一书。

子在驱赶、鞭打着他,他经常说"要赶紧做",这来源于他内心紧迫的焦虑。他似乎有无尽的精力。文章、论著源源不断。奔走于全国各地参加各种活动、会议,发表演讲。无时无刻、不屈不挠地发掘着、阐发着鲁迅,以为拯救社会颓败、重建国人崇高精神的思想之源。现当代文学学科领域,诸多社会、政治问题,中学语文教学改革,农村教育问题,以及近来对毛泽东的研究……都积极深入其中。他显然不将自己定位于书斋"学者",愿意扩展成为一个"介入"的,对社会问题发言,并参与社会实践的"知识分子"。虽然已是七十高龄,却仍然"日夜兼程"(不是比喻意义上的)。在会议上,有时似乎已经睡着,但只要有紧要的问题、观点提出,立刻狮子般圆睁双眼,精神抖擞或反驳,或支持地激昂陈词。曲折复杂的当代史,以及个人的经验告诉他,理想主义如何被专制、民粹崇拜、狂热的宗教、道德迷狂所纠缠,他对此保持高度警惕,但是,并不因此将理想,将启蒙精神如敝屣般委弃,作为与各种体制合流的自我辩护的理由。从这样的意义上,虽然他好像也有哈姆雷特附灵,但"本质上"其实是堂·吉诃德化身。他仍顽强地以言、行,以他的英雄主义,以他对历史,对知识分子社会责任的(有限度的)乐观态度,让"乌托邦"继续成为动人的"诗篇"。

陈平原则好像走向"学人"道路。1990年代初和朋友创办很有影响的《学人》杂志,提倡文学史和学术史研究(并主编文学史和学术史丛书),强调"学术规范",都说明这一点。在1990年代思想、学术分化中,这有时被看作是一种"退却"。不过,却也绝不是那种不问窗外事的学究式的皓首穷经。以"学术"来"依托"人间情怀,关切现实,是他选择的基本路径。而开拓、创新学术路向的那种"学术带头人"角色,更是他自觉的承担。小说叙事方式转型研究,近现代学术史的梳理,武侠等现代通俗小说类型研究,大学体制的问题,中

左图为收入《论"二十世纪中国文学"》的论文,和三人的对话,人民文学出版社1998年版的小书,只有128页,九万余字。

右图为1988年人文版的重刊本,北京大学出版社2004年版。距人文版有15年。陈平原在本书"小引"中,回顾15年前他们三人于燕园切磋学问时合力奋进,"生气淋漓""果敢决绝"的精神状态,说"不过几年光景,可物换星移,再也没有了当初的豪气,志气与稚气"了。指点江山,激扬文字的先锋,化身为庄重,厚实的学者教授,这也是人世间不可逆的定律。

国现代化进程中"晚清"的位置……以及方法上"触摸历史"等的提出,都在学界产生相当的影响。在"组织"学术"生产"上他似乎有更大抱负,但有些时候质疑"正统"时的坚持异见,桀骜不驯,自然不能获得掌权者的欢心:这在他任职的,具有"科学、民主"传统的学校,也不例外。今年(2009)春天,他被委任为北大中文系主任,对此,严家炎先生感慨道:"已经晚了十年!"行动、思维、言语,透着潮州人的精明敏捷,但较少潮州人的狡黠算计。讲话并不抑扬顿挫,追求"卖点",却直接尖锐,少有虚言铺垫,有时也让人搁不住面子，下不来台。组织会议，举办活动，从不以高低（官职）贵贱（财富）为序，从不请各级官员坐主席台来光耀门面，而知名学者与在学学子也享有同等的发表见解、争论辩驳的权利。眼界甚高，轻易不会说前辈、同辈学人的好话，更不要说学生；即使是前贤、师辈，也遵循先明事理，后讲长幼的立场。不过也不总是板着面孔、咄咄逼人，天真可爱之处也随处可见。1990年代末某年初冬，北大出版社在蓟县长城脚下的宾馆召开选题会议，我和他同住一个房间。他提议在清晨日出之前去爬长城。我觉得正午、傍晚都已登过了，不大想去。他坚持说时间、光线不同，情形会有很大差异。我不想被他看作是个没有情趣的俗人，只好天没亮就跟着他在寒风中簌簌发抖。在蓟县的两天里，他晚上都要在服务台给"夏君"打一个钟点电话（那时还没有流行手机），从会议议题、发言情况，到一日三餐饭菜花样品种一一汇报，让我们这些旁观者唏嘘感动不已。潇洒的日子，既有现代"小资"的情调，也充满传统"士大夫"的趣味：上任之后在中文系组织的定期学术活动，起的名字既不是"研讨""座谈"，也不是"沙龙"，却是学术"清议"。

　　比较起来，黄子平要"边缘"得多。有点沉默，也有点诡秘。身居南方那座国际化，却绝对不是政治、学术中心的繁华都市。"边缘"是一种窘境，但也是一种选择，并经过自身的争取，成为一种优势位置。不管是从"物理"角度，还是心灵方面，他这些年多少经历了他所说的"流动"。流动"除了彷徨，苦痛，格格不入"，也有"正面"之处：这就是"多重参照的视觉带来'惊奇'"。[1]十几二十年来的著作，除前面提到的两本外，就是出版于1980年代的《沉思的老树

---

〔1〕黄子平：《害怕写作》第212—213页，香港，天地图书2005年版。

的精灵》和一本薄薄的随笔集《文学的"意思"》(浙江文艺出版社)。[1]这个情况,他自己解释说,生活的辗转,"身心二境的无法沉潜",是重要原因之一。他任职学校工作的繁重,也应该是另一方面。但也许又是一种慎重和矜持,并由此转化的"文体"态度。在他那里,"文体"与"人生"之间本难区分。在评说某一作家的文章里他说,"要写得简单而不贫乏,沉稳老实而又并不犬儒自卑,真的很难,很难"。"很难"两字做这样的重叠、强调,这种表达方式在他很少见。当然,由于对自己的写作要求很高,期待"一鸣惊人",就出言谨慎,惜墨如金。这种保持写作、发言所具有的震惊效果,既来自厌弃人云亦云,平庸委琐,追求创新的动力,但有时也会成为一种颇为沉重的心理负担。

但是,也还有更重要的方面,就是对于写作、"对于'言说'的深刻怀疑与警惕",包括对写作与权力的复杂关系的认识。《革命·历史·小说》的第十章是"灰阑的叙述",讨论香港作家西西的小说《肥土镇灰阑记》。虽然放在书的最后,写作时间上其实最早。西西在这个故事里,携带着她所处的历史时空向那个古老的故事提出质询。她改写了《灰阑记》,让在过去的文本(李行道的,布莱希特的……)中那个没有一句台词,立于灰阑中被争夺的孩子开口说话,让"弱小者"发出声音。黄子平认为,西西让马寿郎做出"灰阑的叙述"意义重大:这是"对沉默的征服,是对解释权的争夺,是凭借了无数

---

[1] 2005年还出版了《害怕写作》一书,各有香港和大陆版本。黄子平说:"我在北大的友人钱君和平原君,每年出外开学术会议经过香港,总会送我二到三本新书,有学术专著,有随笔集,论文集,演讲集,序跋集,乃至自选集。……问我近来可有出新书,便摇头微笑,说还是几年前那两本。无书回赠,何以报之?唯有请他们吃香港馆子。在香港,出书不易,吃馆子倒还方便。"(《害怕写作》第1—2页)

'参考书目'和人生体验，提出一个基本的质询"。因为西西倾向于认为弱小者的叙述具有"较大的可信性"，因此，"她捕捉、倾听这些微弱的声音，用来作为那些由'高音喇叭'发布的言辞必不可缺的'诠注'"。

可是，在肯定这一点的同时，另一种怀疑也随之而生：在这喧嚣嘈杂的世界上，这些"灰阑"中微弱的话语谁能听到？谁愿意倾听它们？谁愿意肯定它们自有不容忽视的价值？更为令人困惑的，是"无往而非灰阑"的这一事实。"我们在多大程度上是自身历史的编剧、导演或观众，或只是身不由己的渺小的'角色'？"不过，西西和黄子平都没有因此放弃信心，言说、叙述、写作，就是挣脱"灰阑"的拘囿，渡向对岸的"羊皮筏子"，就是面对现代生活的荒诞、焦虑、恐惧的一种方式。一方面，"身在灰阑之中，则试图倾听异时异地的灰阑中的声音（无论多么遥远而微弱），以观照自身的生存境况"，同时，"也似乎因自己的叙述汇入这些声音而(在想象中)'挣出'了灰阑……"与钱理群的坚定的英雄主义相比，这看起来有些"低沉"，有些"悲观"，不过，也是对英雄主义的一种必要补充。有了上述的怀疑，有了对自身处境的清醒认识，也就有了"限度"的意识，事物不再看的那么绝对，对自身力量的估计也不再那么膨胀。因而，叙述也就"不再是慷慨激昂地大喊大叫"，更大可能的，"是理智的，温婉的，满怀期望又无可奈何的"。在黄子平看来，"大声疾呼显得滑稽；智性而温婉的话语，才有可能具备持久的内在力量"。这也就可以看作是他对自己人生和文体形态的特征的概括。

问题也许不在文字的多少。"宏观研究""深刻的片面""革命历史小说"等概念和问题的提出，"边缘阅读"策略的运用，有关人的困境和"挣脱"这一困境的思考，与钱、陈二君的"20世纪中国文学"的论述框架，连同"创新的狗追得我们连撒尿的功夫也没有"的难登大雅之堂,却仍经常在大雅之堂征引的名言——这一切,似乎都已经成为八九十年代文学研究的"遗产"了。那么,还有什么可遗憾的呢?

2000 年初稿,2009 年 2 月改写扩充

在不确定中寻找位置
——"我的阅读史"之戴锦华

"不确定性"

  第一次读戴锦华的文章,应该是在1979年或1980年。那时候,她还在北大中文系78级。她和吴德安合写了有三万多字的论"新时期"短篇小说的文章,篇章结构虽说有点枝蔓,却有许多精彩论述,便做了压缩调整,推荐给《当代文学研究丛刊》。但没有见过她的面,都是吴德安和我打交道。我是个不大合格的教师(属于上完课就走人的那种),对她也就没有丝毫印象。待到能把"名"和"实"连结起来,已经是十三四年之后了:她从电影学院回到北大的比较文学和比较文化研究所任职。初次见面,惊讶于她有这么高[1],如此的口若悬河,天上地下无所不知,而且香烟一支接着一支……但过后细想,《浮出历史地表》的著者(之一),还可能会是别的一种样子吗?

---

  [1] 我没有意识到在1980年代,这对她来说竟是一个"问题"。在《生为女人》中她说到,"做了混迹斯文间的女人、且身高越界(彼时尚未有时装模特这一光彩照人的职业,更未有以高瘦为美的时尚)、更加单身愈(逾)而立之年,对此间的辛酸颇有体验";说"如果浩如烟海的女人规范与表述在你处均告失效时,那你变成了一个怪物……"《拼图游戏》第33页,泰山出版社1999年版。

戴锦华的著作手头有十几种，认真读过的只是其中一部分。《浮出历史地表》是读过的，其他的还有《涉渡之舟》《隐形书写》，和访谈、随笔集《犹在镜中》《拼图游戏》。她主编的《书写文化英雄》虽是研究生讨论课的成果，但基本上体现她的思路、风格。至于电影类的著作（《电影理论手册》《镜与世俗的神话——影片精读18例》《雾中风景》），则只是翻读一些片断。因为看过《放大》《十诫》《卡门》这样的欧洲经典名片，却有坠五里雾中的困惑，便拿《镜与世俗神话》作为指路明灯。但因缺乏对电影语言的基本知识，也因懒惰（觉得看电影不必那样费脑筋），未能获取更多的收益。《镜与世俗的神话》写于1990—1991年，属于戴锦华"年轻"时期的作品，在"一向是悔'少作'"的作者心目中，其间有诸多遗憾[1]。其实它颇为重要。不仅留存了八九十年代她"过渡"的痕迹，不仅确立了后来写作上强烈的本土问题意识基点和理论、方法的脉络，而且也因为"年轻"而表现的"纯净"，那种热爱，那种因发现自己精彩而难以掩饰的得意神情。也包括里面透露的似乎没有缘由的梦幻。这让我想起1980年代那篇著名小说的标题（"我们这个年纪的梦"）；当然，相似的可能也只是"标题"而已。

因为常不满意自己文字的含糊、模棱两可，初读戴锦华的书最先产生的强烈印象，是那种"强势"的风格[2]：果断自信，立场、观点的犀利、确定，咄咄逼人。相信许多人也有相似的感觉。这是一个以社会批判作为活动、工作支撑点的学者所必需的品格。不过，在阅读、交往增多之后，发现这只是事情的一面。她的论著中，与"确定

---

[1] 戴锦华：《镜与世俗的神话——影片精读18例》（重印本）第321页，中国人民大学出版社2004年版。

[2] 不仅是文字上的。聚会时她常是当然的中心。众多学生在竭力模仿她（研究选题、论述方法、文字风格）；这既让他们迅速直接受益，也可能因此让"个性"受到压抑。

性"并存的,还有某种"自反"因素,某些不确定的,自我限制的,让强度得到削弱的一面。身份认同的同时也存在着某种程度的修正和游离,也为"确定"的叙述开放另外可能的空间。这是由比较、矛盾所构成的张力。这种"不确定",根源于对"处境"的清醒;体现在她的著作经常使用,并一再强调的中心意象——镜、镜像、镜城、镜中奇遇——之中。但也不是悲观主义者。如她所说,"镜"的意象、感受,虽与拉康、阿尔都塞的理论有关,但更主要是来自自身的经验:有关人的历史存在的经验。这涉及对外部世界的认知,也涉及自我观照。这里面显然包含某种神秘的成分,甚或某种历史的不可知论。因此,她很少对未来做出预言、规划,不做出廉价许诺,很少"新世纪"意识。但归根结底,她所认为的"镜城"不是那"万难轰毁"的"铁屋子"。[1] 她相信即使有过"绝望",也可以寻找到朝向"真实"的路径。因而,她所说的"镜城突围"这个短语,概括了在矛盾、困难,在不确定中寻找"位置"的基本的生活、学术态度。

"无名的一代"

在当代中国的身份认同上,"代"的归属是个重要问题。最近的二三十年间,"断代法"在区别身份,确立历史进步观,支持乐观主义情绪上起到重要作用。由是诞生了"共和国一代""复出一代""知青一代""60年代人""70后"等等命名。用"时间"来集合某一群体,标示它与历史"大叙事"的关系,暗示在"大叙事"中拥有怎样的话语权,是构造这种历史时间的"身份标识"的动机。在20世纪,历史叙事的权威性,莫过于"见证式"的叙述。"代"的归属,在历

---

[1] 戴锦华:《镜与世俗的神话》(重印本)第131页。

史叙事上,正是在显示某种特定的"见证"资格。

但不是人人都能顺理成章地获得这种标识;戴锦华说自己就属于这一类型。出生于五六十年代之交,"文革"开始时仅七岁。不是红卫兵,没有插过队,当然更不是右派复出的一代。如果张口讲起"文革"来,遭遇的可能是带嘲弄意味的疑惑:"你懂'文革'?你肯定只顾在红卫兵面前筛糠来着。"[1] 在"历史是当事人历史"的观念支配下,人们纷纷讲述"自己的故事",但她却发现没有"自己的故事"。没有出没青纱帐、跨过鸭绿江的经历,没有右派遭难及其后的光荣复出,没有北大荒的"不悔的青春"……

找不到"代"的归属,没有可信、稳固的叙述基点的"失语",确实是一种无奈。但欠缺某种确定身份、位置,因此或许能获得某种"方便"。在今天的历史叙事中,确定的"代"际归属所形成的历史记忆基点固然十分重要,但突破这一基点也值得重视。对于那些拥有稳固的"代"的归属感的人来说,如何不致立场、情感的固化,警惕获得"历史合法性"的叙述不致不断"膨胀",不致让同质化的叙述遮没其他,乃至一切,相信比"无名的一代"要较为艰难。反过来,"历史缝隙"间"无名一代"的身份,倒是更有可能孕育、转化为认知的、情感的优势:抗拒僵化立场,争取历史边界"游走者"的意识;抵抗或减缓"个别经验"转化为"个别化经验"的趋向。这一点,显然为戴锦华所自觉意识。正如她在评论王安忆时说的:

> "69届初中生"的历史与文化的尴尬地位,正是王安忆的财富。一种历史的边缘体验,使她由80年代伟大叙事的补白者成了这一叙事的增订者与改写者;时代理想主义的即告

---

[1] 戴锦华:《犹在镜中——戴锦华访谈录》第2页,知识出版社1999年版。

阙如，使她有机会超越了同代人怪圈式的忏悔、内省、怀旧与迷惘；超越了"痛苦的理想主义者"绝望的涉渡；超越了"道德主义的启蒙论的尴尬"，而能勇敢的直面"远非完美的现实"。[1]

"生为女人"

戴锦华当然是毫不掩饰的"女性主义者"，很多时候都对人提醒她的女性身份，她的"女性主义"立场。她的重视、强调性别，并不完全出于学术的需要，不完全因为阶级、性别、种族是文化研究的"三字经"。在这里面，有她的深刻、难以释然的切身体验。在一般情况下，男性除非有一种自省的觉悟，一种感同身受的愿望（尽管这很难做到），往往对女性的处境、心理或懵懂无知，或轻忽无视。我读戴锦华的一些文字，包括她对女性作家的研究的论著，便常会有隔膜、讶异的感觉产生。"生为女人，是一个不容片刻逃离的事实……男人的目光、女人间的反馈，路人肆无忌惮的评论，堂而皇之的对女人生活的监督和窥视，无时无刻不在提醒你的'身份'"，这里面有"一份不为外人知、亦不足为外人道的、琐琐屑屑的辛酸"[2]——这样的叙述，就在我的意料之外。看起来如此坚强、自信，有时候却是这样脆弱，易受"伤害"，甚至"自卑"。有时候我也会想，这种坚强、自信，说不定是在掩盖着某种软弱？由此我更坚定了这样的看法：尽管在我们这里，男性

---

[1] 戴锦华：《涉渡之舟——新时期中国女性写作与女性文化》第252页，陕西人民教育出版社2002年版；另见北京大学出版社2007年版。

[2] 戴锦华：《生为女人》，《拼图游戏》第31—32页。

充当着女性文学研究机构的会长、主任,但男性批评家研究女性主义、女性文学,许多时候也许是在隔靴搔痒,甚或可能是一个笑柄。[1]

这个判断当然不具普遍性,只是基于对自己在"性别意识"上的局限的认识。戴锦华说"新时期"初年的女作家将"爱/爱情""用来铭记一个暴力时代的废墟",这我也许能够想到,但却难以深切理解"这也同样用于书写一份内在的救赎——自我救赎、终至社会救赎的可能与力量"。[2]记得1980年代上当代文学课,我曾经引述孙犁先生这样的话,说女性在艰辛的生活中,比男人有更多的承担,她们更坚强,也更乐观,所以他常以崇拜的心情写到她们。不过,孙犁崇拜的是纯洁天真的少女,他惋惜、感慨她们年龄稍长,为生活所磨砺,变得庸俗和粗糙。当时我很欣赏孙犁先生的感受。在读了戴锦华的女性文学论述之后,惊觉这种惋惜、感慨,表现的也许是并不值得那么欣赏的"男权成规"的视域和趣味;由于这样的视域、趣味,既有的有关女性成长的叙述,"不仅缺乏与男性成长故事相对应的明确段落,而且事实上呈现为一些无法彼此相衔、破碎的段落"[3]。至于她分析王安忆《神圣祭坛》中的战卡佳的"生命中最为隐秘、痛切的经验"——"在精神、心理意义上为两性所尊重并需要","又同时被两性所拒绝",没有人关注她"作为一个有性别的、'正常'的女

---

[1]"我不是说,我不欢迎男性加入到女性学的研究中,但一个是我们不能指望于他人;同时,我们也拒绝越俎代庖。"《犹在镜中——戴锦华访谈录》第156页。

[2]戴锦华:《涉渡之舟——新时期中国女性写作与女性文化》第55页。

[3]同上书,第64页。"无法彼此相衔、破碎的段落"也是超出我的感受的范围。记得1980年代后期给学生讲当代文学,讲到孙犁小说时,曾称赞地引述了孙犁在读了《哦,香雪》之后写给铁凝信的一段话:"二十多年里,我确信曹雪芹的话:女孩子们心中,埋藏着人类原始的多种美德!这些美好的东西,随着她们年龄增长,随着她们为生活操劳,随着人生的不可避免的达尔文规律,逐渐减少,直至消失。我,直到晚年,才深深感到其中的酸苦滋味。"

人"[1]——这一性别遭遇的困境,更是超乎我想象、体验所及的范围。自然,这种女性主义立场,也让她过分偏爱那些女性作家,有时便不免过于慷慨,将对她们写作的某种道德热情,轻易转化为美学上的评价[2]。

不过,有时候我也常会忘记她是个"女性主义者"。台湾学者张晓红在一篇文章里说,戴锦华"让全中国男权分子闻名丧胆"。但其实,包括我在内的大部分"男权分子"并没有被吓倒。[3] 比起印象里的另一些"女性主义者"来,她似乎并不那么张扬。大概是,"女性主义"于她主要不是"面具",不是自恋的镜子,而是关切处于弱势地位的女性的生存处境的立场、理论,是试图穿透、拆解文化中蕴涵的性别秩序、性别话语(包括内在化于自身的男权文化残留)的"工具"。这样的文化实践,意味着既要反抗"化妆为男人"的文化命运,也要警惕、拒绝"化妆为女性'的文化角色。因之,"女性主义"的身份、视域、理论,目的是要通过自我解构,来培育一种内在的、"边缘化"的,不断发出"异己者"声音的力量。除此之外,另外的一点也相当重要。这种"女性主义"当然建基于对"共同的性别遭遇"的体认,但也是对自身经验的忠实、掘进与清理:"写作之于我,是一处没有屋顶的房间。它是一种裸露,又是一种庇护;是一次规避,又是某种触摸。它是一种生活方式,甚至是生命本身的一部分"[4]——

---

[1] 戴锦华:《犹在镜中——戴锦华访谈录》第184页。

[2] 如《涉渡之舟》中对某些女作家的评论;如说"新时期文学"开端,"重要的女作家比男作家还要多";如说"舒婷比其他的男性作家、诗人更为迷人和深刻地代表了80年代的文化和梦想;80年代精英知识分子的话语,在舒婷的诗中有最完美、成熟的呈现"(《犹在镜中——戴锦华访谈录》第150页)。

[3] 例子之一是王十先生与她在"女性文学"问题上的激烈辩论。参见《犹在镜中》相关章节。

[4] 戴锦华:《拼图游戏》第10页。

因此，戴锦华说，如果说女性主义在今日和未来有可能成为"资源性价值"的话，就在于它"不是某种既存的话语表述，更不是某种教条式的戒律，相反，是某种知行间的挑战，要求着持续的、智慧的即兴创作"[1]。

"涉渡之舟"

我们大多经历过八九十年代之交的困惑和重新思考的精神历程：在猝然相遇的政治动荡，社会"转型"的岁月中，如何处理程度不同的眩惑和震荡，找回失去的位置。戴锦华也不例外。这样的"时代"遭遇需要对种种问题做出回应，而其中至关紧要的问题之一，是如何处理那种茫然的失落感。1980年代大概是个"飞升"的年代，1990年代则表现为激情急速"降落"；前者充满着"乌托邦"的想象，后者则弥漫了怀旧、"消费记忆"的情绪。[2] 这样的转换，表现为"每种理想皆被体验为终结"。当然，正像前此的"乌托邦"热情包含着幻觉，这种有关"终结"的体验也同样，甚且更为虚幻。

1991年到1993年末，我是在日本度过的。回到北京，非常偶然地读到佩里·安德森名为《西方马克思主义探讨》的小册子；它写于1960年代"五月风暴"落潮之后。当时触动最深的，是其中有关不可逆的"降落"的叙述，是那种无力感和宿命意味的"悲观主义"情绪。书里引了本雅明这样的一段话："人是这样描绘历史这个天使的。他的脸转向过去。在我们察觉到一连串事件的地方，他看到的是一场灾

---

〔1〕戴锦华：《涉渡之舟》"再版后记"，《涉渡之舟——新时期女性写作与女性文化》第382页。

〔2〕参见戴锦华《隐形书写——90年代中国文学研究》第二至第四章，江苏人民出版社1999年版。

难,不断把一个又一个残骸堆积起来,扔在他的脚前。天使愿意停下来,唤醒死者,并把粉碎的一切修复完整。但从天堂吹来一阵暴风;天使的双翅被强烈吹击而无法收拢。这场风暴不可抗拒地把天使吹向他背对着的未来,而他面前的残骸却堆积如山,升向云天。这场风暴就是我们称为的进步。"[1]

在1990年代,戴锦华看到"新的现实"的错综复杂,也深切意识到个人(这个"个人",具有"全球一体化"进程中处于"滞后"历史时段的第三世界知识分子,以及"分外尴尬暧昧的女人身"的特征)"受限"的无力感。对此,她后来曾有这样的感慨:

……经历了太多的"颠倒被颠倒的历史",太多的"平反昭雪"、拨乱反正,昨日的禁忌瞬时成了今日的时尚;此刻的边缘正是彼日的中心。……因此,像始终置身于一座镜的城池或镜的回廊之中,杂陈并置的历史话语与意识形态话语,彼此冲突,彼此借重,互相否定又互相印证,犹如相向而立之镜,在无穷的交相映照之间形成影像重叠、幻影幢幢、真假莫辨的深洞。镜中的奇遇,便是在奋不顾身的投奔中远离你狂恋的目标,在绝望的逃离中跟你恐惧的对象撞个正着。而且,不会幸运地出现一种神奇的力量为我们一页页掀开字迹斑驳、反复涂抹过的"羊皮书",更不会遭遇一场飓风,卷去镜城。……每一代人,从镜城中突围,在镜城中失陷。悲哀不在于记忆与遗忘,不在于真实与谎言,而在于一次次的窥破之后,所拥有的

---

[1] 佩里·安德森:《西方马克思主义探讨》(只限国内发行)第114页,人民出版社1981年版。

仍是一份镜城春秋。[1]

在这个"降落"的时间里,面对"介入"与"后撤"的选择,戴锦华有点艰难、也有点"含混"地确定了自己的身份、位置。她将之称为"学院知识分子"。这意味着不是"实践的、献身的"社会运动的活动家,不是葛兰西说的"有机知识分子",不是政治反叛者、抗议者。当然,也不是恪守"学术规范",在书斋中皓首穷经的学者。在戴锦华的词汇表中,"学院"限定了工作环境,活动方式,能量释放的方向、限度;而"知识分子"则标示了"见证人和思考者"的社会批判责任,是这一身份的核心。将写作、教学从经典文本的解读转向大众文化研究,正是这一立场的体现。基本上是在"学院"的领域,以写作、讲课、演讲等方式,去窥探政治压迫的秘密、机制,拆解文化语言的秩序,产生"颠覆"的力量——这里强调的是"反规范"的社会批判激情。

虽说已经进入了"告别革命"的年代,但在当代中国,说要回到"学院",或有了包含"后撤"意念的选择,常常会被看作"道德"的瑕疵,而需要提出理由,为这种选择做出辩护。戴锦华也是如此。辩护涉及两个方面,一是"个性"的,说自己并不适合社会运动,而且,"一个人一生大概只能演好一种角色;至少对我来说是如此"。另一是关于外部环境的。她认为,中国的社会并没有提供萨特那样的"介入"的空间,况且"生活在中国,我们的问题不是远离历史,而是太容易被裹挟到历史之中"——从历史的情状看,"介入"者结果往往是充当一个丑角,甚或一粒微不足道的尘埃。而做一个"学院知识分子",则有可能拒绝

---

[1]《犹在镜中——戴锦华访谈录》第5—6页。

参与那种权力的"游戏",这比进入"庙堂""广场"要好得多,可以保有某种清醒(自然,又可以说是某种"怯懦")。这里讲述的是有关个人身份的"镜城突围"的故事。值得注意的不仅是某个人的思虑,还有其中表现的带有"时代性特征"的情绪。说从它可以听到佩里·安德森勾画的那个"时代之声"的迟到回音,大概不致是大谬。

但我觉得这种辩护,主要不是为着那呈现给世人的形象,主要是针对自己内心,回答她面对"自我"的焦虑。社会责任承担、关切弱势群体等自然不必多说,其中发挥重要作用的还有个人性情的因素。不甘心平庸的生活,狂放、不安定,心迷神往着时尚(精神的,物质的)和"先锋","波希米亚人"游离、边缘的思想、情感倾向——这种种都可以看作属于"浪漫"(也可以叫作"革命")的基因。"革命"与"浪漫",本是事情不可分离的两面;未能经历那些已被"告别"的"革命",也就成为无法释然的情结。因此,便探访巴黎"五月风暴"残留的街垒,多次远涉重洋,追寻、辨认拉丁美洲"现代""后现代"革命的踪迹[1]。而切·格瓦拉和墨西哥"后现代"的副司令马科斯,便成了名副其实的偶像。他们的被崇拜,不仅有柏林墙倒塌宣告"历史终结"时,显示了"历史再度从这处不谐和的裂隙间涌出"的意义,也由于他们人格、相貌、举止的"非凡魅力":佩枪、抽雪茄(或烟斗)、滑雪帽面具、智慧、敏锐的幽默……自然,一定不应忘记他们那"令不少女人感到勾魂摄魄"的忧郁温柔的微笑。[2]

这些"浪漫"("革命")的激情和想象,大抵可以看作是为了自

---

[1] 如尼加拉瓜桑地诺阵线、萨尔瓦多游击队、哥伦比亚解放军、秘鲁"光辉道路"等。

[2] 参看戴锦华、刘健芝主编《蒙面骑士——墨西哥副司令马科斯文集》的"写在前面"(戴锦华执笔),上海人民出版社2006年版。

己情感、精神生活的充实。如果要说到"社会效果"的话,那就是人们可以听到这样的声音:在这个过于平庸、贫乏的时代,应当有"严肃的激情",哪怕只是一种激情。需要说明的是,戴锦华对于"介入",对于社会运动近来有了改变。在走出"学院",参与社会运动和文化实践上,表现了较前积极的态度。不过这个变化不是"根本性"的,只是上述立场的修正和延伸。也就是说,看起来"似乎走得很远了,又似乎并未改变"。

"学院知识分子"

"学院知识分子"的角色,对戴锦华来说意味着某些困难,也需要做出许多调整。首先是如何对待1990年代中期以来"学院"中日益严密、精细的学术(学科)规范。具有活力的女性研究、文化研究的那种跨学科、不规范、抵抗"学科化""机构化"的趋向,与这种"规范"之间不可避免的冲突,将怎样处理?如何不断保持女性研究、文化研究的批判活力,不把它们当成文化、学术市场中获利的文化资源?这是个难题。从戴锦华的论著和她的教学工作中,我多少了解她在这方面上的警惕、坚持,但也见到面对学术体制(包括评价机制)时不得不做出的妥协。但总体而言,她并未因此"就范"。从个人的方面说,教授早就是了,也早就"博士导"了,顾忌应该也可以减少一些了吧?

遇到的问题之二是,"面对空前繁复的社会环境与无处不在的文化陷阱",如何反省、调整在1980年代形成的思维方式和所运用的知识工具。事实上,在写作《镜与世俗神话》的1990年代初,对"不假思索使用西方理论的态度"就已有反省。她的研究无疑得益于八九十年代引入的"西方理论",但坚持以"中国经验"作为出发点和落脚点，拒绝学界存在的那种"西方理论中心"，即将中国现象当成解说、印证西方理论的材料。另外，如何对待1980年代普遍性的二元对立的思维方法，也是面对的重要问题。革命和"冷战"时期形成的这种简单、清晰的观察事物的方法，在1980年代当然具有推动社会、文化变革的作用，但产生的遮蔽、遗漏和扭曲当时就已存在。进入1990年代，它作为现实、历史描述工具的有效性大为减弱，而更多地转化为一种历史的遮蔽物。

在很大程度上，戴锦华1990年代以来的女性研究和文化研究，都贯穿着解构这一思维模式的内在线索。她频繁地处理不同范畴里的种种"对立项"——中心/边缘，主流/支流（逆流），正统/异端，官方/民间，体制内/体制外，大众/精英，压迫/反抗，迫害/被迫害，施虐/受虐，放逐/获救，光明/黑暗，飞升/坠落，匿名/具名，断裂/承续，目的是将它们从"绝对化"的禁锢中解放，指认其互为前提，彼此借重，互相缠绕，不断位移的历史的，构造的性质。当然，她也意识到，这有可能推导至相对主义。如何不丧失鲜明的"立场"，不成为相对主义者，又充分注意到事情的复杂，警惕"立场化"？她的回应是，应该依靠所确立的"社会批判立场"，"尝试以对种种主流文化的批判、以对同质论和差异论的不断辨析来战胜相对主义"。也就是分析社会现实的多种政治、权力结构的复杂关系，以拒绝和批判"形形色色权力'终端'"。[1]这就不仅是一个理论问题。辨别、判断各种力量、权力的位置，它们在"整体"中的结构性关系，以及其现实功能，相信不是容易的事情。因此，戴锦华说，"相对主义"有时也难以避免。

---

[1]《犹在镜中——戴锦华访谈录》第9页。

质疑"二元对立"思维方式，在有关历史叙述问题上，最终会集中到"断代"思维的检讨。戴锦华说她有一个有趣的发现，1980年代电影研究盛行"断代法"，宣布一个时代的终结，总是在宣布一个新开始之后，这是"以新生来喻示死亡"。不过，一切有关历史断裂的叙述，都采用这样的方式：有了"新文学"，才有"旧文学"；有了"新中国"，才有"旧中国"；有了"无产阶级文艺新纪元"，才有了"一百年的空白"……这种乐观的、无限朝向明天的投奔，忽略了"历史的绵延"，"无视或曰遮蔽了历史自身向我们展示的丰富侧面"。重视与历史"断裂法"相应的历史"延承性"问题，提出与同质性相应的差异性的观察方法，从理论上说，就是承认"断裂"，但也质疑绝对化的"断裂"理解，指出"断裂"也往往是另一种方式的历史延伸，提醒注意"断裂"处诸多被遮蔽的历史沉积物。依戴锦华的说法，就是"断裂出现的时刻，也常常伴随着'原画复现'与历史'幽灵'的出没"。自然，对于"断裂法"的质疑和历史延承方面的重视，在她那里，隐含着在"断裂"叙述中对20世纪中国革命"遗产"被遗漏、掩埋的忧虑；而这她认为是需要认真清理、反思和剥离的。

文体的"两面性"

1990年代以来的中国，大众文化已经有力地参与到对中国社会的构造过程。因此，戴锦华认为，如果你关心中国文化现实，就不能无视大众文化；对大众文化"简单的拒绝或否定它，就意味着你放弃对中国社会文化现实的重要部分的关注"。她的这种关注和做出的有成效的阐释，集中体现在《隐形书写——90年代中国文化研究》等论著中。

我感兴趣的是另一个问题，即在1980年代，甚至1990年代初表现了浓厚的"精英化艺术品味"（或持"精英文化立场"）[1]的戴锦华，在进入大众文化研究领域的时候，如何处理这种品味（立场）与研究对象之间的关系。她说她反省了曾有的对大众文化的傲慢态度，否则，就不可能面对、回应已经成为主流的文化现实。我不知道这个反省是否顺利，有什么样的龃龉？在她的叙述中我们看不出来，倒好像是水到渠成、瓜熟蒂落的事情。这也合乎情理，她的性格、爱好中，本就有亲近大众文化的成分，"反省""转变"，也就不会那么勉强和委屈自己（当然，为了某一崇高目标，委屈自己也是值得的）。不过她还是有这样的解释，"反省"并非完全的改变、放弃，"精英文化趣味是我的尾巴"[2]。"尾巴"的说法其实有点避重就轻；虽然爱好广泛，但"由衷热爱"的，还是精英的，或高雅的文化，那些属于利维斯的"伟大的传统"的"文本"。这种深埋在"灵魂深处"的"品味"，按"伟大领袖"的说法，真的是"要改也难"。有时候，理论的、社会责任的需要等，也不可能完全掀翻、"规范"某些内心的沉积物。在小学和中学，戴锦华"交替地为毛泽东思想武装，并同时为林黛玉饮泣"，生活中既与邹容、成岗、肖飞、江姐为伴，也"疯狂吞食"《红与黑》《当代英雄》《简·爱》、安徒生、《牛虻》《被侮辱与被损害》《悲惨世界》《九三年》……[3] 一个自幼由"大众"，也由精致、"高级"

---

[1] 这鲜明地表现在她选择解析的影片类型，解析使用的尺度和得出的结论中。见《镜与世俗神话——影片精读18例》。

[2]《犹在镜中》第5页。因此，戴锦华感叹中国文学（电影也在内）总是未能有从容的机会在"艺术"上取得臻进："历史只留给我们太小的缝隙，太少的时间供我们去思索、去萦回。使命感迫使我们去拥抱新的时代，现实的积压迫使我们别无选择。每一次我们都不得不放弃'艺术'与'艺术家'的纯正，不得不放弃浮士德式的质问与追索。"《拼图游戏》第10页。

[3] 参见《拼图游戏·书中岁月》。

文化（许多是她所说的"十九世纪的幽灵"[1]）所喂养过的人，对比中可能更会在内心形成难以摧毁的"文化等级"。即使有时会产生自以为"转变"的幻觉，其实刻骨铭心的那些东西终将难以抹去。在一些时候，这种爱好、品味，被放在无关学问、社会行动的位置上，成为生活中的一种慰藉，一种依靠。

依照这样的观察角度，可以发现戴锦华写作的文体，也表现了某种矛盾的，"不纯"的特征。社会批判论述在文体上，显然要求观点、论述的鲜明、确定，推断逻辑的清晰；因此毛泽东1950年代曾经提出"文风"的三原则：准确、鲜明、生动。戴锦华当然不是那种犹豫不决的论说者。从她的文字，难以看到对自己的论述逻辑、观点的疑惑、犹豫。但在"深层"，似乎也存在某些不很协调的地方。说她的文字在确定的表层之下，又存在一个"自反"的"框架"，不知道这个感觉是否符合实际？

但是戴锦华对于语言、文字的脆弱、"不真实"的一面，肯定有深刻的认识。趋近"真实"，粉碎某种遮蔽，揭示超乎表象的现实世界的真相，这是她执着的愿望，是持续不断的索求的目标。但是她也明白，历史书写"只能是断篇残简"，而书写者先前已被历史书写，附着于我们身上的习俗、文化惯例有力地控制着书写者，趋于固化的"前理解"支配着思维、感受的方向。而且，我们是否可以从未经成为自身经验的方面去有效观察世界？因此，穿透各种遮蔽而发现缝隙，确实并非易事。另一值得注意的方面是，她又将写作看成一种庇护，某种触摸，看成生命的一部分，追求在文字之中带进、包含生命

---

[1] 她认为，新时期以来，西方19世纪的哲学、思想话语资源回应中国现实问题在相当程度上已经"失效"，但在文学研究界却仍是理解、处理问题的重要资源："我们一直面对着一个无法告别的'十（八）九世纪'，具体地说就是黑格尔的幽灵（当然还有康德）驱之不散，无处不在"，如现象、本质、历史的诡计等等。

的气息,并在论述中保持更多的具体情景,容纳更多的感情因素,呈现那些未被概念所抽象、提纯的感性,"狂想着追求现象地飞扬"。

上述的受限、追求的两个方面,影响了她文体的基本形态。一方面,这让她减少了那份书写的"游戏的从容"。为了审慎,为了避免简单化,有时候便向着侧重"描述",回避判断的倾向偏移。论述时又竭力呈现事情的丰富性、复杂性(丛生的歧义,多个侧面,互相叠加、映照,多种可能性),并试图在比较中,在呈现差异中来界定对象的性质。这样,由体现假设、让步、转折、递进、选择等虚词所引领的句式(如果—那么;与其—不如;并非—而是;不仅—而且;固然—但是;尽管—但是;不是—亦不是—而是;间或;抑或……)就频繁出现——这既让论述严密,但也产生了缠绕、晦涩的阅读感觉。文体特征的另一方面,是大量使用隐喻、象征、引用(书面文本,时代流行语,社会惯用语等)、转述等的穿插手段,增强"扁平"的文字所能覆盖的范围和叙述的立体感。捕捉到某个历史时间的带有寓言、症候性质的刻度、印记,是她的令人印象深刻的一种能力:在这里,概括与具象得到某种交融。她显然如安东尼奥尼的影片那样,善于构造那种"私人印鉴式的影像"。她因此在有的时候,陷于准确讲述的理性要求与放纵想象空间的冲突之中。

派　别

在当代中国高度政治化的生活中,带政治立场的派别划分,在许多时候都十分重要。1957年反右派运动,对国家干部和知识分子有明确的"左中右"的划分。右派又分为六类。"中"间派则分别为中左、中中、中右。至于左派之前是否有"坚定""一般"之类的修饰语却不得而知。1961年我大学毕业的时候,一位参加毕业分配领导小组的同年级同学说看过我的档案,告诉我反右时我被定为"中中"。这倒是很符合我的思想状况和现实处境。1990年代之后的社会变动,出现了所谓知识分子的分化,于是也诞生了"新左派""自由主义"等名目。戴锦华属于哪个派别?她自己好像没有公开说明。自由主义?古典自由主义?新左派?学院左翼?听说在一次演讲之后,听者问她是否是"愤青"?但也有人说她是"形左实右"……我也曾想过要将她归入某一类,最终却总是不得要领。

在想不清楚之后,就愿意换一种思路来解决这个问题。这时,我想起1960年代苏珊·桑塔格谈论(法)西蒙娜·韦伊[1]的一段话:

> ……此刻,我想到西蒙娜·韦伊的生活中狂热的禁欲主义,她对快乐和幸福的不屑,她高贵而可笑的政治态度,她煞费苦心的自我弃绝。她对磨难的不断的追求;我注意到她并不出众的相貌,她身体的笨拙,她的偏头痛,她的肺结核。热爱生活的人,没有谁希望去模仿她对磨难的献身精神,也不希望自己的孩子或自己所爱的任何人去模仿。但只要我们既热爱严肃性,又热爱生活,那我们就会为严肃性所感动,为它所滋养。在我们对这样的生活表示的敬意中,我们意识到世界中充满着神秘——而神秘正是对真理、对客观真理的可靠把握所要否定的东西。在这种意义上,所有的真理都是肤浅的;对真理的某些歪曲(但不是全部歪曲),某些疯狂(但不是全部疯

---

[1] 另译为西蒙娜·薇依(1909—1943),著作的中文译本有《在期待之中》(杜小真译,三联书店1994年版)等。薇依是神秘基督信仰的主张者。但她的神秘信仰和逻辑理性、个体主义,与社会政治参与及关切、援助疾苦中的劳动者并行不悖。《在期待之中》这本书的最后一个句子是:"如若我们明了希腊几何学与基督教信仰是从同一源泉喷发出来的,那我们的生活将会发生多么大的变化啊!"

狂），某些病态（但不是全部的病态），对生活的某些弃绝（但不是全部的弃绝），是能提供真理、带来正常、塑造健康和促进生活的。[1]

是的，"在这样的意义上"，有关左派、右派之类的标签性划分我想都是肤浅的。仿照桑塔格的说法，那么，某种含混（但不是全部含混），某种不确定（但不是全部不确定），某种悲观（但不是全部悲观），某种神秘（但不是全部神秘）……比起那种僵硬、绝对化来，可能会提供更多的"塑造健康和促进生活"的有益养分的。

在"不确定"之中寻找位置，这是一个没有终点的过程。不断探索、协调、反省，一次次的"镜城突围"，总是于无限的"中间过程"中的"涉渡之舟"；因此，"涉渡、蝉蜕、为羽化而作茧自缚"[2]，是必须也只能去经历的唯一现实……比起戴锦华文字那些确定（坚定）的方面，我更重视那些不确定的方面，也从这里面学习到更多的东西。不是从理论，而是切身经验告诉我，不纯粹性的信仰，比坚定、纯粹的信仰，也许较为可信。

2008 年 8—10 月

---

[1]《西蒙娜·韦伊》，见苏珊·桑塔格《反对阐释》第 58 页。
[2] 戴锦华：《涉渡之舟——新时期中国女性写作与女性文化》第 79 页。

一部小说的延伸阅读
——"我的阅读史"之《日瓦戈医生》

1958，知道日瓦戈这个名字

1958年，诺贝尔文学奖颁给这部小说的作者，在苏联和西方引起轩然大波。年底，当时属于"社会主义阵营"的中国，首先在权威的《文艺报》上对这一事件表态，刊登了两篇文章[1]。一篇题为《杜勒斯看中了〈日瓦戈医生〉》，作者署名"本报评论员华夫"。具体执笔者不明，猜测可能是当时《文艺报》主编张光年先生。另一篇是《诺贝尔奖金是怎样授予帕斯捷尔纳克的?》，属于资料辑编性质。同时，《人民日报》刊登了苏联作家西蒙诺夫批判文章的译文，但是我没有读过。第二年年初，《世界文学》[2]发表了臧克家的《痈疽·宝贝——诺贝尔文学奖为什么要送给帕斯捷尔纳克?》和刘宁的《市侩、叛徒日瓦戈医生和他的创造者帕斯捷尔纳克》两篇文章。

华夫文章开头对"亲爱的读者"有这样的提问："你们知道有个叫做帕斯捷尔纳克的苏联作家吗？尽管你们读过不少苏联作家的作品，你们对帕斯捷尔纳克这个名字大概还是生疏的。"——情况确如

---

[1]《文艺报》1958年第21期，11月5日出版。
[2]《世界文学》1959年第1期。

1958年第21期《文艺报》发表的批判《日瓦戈医生》的文章,署名本报评论员华夫。

他所说。在五六十年代,我知道不少"苏联作家"的名字,也读过不少他们的作品,高尔基、马雅可夫斯基、法捷耶夫、绥拉菲莫维支、西蒙诺夫、萧洛霍夫、苏尔科夫、伊萨科夫斯基、特瓦尔多夫斯基、富尔曼诺夫、费定、卡达耶夫、盖达尔、爱伦堡、安东诺夫、波列沃依……却真的从未听说过帕斯捷尔纳克。阿赫玛托娃的名字倒是知道的,那是因为日丹诺夫1946年的报告提到她,说她是"无思想的反动的文学泥坑的代表","她的诗歌是奔跑在闺房和礼拜堂之间的发狂的贵妇人的诗歌"。这个报告,中译文本收在1953年出版的《苏联文学艺术问题》一书之中,这本书是当时中国作家整风、学习"社会主义现实主义"的必读文件。[1] 对它是"反苏、反社会主义的小说",

---

〔1〕日丹诺夫1946年在苏共党积极分子会议和作家会议上的《关于〈星〉与〈列宁格勒〉两杂志的报告》,《苏联文学艺术问题》,人民文学出版社1953年版。

关于《日瓦戈医生》，华夫文章称人民文学出版社出版于 1953 年，曹葆华等译。收入苏联作家协会章程，日丹诺夫在 1930、1940 年代有关苏联文艺问题的报告，1940 年代"联共中央"和苏联作家协会文艺问题的多个决议等。这是当年中国文艺界整风和学习社会主义现实主义的必读文件。

是对苏联革命、苏联人民的诬蔑和诽谤；帕斯捷尔纳克则是一个"旧俄遗留下来的有着花岗岩脑袋的""苏维埃社会的渣滓"，他"现在受到全体苏联作家和苏联公众的一致的唾弃"。

当年我尽管没有（也不可能）读到这部小说，却不妨碍接受这样的论断；正像没有读过阿赫玛托娃的诗，也不假思索地认可日丹诺夫的裁决一样。现在看来，不仅是我，写批判文章的华夫、臧克家，以及当时所有的中国作家、读者，都没有读过这部小说[1]。甚至掌握着帕斯捷尔纳克命运的苏共中央领导人赫鲁晓夫，当时也没有读

---

〔1〕给日瓦戈加上"市侩""叛徒"的字眼，显然也是当时没有读到小说的缘故。大约是到了 1960 年代，"内部出版"的《外国文学参考资料》，才编载有这部小说的梗概和国外的一些评论文章。

过[1]。华夫批判文章中对这部小说内容的空洞、含糊的描述("小说中的主角日瓦戈医生是一个旧俄资产阶级知识分子,他仇视革命,仇视新制度。作者通过这一人物恶意地描绘了一幅俄国知识分子在新社会'毁灭'的图景,对苏联红军和苏联的新生活进行了各种诬蔑"),很有可能是来自苏联《真理报》1956年10月26日的批判文章。

在1950年代,《日瓦戈医生》成为世界冷战角力的一个事件。西方"帝国主义阵营"看到"社会主义阵营"内部出现质疑十月革命和苏维埃制度的声音,当然如获至宝,开动各种宣传机器"大声喝彩"。而"社会主义阵营"这边,则只要杜勒斯(持坚定反共立场的美国国务卿)、《纽约时报》《时代》周刊、美国之音等赞赏这部小说,它的"反动""诽谤新制度""仇视革命"的性质便昭然若揭。华夫说的"杜勒斯看中的东西,还会是什么好东西吗?"——就是支撑一个时代的政治、哲学逻辑。在这样的情境下,读还是没有读倒是次要的事情了:重要的不是事实怎样,不是做出判断之前的"观看",而是立场和维护立场的勇气。因而,当年另外的众多评论,比如作家亚马多、莫里亚克、加缪、格林、毛姆、赫胥黎等人的,或者被强制归入这一两极化论述之中("和杜勒斯一个鼻孔出气""重复着杜勒斯的反苏滥调"),或者难以为两极化论述所完全包容而被忽略、遗漏。

1986,看了改编的电影

在我这里再次提起《日瓦戈医生》,是在"新时期"的1980年代;

---

[1] 据赫鲁晓夫女婿阿朱别依的回忆,赫鲁晓夫在处理《日瓦戈医生》事件的时候,也没有读过。他读这部小说,是在他失去权力退休之后。参看《人与事》第343页,三联书店1991年版。

也不是读到小说，而是看了改编的电影[1]。1986年8月，我参加《诗刊》社在兰州举行的"全国新诗理论讨论会"。那个年代，组织观看个人难以看到的西方和港台的电影录像，是会议主办者经常安排的、受到欢迎的节目。一个晚上，我们被带到兰州一所大学的一间教室里，看的就是《日瓦戈医生》。虽然有很高的期待，结果却颇为失望。部分原因是观看条件的限制：不大的电视屏幕；三四十人挤在一起；结结巴巴的同声翻译。当时留下的是一些破碎的印象：1905年阴暗街道上骑兵对游行队伍的镇压；犹如"文革"开始时的那种对贵族、富人家产的剥夺；瓦雷金诺雪地上那有点像玩具的房子；战地包扎所里美丽、端庄的拉拉；日瓦戈莫斯科街头的猝死……

电影总体的不佳印象，读了小说之后得到加强；虽然知道它得到奥斯卡的多个奖项。不喜欢将它向浪漫的爱情剧偏移。不喜欢那种美国式的俄罗斯想象；他们不懂得"无与伦比、声名显赫的俄罗斯母亲"的"历尽苦难，坚忍不拔，乖戾任性，喜怒无常"；"既受着人民爱戴，但又经受着无法预见没完没了的深重灾难"。[2]不喜欢日瓦戈的造型——他让我想起"文革"后播放的电视剧（《安娜·卡列尼娜》，BBC制作）中那有着小胡子的渥伦斯基。不喜欢被一些轻音乐乐队[3]经常演奏的有些甜腻的主题曲（据说叫作"拉拉之歌"）。1980年代，我曾一度对刚听到的拉赫马尼诺夫的音乐（第二交响曲，第二、第三钢琴协奏曲，以及《钟》等）入迷，虽然他和柴可夫斯基过于靠近，但觉得那才能与《日瓦戈医生》取得关联。也许电影语言无法复现小说的那种情境，那种深广的心理内容。但是，小说对俄罗

---

[1] 美国米高梅公司1965年出品，导演大卫·里恩。
[2]《日瓦戈医生》第471页，漓江出版社1986年版。
[3] 詹姆斯·拉斯特、莫里亚、曼托瓦尼等乐队。

斯土地、对大自然的那种热切爱恋,电影的手段并非就无能为力。况且,一些人物、一些事件,也由于某些僵硬的意识形态理解而被简单化了……

1987,读到了小说

这一年终于读到这部小说。1986年年底到1987年,《日瓦戈医生》在中国大陆相继有三种中译本问世:一是漓江出版社(广西桂林)的"获诺贝尔文学奖作家丛书"版(1986),译者力冈、冀刚。接着是顾亚铃、白春仁译的湖南人民版(1987)和外国文学出版社(北京)的蓝英年、张秉衡版本(1987)[1]。另外,中文译本还有台北远景版[2]。我最初读的是漓江的本子,从北大中文系资料室借阅的。这

---

[1] 蓝英年、张秉衡的译本,1997年又被编入"获诺贝尔文学奖丛书",由漓江出版社重版。2006年,列入"名著名译插图本"丛书,由人民文学出版社出版。在当前的评论中,似乎蓝英年、张秉衡本更具权威性。不过,由于先入为主的"偏见",我印象较深的是1986年的漓江版;我这篇文章引文均出自这个版本。但人物名字则采用更通用的译名。当然,我相信译文会有高低之别;这种高低可能是局部的,也可能是整体的;我无法做出判断。这里举日瓦戈的诗的一个片断作比较:

湖南人民版:

岁月会流逝,你要结婚,/将忘却种种不平。/成妇人身——是番壮举,/摄他人魂——该算英雄。

漓江版:

过几年,等你嫁了人,/会忘记这些杂七杂八的东西。/做女人是很伟大的事,/使男人发疯是了不起的业绩。

外国文学版:

岁月流逝,你要嫁人/你得把这些混乱不堪的日子抛在脑后/做女人是件伟大的冒险事业/把男人弄得神魂颠倒是种英勇行为。

[2] 作者名字和书名译为巴斯特纳克《齐瓦哥医生》,黄燕德译。我没有读过这个版本,据说是根据英文版的节译。

一部小说的延伸阅读

1987年从中文系资料室借阅的漓江版《日瓦戈医生》，2010年重读竟是二十多年前的同一本书。装订已损坏，封面颜色脱落，"医生"两字几不能辨认。

次为了写这篇文章，请学生到图书馆借这个版本，竟然就是我二十多年前读过的同一本书！拿起这本书，有说不清的感慨：不知有多少双手翻检过它，装订线已经损坏，书裂成两半，绿色封面已磨损褪色，"医生"两字已无法辨认……

初读的时候，也觉得不是我心目中的《日瓦戈医生》。譬如，叙述好像不是很清晰，结构也有些随意，以至为了弄清楚人物和他们的关系，就费了不少气力；以前读托尔斯泰、屠格涅夫他们的长篇，好像不是这样的。另外，发现它不是索尔仁尼琴《癌病房》《古拉格群岛》那类作品，没有特别强调苦难、政治迫害和抗议。那些年，索尔仁尼琴式的故事，好像更能满足我们对于"政治意识形态勇气"的渴望，《日瓦戈医生》的视角和着眼点有很大不同。还有一点是，艺术、技巧上的"传统"和"守旧"，看不到什么"先锋"色彩。1980年代，中国大陆文学界的创新热潮风起云涌，以现代主义为核心的"先锋"

探索几乎成为艺术等级的标尺。但我在这本小说里面,没有见到什么新颖的方法;没有超越性的象征、寓言结构,没有时空的倒错,没有意识流,没有"过去现在时"……

不过,最初产生的这种与预想的距离,在阅读过程中,有一些却转化为我喜爱的东西。就艺术而言,我逐渐理解对于作家所要讲述的事情,这种"朴实"的方法也许最为合适;甚至那种整体结构不太严谨的随意性,也变得情有可原起来。其实,帕斯捷尔纳克也不是不能"先锋",在20世纪的头20年,也曾热衷新的语言、形式。但在写作《日瓦戈医生》的时候,他反省了1940年以前自己的文风,抑制、放弃了那种华丽,才情外显,炫耀想象力的风格;比较他不同时期的回忆录(《安全保护证》和《人与事》),可以看到这个变化的轨迹。小说写到日瓦戈的诗歌艺术追求,这也可以看作就是作家的"夫子自道":"要求自己的诗明白、淡雅,仍用那些人人熟悉的形式作外壳……希望自己能创造出一种严谨、朴实的笔法,使读者或听者在不知不觉中掌握诗的内容:他一生孜孜以求的是一种不尚浮华、平易近人的风格。"自然,小说的这种回忆、沉思的温和语调,也要求读者持相应的阅读心情。由此我逐渐认识到,"先锋"固然可以开创、引领艺术潮流,但某些具有重要意义的作品,倒是常表现了向"传统""后倾"的选择。

针对过去对这部小说的批判,中译本出版后的一段时间,评论[1]常常强调它并非"政治小说"。如果从小说"类型"看,这个说法能够成立。与那种典型的"政治小说"的文体区别,主要表现为处

---

[1] 最初中国大陆的评论,常以译本的前言或后记的方式出现。如漓江版的前言《反思历史,呼唤人性》(薛君智),湖南人民版的前言《作家与作品》(晓歌),外国文学、人民文学版蓝英年写的后记、前言等。

理"个人时间"和"历史事件时间"的关系的不同。虽然《日瓦戈医生》写了个人命运为"历史"所制约、限定,却没有让个人生活经验,让丰富的生存之谜,隐没、消失在"政治的确定性"之后。不过,这也不是说它的内涵不具有强烈的"政治性"。试图为那段至今争议不断的历史作证,参与对20世纪初俄国革命的合法性及后果的思考,就是一种"政治行为",尽管是以个人经验为基点和限度。

1980年代我读这部小说,并没有一种比较"温和"的心态,而是明显的"问题"阅读。我与作品取得关联的主要"问题"有两个,一是关于文学的"独立传统",另一是对当代革命(特别是"文革")造成的精神后果。那个时候,"当代文学"的缺陷、问题正被反思,引入的参照之一是20世纪俄苏文学。俄国20世纪初的象征派、形式主义文论,以及别雷、古米廖夫、曼德尔施塔姆、茨维塔耶娃、布尔加科夫、扎米亚京等作家的情况、文本,开始打破封锁,陆续有了译介。这一参照提出的问题是,在相近的社会制度,在思想、文学都受到严格控制的情况下,为什么当代中国不可能出现如《日瓦戈医生》那样的作品?答案是我们这里尚没有形成一个与政治分裂的独立的文学传统。在1988年的当代文学课上,我用了很多时间,讨论"文学结构"与"政治实践"的复杂关系。我说,我理解的文学"独立传统""文学回到自身",并不是指文学与政治脱离干系,文学只应关心形式、技巧,不是说创作要回避政治性题材,作家应该不食人间烟火,不关心现实的政治、经济问题。这既不合理,也不可能。有学者说,"没有一个社会对作家的要求比俄国更多"——这话挪到现代中国也一样,甚至更为合适:作家必须提供社会真相,进行道德裁决,指示前景出路——我们这里不是滋生"纯文学"的土壤。"独立传统"是指作家、文学要有自己独立的识见,摆脱对政治权力、政治体制、政治家的谄媚和依附,建立独特的观察社会,探索心灵的视角。做到这一点,关键是作家如何取得独立的精神地位的问题。我当时认为,这是《日瓦戈医生》所提供的宝贵的经验。现在看来,那时我在文学、政治等问题的理解上有些绝对,也有些简单化;对19世纪以来俄国文学与政治分裂、对立的传统的解释也存在偏向。

但是我相信,这个问题在今日的中国仍是一个现实的尖锐问题。

《日瓦戈医生》阅读的另一关联,是关于"革命"造成的精神后果。1980年代,我在"文革"期间的体验尚未淡忘,虚假、空洞言论,不断讲违心话等造成的心灵刺痛,还没有像现在这样钝化。因而,便自然地与书中的这些揭发产生强烈共鸣:

> 是什么妨碍我工作、行医和写作?我想,不是贫困和漂泊不定的生活,而是现今盛行的空洞夸张的词句,什么即将到来的黎明啦,建成新世界啦,人类的明灯啦,当你最初提到这些词句时,你会觉得这思想何等开阔,想象何等丰富!可实际上恰恰是,因才华不足才去追求这些华丽的辞藻。

> 在这些鼓动革命的人看来,动乱和变化是他们唯一感到亲切的事情,他们宁可不吃饭,只要给他们世界规模的东西就行,……人生下来是要生活的,不是为准备生活而生。生活本身,生活的好坏,生活的本领,才是要紧不过的事!

> 一个崇高完美的理想会变得愈来愈粗俗,愈来愈物化。这种事在历史上是屡见不鲜的。希腊就这样变成了罗马,俄国的启蒙运动也就这样变成了俄国革命。

> 现在,心脏微细出血的情况很常见……这是一种现代病,

它的病因据我看是属于精神方面的。我们中的大多数人被迫经常说违心的话、做违心的事，言不由衷，赞美自己厌恶的东西，称颂带来不幸的东西，日复一日……

孩子们真诚，没有虚假，不怕说真话，但我们怕人家说我们落后，便准备出卖我们最珍贵的东西，称赞我们厌恶的东西，附和我们不理解的东西。

期待腐败的社会出现"质变"的知识分子，却"沉重的"地看到变革催生了怪异的新面孔、新形象。这种精神变异，一定程度体现在斯特列尔尼科夫（拉拉的丈夫安季波夫）的身上。[1]他确有对革命的热忱，他追求品德的纯洁，充溢着来自内心的、并非做作的正义感。然而，后来却发生了如他妻子所说的这种变化，"一张活泼的脸变成了某种思想的化身、原则、模型。……这是他所献身的力量所造成的。这力量虽然崇高，但却毫无生气且残酷无情"。他因此形成"只有原则性，而缺乏心灵的无原则性"[2]（"心灵是不管一般情况，只看个别情况的，心灵之所以伟大，就因为做小事情"）的性格。1990年代末我读别尔嘉耶夫的书，看到对这种情形有相似的描述，说这是"新的人类学类型"："被剃得光滑的、规整的、进攻的和积极的

---

[1] 当时读着《日瓦戈医生》，想起"文革"初读造反派组织编印的《周扬在文化艺术方面的反革命修正主义言论汇编》的批判材料。周扬1961年6月23日在"全国故事片创作会议"上讲话，忧虑于当代将青年培养为"头脑简单、感情简单、趣味简单"的现象。他的举例是北京某大学一个出身革命干部家庭的女生，"一切都讲原则，按原则办事。她除了《红旗》《人民日报》，《毛选》，其他的书都不看。……同学对她有一个评语：这个人很好，可惜不像是生活在人类社会里的人"。

[2] 在蓝英年、张秉衡的译本中，这句话译为"他的原则性还缺乏内在的非原则性"。

性格"。[1] 他们为着某种光辉、抽象的"原则"而生活，而决定言语、分配爱憎，并竭力使用（语言、肉体）暴力方式，对他人施加规范和控制。我之所以对这样的新面孔印象深刻，是因为在"文革"时期，见识了社会情势如何怂恿、推动这种人物、性格的滋生，见识了光辉的谎言如何成为精神瘟疫蔓延，见识了"缺乏心灵的无原则性"的"原则性"个人，怎样不由自主地或者转化为伪善，或者在人格分裂中表现了精神的惊恐和变态。

　　1980年代是激情的，理想主义的。因此满怀信心期待这种精神病态得到控制、疗治。现在知道错了。相比起来，像斯特列尔尼科夫这样的追求品德纯洁，为着"原则"生活的人现在其实已经不多；普遍性的"说违心的话、做违心的事，言不由衷"已经表现得"自然"得体，内心也不再有惊恐和不安。人们又一次经验了因"期待"而陷入的尴尬和苦涩。因而，也认识到当时我将这种"时代病"，将这种原则、理想的"物化"全部归结为"革命"的遗产，显然有些不大恰当。

1994，"生活"的概念

　　1990年代初我有两年不在国内，1993年底回到北京，读到诗人王家新以帕斯捷尔纳克为题的两首诗（《瓦雷金诺叙事曲》和《帕斯捷尔纳克》）。其中，"终于能按照自己的内心写作了／却不能按照一个人的内心生活／这是我们共同的悲剧"的句子，常被征引。这些沉痛的诗句的含义和产生的时代背景，我是明白的，也产生共鸣。随

---

[1] 别尔嘉耶夫：《自我认识——思想自传》第223页，雷永生译，上海三联书店1997年版。

后，一个偶然的机会读《人与事》[1]的小册子。王家新的诗,《人与事》中的回忆和信件，以及重读《日瓦戈医生》，引起我对"生活"这个词的注意。我的阅读开始离开了原先那种简单的"摘句"方式。帕斯捷尔纳克在给友人的信里说，在这部小说里他要"勾画出俄罗斯近四十五年的历史面貌"，表现"通过沉痛的、忧伤的和经过细致分析过的主题的各个方面"。又说，"我已经老了，说不定我哪一天就会死掉，所以我不能把自己要自由表达真实思想的事搁置到无限期去"。他把这个写作当成对"非常爱我的人"写的"一封很长的信"。

　　这是不陌生的偿还"债务"的紧迫心情。瞿秋白写作《多余的话》，巴金写作《随想录》，都由这样的心情驱使。《日瓦戈医生》的"债务"意识，从"重要"的方面说，大概就是我们常说的那种历史承担；而从"小"的方面，则是对于包括"爱我的人"在内的"生活"的感恩。对"生活"的感恩这一点，是我1980年代完全忽略的。在与苦苦追寻"政治正确性"的心情稍有距离之后，我才发现、理解了这一点，并意识到它的重要。由此我认识到，对苦难、不幸的倾诉，"政治抗议"等等，自然十分重要，但不是生活的全部，也不是《日瓦戈医生》的全部内容。我才懂得感谢在描述艰难时世时采用的非感伤、非怨恨的叙述语调。1980年代觉得小说在处理重要情节时，笔调过于平淡；现在也才懂得感谢这种"平淡"，觉得"平淡"有的时候正好是举重若轻的大师手笔。在这次阅读中，心灵也才有空间来容纳关于人的情感、心里细微活动的描写，对大自然的感受，以及对艺术、精神问题的讨论。

---

　　[1]《人与事》，乌兰汗、桴鸣译，三联书店1991年版。收《安全保护证（纪念莱纳·马里亚·里尔克)》和《人与事（自传体随笔）》这两篇自传性作品，以及一些书信和对帕斯捷尔纳克的评论、访谈。

这与作者对"生活"概念的理解有关:"历史"虽然拥有巨大的"吞没"力量,但个体生命"节律"的隐秘并没有被取代。作家的关注点不只在揭示、抱怨历史对"生活"的摧毁,不只是讲述生活的"不能"的"悲剧",而且也讲述"可能",探索那种有意义的生活在特定情境下如何得以延续。帕斯捷尔纳克1940年写给阿赫玛托娃的信说,"生活和渴望生活(不是按别人的意愿,而只是按自己的意愿)是您对生者应尽的责任,因为对生活的概念易于摧毁,却很少有人扶持它,而您正是这种概念的主要创造者"[1]——这也正是他写作《日瓦戈医生》的动机和所要达到的目标。

电影(1965年里恩版)与小说对斯特列尔尼科夫这一人物的处理,是一个能说明不同的"生活"概念的例子。电影在讲述这个人物时,重视的是"政治确定性"理念,因此赋予这个人物自以为是、僵硬、残忍的面孔,来表现革命造成的人性"异化"。小说作者自然有他的"意识形态"立场,但他揭示了这种人物在生活中形成的性格、精神的复杂性:既表现那种"原则性、刚正"、革命狂热的光辉,也揭示隐藏甚深的怯懦,不敢面对自己良心的恐惧。对于"人性"弱点的深刻了解,也让作家的笔墨留有分寸,且将"悲悯"给予了这个并不认同的对象。由于这样的理解,1990年代初再次翻阅这部小说时,原先忽略的一些部分,一些细节,在阅读中改变了面貌,引起情感的波动。譬如迷恋自己的"原则性",迷恋自己才华的斯特列尔尼科夫最后自杀的场景:

> 日瓦戈升起灶火,拿起水桶到井边打水。一出门,他看到斯特列尔尼科夫横卧在小路上,离台阶只有几步光景,头扎在雪堆里。他是自杀的。血从左太阳穴流出,把下面的雪染成

---

[1]《人与事》第276页。

了红色。血滴沾上雪花,成了一颗颗小血珠,就像上了冻的山梨果。

红色的山梨果的意象在书中出现多次:有一章就题名"山梨树"。美丽,却如小血珠的殷红山梨果,能引发我们探测叙事人不愿、也难以明言的复杂思绪。

应该在这样的背景下来理解日瓦戈的那段话:"在俄罗斯的作品中,我现在最喜爱的便是普希金和契诃夫的天真,他们不侈谈人类的最终目标和他们自身的解放。对这个问题他们不是不懂,但他们很有自知之明,他们不空谈而且也毋需他们去谈!果戈理、托尔斯泰、妥斯陀耶夫斯基为死亡做了准备,他们很不放心,一直探寻人生的意义,不断进行总结,而普希金和契诃夫潜心于具体的艺术活动,在活动中默默地度过自己的一生,与别人毫不相干……"这是一种世界观、艺术观,也是对俄罗斯文学脉络的描述。帕斯捷尔纳克自然倾向后者,但也并没有想将日瓦戈的这个想法推论为普遍性的"法则"。甚至他也不是借人物之口来排列文学史的等级。我们只要在《人与事》中,就可以看到他对托尔斯泰的那种敬仰之情[1]。而且,《日瓦戈医生》也并非将探索"人类的最终目标和他们自身的解放""探寻人生的意义"排除在外,相反倒是可以见到托尔斯泰小说的那种主题格局。日瓦戈(或许也就是帕斯捷尔纳克)这个表述的意义,他对"非政治化"写作的肯定,产生于一个空谈最终目标,人的精神、艺术活动被

---

[1] 有关俄国文学与政治激进思想、政治行为形成分裂、对立传统,是一个普遍性观点。不过,以赛亚·伯林的关于托尔斯泰、屠格涅夫的论述,说明这种"分裂"是被夸大了。伯林指出,即使持艺术的纯粹与独立本质信仰的"唯美"的屠格涅夫,也全心相信,社会与道德问题是人生与艺术之中的紧要问题。参见伯林《托尔斯泰与启蒙》《父与子》等文。《俄国思想家》,彭淮栋译,译林出版社2001年版。

"政治"主宰的时代。为此,他提供了一种"抗毒(解毒)剂",削弱人们对那种思潮的追捧而已。正是在这样的意义上,帕斯捷尔纳克让他的人物赞同普希金这样的话:"我现在的理想是有位女主人,/我的愿望是安静,/再加一锅菜汤,锅大就行。"这让我想起瞿秋白《多余的话》的结尾:"……中国的豆腐也是很好吃的东西,世界第一。"如果说它们都包含某种"反讽"的话,那么区别在于:后者是苦涩无奈的,是内在于话语之中的,而前者的"反讽"则不存在于文本自身,需要放到时代格局的大语境上才能辨析。

2009年6月的一天,我在台湾大学马路对过的书店(台大诚品)里,看到刚出版的米兰·昆德拉的集子中的一本《相遇》[1]。翻读到《遗忘荀白克》[2]这篇短文,我一时愣住了。昆德拉遇到一对大他五岁的犹太夫妇;他们青少年时代在德国纳粹集中营度过。由于他们这样的经历,昆德拉在他们面前惶惶不安;这种不安惹恼了他们。昆德拉说:"他们让我明白了一件事,那里的生活什么面向都有,那里有泪水也有玩笑,有恐怖也有温柔。为了对自己生命的爱,他们抵抗着,不愿被变成传奇,变成不幸的雕像,变成黑色纳粹之书的档案。"他们在凶险、艰辛的环境下从事的艺术活动,"是将感觉与思想的每一面向完全展开的方法,好让生命不致缩减为恐惧的单一维度"。文章接着写道:

> 我想到上个世纪的最后几年,记忆、记忆的责任、记忆的

---

[1]《米兰·昆德拉全集》第15册,尉迟秀译,台北皇冠文化出版公司2009年版。其中,《相遇》是一本文艺批评集。作者在首页的题词是:"……和我的思考以及回忆相遇;和我的旧主题(存在的与美学的)还有我的旧爱(拉伯雷、杨纳切克、费里尼、富恩特斯……)相遇。"

[2] 荀白克,中国大陆通译为勋伯格。

一部小说的延伸阅读

2009年台北皇冠文化出版公司版，是该出版社的"米兰·昆德拉全集"的第15种。尉迟秀译。2009年6月路过台大诚品书店购得。昆德拉在书中这样说：如果有人问我，我的母国透过什么在我的美学基因里留下深远影响，我会毫不迟疑地回答：透过杨纳切克的音乐。

工作，是这段时间的旗帜性字眼。人们认为追剿过去的政治罪行是一种光荣的行为，要一直追到阴影里，追到最后的污点里。然而，这种极其特别的、具有控诉性及目的性、急于处罚人的记忆，和特雷辛的犹太人如此热情怀抱的记忆毫无共通之处，他们才不在乎对他们施刑的人是否不朽，他们所做的一切只是为了将马勒和荀白克留在记忆里。[1]

昆德拉当然不会认为历史不应清算，不会认为艺术不应表现历史重大主题；他自己的作品说明了这一点。他对勋伯格（荀白克）的清唱剧《一个华沙来的幸存者》就给予极高评价，称它"是以音乐题献给犹太大屠杀最伟大的纪念碑"，说"20世纪犹太人悲剧的一切存在

---

[1] 米兰·昆德拉：《相遇》第188—189页。

本质都活生生地保存在这个作品里，在它可怕的庄严之中，在它可怕的美丽之中"。问题只是出现了这样的偏向："人们争吵着，不让大家忘记杀人者，而荀白克，大家都忘了他。"——这里的分歧，是"认为政治斗争高于具体生命、艺术、思想的人和认为政治的意义在于为具体生命、艺术、思想服务的人"的分歧。

1998，海燕与"篷间雀"

接着便说到1998年。这一年我参加了"90年代文学书系"[1]的编选工作，并具体负责"学者散文卷"。有朋友向我推荐陆建德先生的学术散文。果然写得精彩。学识渊博不说，思想、文笔也犀利、智慧、漂亮，便选了他的五篇文章；谈《日瓦戈医生》的《麻雀啁啾》是其中之一。

也许是不少评论将日瓦戈讲得很完美，《麻雀啁啾》开头一句便是"日瓦戈医生不是一个精神完美的形象"。这应该是没有什么疑问的；"完美"、光滑本来就是这部小说所要质疑的事情之一。《麻雀啁啾》指出，日瓦戈对"落难"时救助他，并为他含辛茹苦七年的玛林娜"毫无思念之情"，而作品的"叙事人"（也可以简单化地看作帕斯捷尔纳克）也站在日瓦戈一边，不给她同情和尊严。这可能是事实，说"可能"是我觉得文章说的有些夸张；不论是日瓦戈，还是作者，都还不是那么无情尖刻。陆建德阐述了立场、情感上的偏向，如何影响了作家艺

---

[1] 这套选本虽然标明由洪子诚、李庆西主编，其实，立意、具体组织和出版等工作，均由策划者贺照田、博凡承担。共六卷：主流小说卷《融入野地》（蔡翔主编）、先锋小说卷《夜晚的语言》（南帆主编）、女性小说卷（戴锦华主编）、作家散文卷《新世代的忍耐》（耿占春主编）、学者散文卷《冷漠的证词》（洪子诚主编），诗歌卷《岁月的遗照》（程光炜主编）。

术想象力。小说写到日瓦戈、拉拉、东尼亚等的时候,笔端充满温情,对他们情感的刻画发挥了"十分酣畅淋漓的大师手笔",而写到玛林娜和她父亲,写到革命游击队员,则僵硬、"生气不足";原因就在于玛林娜等出身于"贫寒的家庭"。陆建德敏锐地在这个不少地方持单一叙事视角的文本的光滑表面下,发现裂隙,发现其中(人物的,和叙事人)的"阶级意识"和阶级偏见,指出这种意识、偏见"有时会变为创造性想象和同情的严重障碍",影响到对"重大社会问题的处理"。[1]

这个问题的提出,在《日瓦戈医生》的中国评价史上既是新的,也是旧的。说是"旧的",因为对这部小说最大的争议,就建立在不同阶级、政治立场基点上的评价。说是"新的",则是自1980年代以来,"阶级"观念在中国文学批评中逐渐退出视野,准确说是已经边缘化。因此,《麻雀啁啾》重提这一问题,至少在我这里,当时就有了"新鲜感"。这应该也是1990年代后期反思"告别革命",重新评价革命"遗产"这个思潮的折射。但《麻雀啁啾》没有采取那种翻转的方式和逻辑,没有重新强调阶级是唯一正确的视点。它是在对《日瓦戈医生》理解的基础上的有限度的质疑和修正,表现了历史阐释的复杂态度,耐心了解问题中重叠的各个层面,不简单将它们处理为对立的关系。

陆建德的文章,运用了我们熟悉的对比性形象:海燕与麻雀。它将日瓦戈与斯特列尔尼科夫放在一起比较,说后者在激变时代果敢决断,不惧炮火,"把暴风雨当成千年盛世的前奏……像海燕一样在风暴雷电中飞翔,毫无惧色",而日瓦戈则是"没有志向的燕雀",后来更"避世且以庸居自乐"。虽然褒贬明显,但毕竟"时代不同了",文章并不打算

---

[1] 陆建德正确指出,"……小说(尤其是后半部)缺乏叙事方式的复杂性。在应该有多声部、多视角的地方读者往往只能听到一个声音,被局限于一个视角"。

再正反黑白分明，所以接着也限制这个褒贬，乐意将温情，甚至称赞给予燕雀，说它也自有其"独特的执着"；虽"是平凡乃至平庸的，但它也有使人肃然起敬的时刻"，"是依人而居的生灵，它的啁啾与海燕好斗的高歌相比自有其温和的魅力"。"有使人肃然起敬的时刻"，那是因为生活经验告诉我们，做这样的麻雀也非易事。日瓦戈和他的作者在那样的乱局中，不愿趋炎（潮流），也拒绝附势（权力），坚持自己确立的"志向"，这哪里是"庸乐自居"的"避世"者可以做到的？没有很大的勇气，能够抵挡得住各种极端力量的吸引和打击？正是有了这样的勇气，才能看到事情的许多方面，察觉到一个以无情的手段来推进人性理想的设计有变成其反面的危险。

《日瓦戈医生》并不回避在对待革命和暴力问题上，因阶级出身、生活遭际等的不同而观点对立；日瓦戈与斯特列尔尼科夫的争论，日瓦戈与拉拉的谈话都正面写到这一点[1]。但它的倾向是明确的，它的主人公从赞同革命，到因为暴力和精神后果问题而质疑、反对革命的转变，就是对这一历史问题的回答。因此，《日瓦戈医生》不是《母亲》（高尔基），不是《铁流》（绥拉菲莫维支），不是《毁灭》（法捷耶夫），也不是《静静的顿河》（萧洛霍夫）。它曾经得到的赞扬，受到的抨击的依据，很大部分建立在与《母亲》《铁流》《毁灭》等的对比之上。

---

〔1〕斯特列尔尼科夫对日瓦戈说，革命"这一切不是为您安排的，您也无法了解。您是在另一种环境下成长的。市郊的铁路沿线、工棚，曾经是另一番天地。这里肮脏、拥挤、贫困；劳动者、妇女的人格受到侮辱"，而那些寄生虫却荒淫无耻，道貌岸然，逍遥法外。"我们把生活看成行军，为我们所爱的人铺路架桥，尽管我们带给他们的只有痛苦……"漓江出版社1986年版第549—550页。拉拉也对日瓦戈说："我在童年时期就熟知贫穷和劳动的滋味，因此我对革命的态度和您不同。我对它感到亲切。我感到革命有许多亲切的东西……"

小说中表达的这一思想、精神脉络，是俄国 19 世纪赫尔岑、屠格涅夫、契诃夫等的延续。《日瓦戈医生》的这一思想、精神态度，在 20 世纪初俄国艺术家、知识分子那里具有普遍性。目睹俄国社会的腐败，制度的黑暗，他们期望并参与"把多少年发臭的烂疮切除"的手术。革命被许多诗人、知识分子（勃洛克、斯克里亚宾、别雷、别尔嘉耶夫……）看作腐败社会的"净化器"。但是，革命的实行，带来的制度变革和对文化、对人的精神产生的影响，却出乎他们的意料。对他们最为震动的是两个方面：一是人道主义理念在流血、暴力等极端手段面前的错愕，另一则是面对普遍性精神变异的忧虑。自由主义知识分子这种更多基于伦理、美学基点的"精神性"观察，使他们为所信仰的精神自由、个人独立原则受到的威胁、损毁而惊恐。俄国革命后流亡国外的尼·别尔嘉耶夫，在他的《自我认识——思想自传》中表达了这样的矛盾。他指出，对革命的发生最要负责任的是"旧制度的反动力量"，"俄国革命是正义的和不可避免的"。但也说明了他对革命失望，以至对立的缘由："首先是精神自由的原则，对我来说，这一原则是原初的，绝对的，用世界上任何财富都不能出售的"；"另一原则作为最高价值的个性原则，它不依赖于社会和国家，不依赖于外在环境，这意味着，我保卫的是精神和精神的价值"。[1] 以赛亚·伯林也刻画了知识分子这样的矛盾："他们希望摧灭他们觉得完全邪恶的当道体制。他们相信理性、世俗主义、个人权利、言论与结社及意见的自由，各集团与种族及国家的自由，更大的社会与经济平等……但他们又害怕，恐怖主义或雅各宾手法引生的损失可能无法弥补，而且大于任何可能的益处。他们畏惧极左派的狂热与野蛮，

---

[1] 参看别尔嘉耶夫《自我认识——思想自传》的第九章"俄国革命和共产主义世界"。

害怕它们对他们所知的唯一文化的蔑视，以及它对乌托邦妄念的盲目信仰……"[1]

这就是日瓦戈，也是帕斯捷尔纳克的原则和他们的内心矛盾。

《日瓦戈医生》没有给它的主人公以心爱、美丽的结局。它不讳言拯救"历史中的个人"这种行为的悲剧性质——这是契诃夫众多小说、剧本已经呈现过的。《日瓦戈医生》证实着契诃夫对20世纪自由知识分子悲剧命运的预言。日瓦戈的经历，他最后的"蓬头垢面，心力交瘁"，他的猝死街头，都可以看作是作家不大情愿，却没有办法拒绝做出的隐喻。帕斯捷尔纳克1948年11月3日给弗雷登别格的信有这样的话：

> ……这并非害怕死亡，而是意识到最好的愿望和成就、最好的保证都不会有结果，因此就想竭力回避幼稚气，并走正路。其目的在于：
>
> 倘若需要什么东西淘汰，那么就让无错的东西灭亡，让它不因你的过失而灭亡。

他接着说，"你不必对这段话苦思冥想。倘若这段话写得让人看不懂，那只有好处。"[2]——在这段"让人看不懂"的话里，也许能够体会他所面对的是无从解决的困局和面对这个困局的绝望。

日瓦戈不是一个榜样，不是英雄传奇中的那种完美化身。他就是那样的一个被历史当成人质，但又不屈不挠试图挣脱、超越的普通人，一个有很高文化修养，心性敏锐细腻，对生活充满爱心的普通

---

[1] 以赛亚·伯林：《俄国思想家》第355页。
[2] 《人与事》第292—293页。

人。他的心声、情感，值得倾听和感受，他的许多言行值得尊敬。他的忧虑可能就是我们的忧虑。他的进退失据的两难处境，也没有成为过去："这类不愿意打破自己原则、不愿意背弃自己信仰的理想目标的温和人士，其对双方爱憎交加的困境，成为第二次世界大战以来政治生活的一个常见特征。"[1]

当然，尊敬、倾听，甚至认同，也并不就意味我们原先对莱奋生（《毁灭》）、对保尔·柯察金（《钢铁是怎样炼成的》）的敬意必须全部丢弃；他们之间在心灵深处有某种共同之处。

2002·秋天的别列捷尔金诺

1956年我中学毕业，第一次离开南方的县城来到北方。人情世故的差异需要慢慢体会，而大自然的鲜明对比则能够容易见到：望不到尽头的大平原；高大挺直，叶片在微风中会亲切交谈的杨树；冬日傍晚，落尽叶子的树木枝桠在天幕留下的清晰线条……但我不知道如何描述这些情景。因此，便为在《日瓦戈医生》中读到的段落而倍感亲切：

> 冬日的傍晚是那样静谧，泛着浅灰和深玫瑰色。夕阳下的白桦树那黑黑的树枝显得异常清晰，异常精致，就像雕刻的文字。暗黑的小溪上结着一层烟色的薄冰，水在冰层下流过……就是这样一个灰晶色的柔软如绒的寒冷黄昏，过一两个钟头就要降临在尤梁津的带雕像的房子对面了。

---

[1] 以赛亚·伯林：《俄国思想家》第354页。

2002年9月,有过一次盼望已久,却时间短暂的俄罗斯旅行。[1]一天上午,我们来到莫斯科郊外的别列捷尔金诺;这是莫斯科著名的作家村。走进帕斯捷尔纳克故居的栅栏,通向房子的甬道有高大的树木,叶子已经厚厚落满一地,金黄的,盖满所有的泥土,还没有被反复踩踏。庭院的深处则是密密的暗绿的云杉。这些阔叶树我不大知道它们的名字,桦树是知道的,可能还有槭树和橡树?这个景象,好像也写在他的小说中:"秋天早已在针叶林和阔叶林之间划出了一条鲜明的界限。针叶林像一道晦暗得发黑的墙竖在树林深处,而阔叶林却像火红的葡萄酒似的在树林中央闪烁着点点红光……"

同行的一位朋友感慨道:也只有这样的环境,才可能有这样的作家!对这个感慨我在心里加以延伸:也才可能有这样的诗句:

> 我们要消融在九月的秋声里!
> 要在秋天的飒飒声里沉醉!
> 或者沉默不语,或者如呆如痴

故居二层有着一排敞亮窗户的书房兼客厅墙上,挂着1958年获得诺贝尔文学奖时,几个朋友在这个客厅里举杯庆贺的大幅照片;这应该是他刚接到获奖消息,而苏联当局还没有做出严厉反应的那个间隙。隔壁房间有一架显得老旧的钢琴,说是钢琴家里赫特常在这里弹奏。导游(毕业于莫斯科大学,当时是莫斯科法律大学在读博士的年轻女性)带我们到不远处的墓园,寻找帕斯捷尔纳克安眠之地,却怎么也没有找到。

---

[1] 同行者都是从事中国现当代文学的教师、学者,有赵园、孙玉石夫妇、吴福辉夫妇、吴晓东夫妇、刘勇、栾梅健等。

一部小说的延伸阅读

过去,我读一些俄国作家的作品,常感觉他们对大自然有一种我不熟悉的态度;这种态度在中国现代作家的书里,较难见到。《日瓦戈医生》写到日瓦戈去世,写到拉拉对他的哀悼,那个情景开始我也不大能了解。她在心里说,她和日瓦戈的相爱,"是因为周围的一切,那脚下的大地、头上的青天、天空的白云和地下的树木,都希望他们相爱;他们周围的一切,不论是陌生的路人,还是漫步时展现在眼前的远方田野以及他们居住和会面的房间,都为他们相爱而欣喜,甚至还超过他们自己"。

上世纪60年代,读屠格涅夫的《猎人笔记》[1],读其中的《叶尔莫莱和磨坊主妇》《白净草原》《孤狼》《死》《树林和草原》……也常试图了解其中写到的人与自然的那种关系。印象很深的是《死》这一篇。作者讲述他在俄国乡村见到的几次死亡,不断重复着"俄罗

丰子恺译,该书原由文化生活出版社刊行,经译者修订后由人民文学出版社1955年出版。购于1962年8月。最后一篇《树木和草原》中写道:"冬天,你……呼吸严寒刺骨的空气,柔软的雪的耀目而细碎的闪光,使得你的眼睛不由自主地眯缝来,你欣赏着红色树林上面的青天!……"一些南方来的人之所以愿意留在北方,柔软的雪和严寒的空气应该是理由之一。

---

[1] 丰子恺先生1950年代的译文,人民文学出版社1955年版。

斯人死得真奇怪"的感叹。面临死亡，这些和俄罗斯大地不再能够分割的劳动者的表现，既不能说是漠然，也不能说是迟钝。他们不叹息，也不悲恸，有条不紊，"冷静而简单"。托尔斯泰在《三死》中，写到三种"生物"的死亡[1]。相比起贵妇人可怜可厌的死，农人就平静安详，而最美丽、诚实的，是那棵树的死。托尔斯泰也许透露了某种潜在的恐惧，但他和屠格涅夫的描述、理解是相近的：美丽的死是不撒谎，不做作，也不惧怕。

俄罗斯的平原、高山、森林、河流广袤而且神秘。让我很感遗憾的是，我只在文学作品、图画、电影里见过伏尔加河、高加索、乌拉尔山脉、西伯利亚森林、贝加尔湖……俄罗斯作家和他们创造的人物的生活和性格，与大自然一样也有许多神秘的东西。这种神秘，是大自然赋予的。大自然对他们来说，不是外在的被征服、待欣赏的对象，他们就"属于这个美景"，是其中的一个部分。他们的生命融合在里面，由此形成有关生活、爱情、死亡、苦难、幸福的观念。日瓦戈去世的时候，没有什么仪式，身旁只有鲜花代为祭奠。

植物王国很容易被看作是死亡王国的近邻。在大地上的绿色植物中，在坟地上的树木间，在一排排花苗中就隐藏着生

---

[1]《三死》写于1858—1859年。托尔斯泰在一封信中这样说："我的计划是写贵妇、农民、树木这三个生物的死亡。那个贵妇是可怜和可厌的，因为她说了一辈子的谎，面对着死神的时候还在说谎。正如她所知道的，基督教替她解决不了生和死的问题……那个农民死得非常安详，正因为他不是基督教徒。他的宗教是另外一种宗教，虽然由于习惯的关系，他也奉行基督教的仪式；他的宗教，是他和它共同生活在一起的大自然。他自己砍伐过树木，播种过黑麦，他宰杀了山羊，他家里又生下了山羊，他家里有小孩子们诞生，也有老人们死亡，他非常明白这一种法则，他也象那位贵妇一样永远离不开这法则，于是他坦率地、随便地泰然面对着它……那一棵树木却死得安详，神圣而美丽。它美丽的原因，是因为它不说谎，不矫饰，没有恐惧，也没有怜悯。"

命转化的奥秘。这正是我们一直要解开的谜。玛利亚一开始没有认出从棺材中走出的耶稣,把他当作了园丁(她以为他是园丁……)。

对他们来说,生活不应全部由"变成政治的一些虚假的社会生活原则"来解释,生活有很多的面向,有许多我们所不了解的谜。

2010 年 1 月—3 月

思想、语言的化约与清理
——"我的阅读史"之《文艺战线两条路线斗争大事记》

《大事记》的编写

"文革"期间,尤其是 1966 年 6 月至 1968 年这几年,各地红卫兵、造反派、革命委员会等组织,出版了大量自印的小报、书刊,《文艺战线两条路线斗争大事记(1949—1966)》(以下简称《大事记》)是其中的一种。它编写、出版于 1967 年四五月间。《大事记》第一稿 1967 年 4 月刊登于《新北大》[1]《文学战报》[2] 的联合专刊上。在"听取了读者的意见、吸收了报刊上的新材料、恢复了原来由于篇幅所限而删节的内容,作了大量的补充和修改"(《大事记·编后记》)之后,1967 年 5 月底重新发表,并出版单行本。[3]《大事记》的记述始于中共七届二中全会召开的 1949 年 3 月,迄于毛泽东关于文学

---

[1] 北京大学校报原为《北京大学》,"文革"开始后改为《新北大》,并由毛泽东题写刊名。

[2]"中国作家协会革命造反团"成立于 1967 年 1 月,全面掌管中国作协的权力,创办了《文学战报》。

[3]"中国作协革命造反团"《文学战报》和"新北大公社"《文艺批判》于 1967 年 9 月出版的增刊本。

艺术几个批示公开发表的 1967 年 5 月。[1] 对这段时间,《大事记》将它划分为 1949—1952、1953—1955、1956—1957、1958—1959、1960—1962、1962·9—1965·9、1965·9— 等七个段落。编写者所依循的,是当时毛泽东、江青、姚文元等的论述,即将"建国十七年"的文艺界,描述为"围绕政权这个根本问题"所进行的两条路线的"惊心动魄的阶级斗争"。正确路线一边,是"在战无不胜的毛泽东思想的直接领导下,以江青同志为代表的文艺界无产阶级革命派";在《大事记》中,列入这一派别的人物除江青外,还有陈伯达、康生、戚本禹、姚文元等。另一边的反动路线,则是"在党内最大的走资本主义道路当权派刘少奇的全力支持下和直接指使下"的"旧中宣部、旧文化部、旧北京市委的一小撮反革命修正主义分子",他们有彭真、陆定一、周扬、林默涵、齐燕铭、夏衍、田汉、邵荃麟等。对这些人物所做的路线分配,很大程度上重点已经从问他是什么,转到他是谁上面。因此,设若过一段时间修订《大事记》,如 1973 年以后,林彪、陈伯达等将会从"革命阵营"那里被驱赶出来而进入"反动路线"的行列。

《大事记》采用的是传统编年体的历史叙述体式,在当时产生过一定影响。在 1967 到 1969 年间,它被各地的"造反派"组织不断翻印[2];在它出现之后,类似性质的文艺方面的"大事记"也纷纷出现,如《戏剧战线两条路线斗争大事记》《电影战线两条路线斗争大

---

[1] 这几个批示是《看了〈逼上梁山〉以后写给延安平剧院的信》《应当重视电影〈武训传〉的讨论》《关于红楼梦研究问题的信》《关于文学艺术的两个批示》等。它们于 1967 年 5 月 28 日发表于《人民日报》。

[2] 仅我看到的,就有河北大学井冈山兵团独立大队 1967 年 5 月翻印本,上海市报刊发行处"大批判资料选编"1967 年 5 月翻印本,东北局机关红色革命造反团《长缨报》编辑部 1967 年 5 月翻印本,解放军海政红联总红色新闻战士革命造反队 1967 年 7 月翻印本,重庆西南师范学院春雷造反兵团《横空出世》编辑部 1968 年春的翻印本等。

事记》《音乐战线两条路线斗争大事记》《美术战线两条路线斗争大事记》《中国30年代文艺战线上两条路线斗争大事记》《电影戏剧四十年两条路线斗争记实》等。

《大事记》编者署名"中国作家协会革命造反团、新北大公社文艺批判战斗团",实际的编写者是当时任教于北大中文系的几位教师,有严家炎、谢冕、刘烜,还有我等六七个人;他们在学校主要从事文学理论、现代文学史和写作的教学。事情的起因现在已不容易弄得很清楚。2007年曾问过原在北大,后任职深圳大学的胡经之先生(当年他在聂元梓担任主任的北大"校文革"的文化批判组工作)。他说"校文革"认为批判资产阶级反动路线应该走出校门,与社会结合,而中国作协造反团也正好来北大商议合作。1967年初春,我们几个人便带着铺盖和日常生活用品,住进北京灯市西口黄图岗胡同13号的中国作协宿舍。[1] 去的时候天气还有点凉(好像还烧过几天取暖的炉子),离开的时候已经穿着短袖衬衫了。13号是一个很大的院子,两进,住着十几户人家。前院比较小,主院有三间北房,还有东西厢房各几间。除此之外还有东跨院,种着枣树等树木;当时的中国作协图书资料室,就在东跨院。主院北房的一个大屋子是我们几个人的住处。当时住在院里的好像有冯牧,有葛洛,东跨院后面是诗人陈敬容的居所(在此之前,郭小川、李季、王亚凡等也曾在这里住过)。因为冯牧等几位文学界名人当时已经成为"走资派"或"反动权威",正受到批判,而我们却是"革命派",分属两个营垒,所以没敢(或不愿)登门拜访。

---

[1] 灯市西口的这个大院子,原来是黄图岗胡同6号。"文革"开始"破四旧"时,王府大街改为人民大街,这个院子被重新编为"人民大街九条13号";"文革"后,"13"这一编号延续了下来。院子和附近的房屋在上世纪90年代被拆除。

思想、语言的化约与清理

住进黄图岗，才知道要我们做的，是编写1949年以来文艺界的"两条路线斗争"大事记。说是和作协造反团合作，其实他们并没有派人参加。严家炎、谢冕先生应该和作协造反团有许多商议、联络，但我并不知情，印象里只有杨子敏、杨志一、尹一之等先生有时候来我们的住处看望，或送来各种图书资料。除了整套的《文艺报》《人民文学》《诗刊》等刊物合订本之外，我们最感兴趣的是从作协档案室里取出的一些内部资料。现在能够确切记住的有：为批判王实味、丁玲、艾青、罗烽，中国作协党组1957年8月7日翻印的统一出版社1942年出版的小册子《关于"野百合花"及其他——延安新文字狱真象》[1]；1957年9月中国作协编印的《对丁陈反党集团的批判——中国作家协会党组扩大会议上的部分发言》；中国作协1961年8月《关于当前文学艺术工作的意见（修正草案）》，也就是所谓"文艺十条"；1962年8月"大连会议"的全部发言记录；冯雪峰的《有关1957年周扬为"国防文学"翻案和〈鲁迅全集〉中一条注释的材料》（1966年8月8日）；中宣部文艺处和出版处"文革"初期批判林默涵之后，林默涵1966年7月15日写的检讨材料《我的罪行》；造反派收缴、查抄的几位作协领导人（邵荃麟、严文井、张光年等）的笔记本[2]；

---

[1] 作协党组1957年内部翻印这个小册子时，在前面加了这样的按语："《关于"野百合花"及其他》这本小册子是1942年统一出版社编印的。统一出版社是国民党特务机关的一个出版机构。这个小册子得自胡风的家中，扉页上书有'陈守梅'（按即阿垅）字样。现将这本小册子翻印出来，供大家参考。中国作家协会党组 1957年8月7日。"《关于"野百合花"及其他》除"序"外，共有三个部分：一、一片苦闷的呼声；二、一个新型文字狱；三、一种客观的分析。

[2] 从他们的笔记本中，我们曾整理毛泽东的一些谈话（包括听传达，和毛泽东与他们的直接谈话）内容。1950年代曾发生有关五四文学的社会主义性质问题的争论，这次才明白这个观点的来源。在他们的笔记中，看到毛泽东1953年对全国文代会的指示，称"从有共产党就开始了社会主义现实主义，其中最杰出的代表是鲁迅"。在这些谈话中，最重要的是1957年2月16日上午11时至下午3时30分在中南海颐年堂接见文艺界领导人的谈话。

邵荃麟 1966 年 8 月 19 日写的《关于为 30 年代王明文艺路线翻案的材料》；张光年 1966 年 12 月 9 日提交的交代材料《我和周扬的关系》；中国作协革命造反团 1967 年 4 月 8 日编印的《周扬反革命修正主义集团篡改和反对毛主席〈在延安文艺座谈会上的讲话〉材料选编》；中国作家协会联合斗批筹备小组 1967 年 6 月编印的《反革命修正主义分子邵荃麟三反罪行材料》《反革命修正主义分子刘白羽三反罪行材料》；等等。

《大事记》编写的方法、体例如何商量、确定，现在已经没有印象，但观点什么的却不会是个问题，依据的自然是当年的主流论述。毛泽东 1964、1965 年对文艺问题的两个批示；中共中央 1966 年 5 月 16 日的《通知》，林彪委托江青召开的"部队文艺工作座谈会"的纪要，江青 1966 年底到 1967 年春有关文艺问题的讲话，署名姚文元的几篇文章（《评"海瑞罢官"》《评"三家村"》《评反革命两面派周扬》）：这些构成《大事记》观点和措辞的确定依据。想起来，我们当时做的事情，只不过是查阅、搜集资料，补充、细化这些确定的论述而已。当时分给我做的，是 1949—1952 年的部分。回想当年的情景，我们对编写这份材料的"正当性"，投入的热情，应该是没有疑问的。在公开谈论的场合，也没有发现有对"部队文艺座谈会纪要"，对姚文元文章观点表示异议的情况发生，肯定都认同对历史所做的这种"两条路线斗争"的描述。

当然，我和其他老师意识到，事情也不是那么简单，也可能另一时间存在不同阐释，所以我们才会商议，分头将作协提供的部分内部材料，用复写纸抄录每人一份保存。对于被宣布为黑线人物的周扬、邵荃麟等，我们也批判，但也没有表现什么憎恶；"文革"开始以来，周围朋友、同事、领导突然成为"敌人"的现象已经多有见识，逐渐意识到仅仅是名目、头衔的更换，不足以完全改变对一个人的看法。

另外给我印象很深的是，在邵荃麟、张光年的检讨、交代材料中，我多少看到他们在逆境中可能保持的自尊，对维护人格尊严的勉力坚持。他们也批判自己，但更多是谈论事实本身；既没有竭力将责任推给他人，也没有将难堪的骂名加在自己头上期望讨得宽恕。二十多年后的1990年代，我读到李辉先生对张光年等的访谈文章，看到在时势、身份发生重大改变的情况下，他对当年的事情的讲述并没有多大变化，仍保持着他认可的那种连贯性。这种品格，真的让人感动。

另外的大批判写作

"文革"前夕和期间，我参加的大批判写作自然不止这一项。1964年报刊批判电影《早春二月》（谢铁骊导演，孙道临、谢芳主演）的时候，我写过两篇批判文章。一篇登在北大的内部刊物《红湖》（1964年第6期，11月7日出版）上，题目是《关于陶岚》；在一次全系学生大会上还念过。念的时候，可能有些语调不大像是严正批判的样子，引起学生几次笑声。署名"子晓"的另一篇（《〈早春二月〉给知识分子指出的是什么道路？》），是和中文系一位教现代文学的老师合作的，登在北京市委宣传部办的刊物《前线》1964年第19期。这两篇文章，指责影片宣扬了"以自我为中心的个人主义""个人享乐主义"，指责它宣扬资产阶级人道主义，主张阶级调和，是在"将知识青年引导向不革命甚至反革命的道路上去"。其实，在1960年代，《早春二月》是我喜欢的影片之一（另外还有被作为批判对象放映的丘赫莱依的《士兵之歌》和塔可夫斯基的《伊凡的童年》，都是当时苏联的影片），却参加到对它的批判之中，好像也没有人要我这样做。这里的矛盾，透露出的"人格分裂"的情况，在我这里至今没有得到分析。

1964年夏天，《文艺报》（8、9期合刊）发表了文章《"写中间当年许多地方翻印的《文艺战线上两条路线斗争大事记》的一种，海军政治部的造反派组织翻印。

人物"是资产阶级的文艺主张》和关于"写中间人物"论的材料，开始批判邵荃麟。在中国作协编写的材料中，涉及到严家炎先生。中文系为了配合这一批判，让我从邵荃麟讲话和严先生评《创业史》的几篇文章中，摘出与"写中间人物"有关的论述。我的摘录誊写在红格子的稿子上，共有五六页。交系里之后，想必是印发给师生作为批判的材料。

1974年春天，开始了对意大利左翼导演米开朗基罗·安东尼奥尼的纪录影片《中国》的批判。这部电影，是安东尼奥尼1972年来中国访问之后拍摄的。《人民日报》发表评论员文章，题目是《恶毒的用心，卑劣的手法》，当年给它定调为"反华影片"。[1]《北京日报》到中文系约稿，系里便要我组织几位学生撰写批判文章。我们到城里的电影院看了这部"内部电影"，回来后也讨论过，并分头执笔。

---

[1]《从安东尼奥尼其人看反华影片〈中国〉》，《光明日报》1974年3月23日。

思想、语言的化约与清理

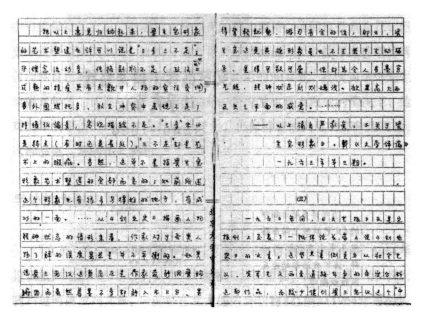

大概是"文革"前夕的1965年,受中文系领导之托,编辑邵荃麟、严家炎有关"写中间人物"的材料,供师生讨论、批判之用。这是当年摘录他们言论的手稿。

学生的文章质量不高,我则根本就没有写出来。一方面,觉得已经讲不出比已发表的文章更多的话,另一方面,是对这部作品的"电影语言"完全陌生。从1950年代开始,我已经习惯了记录片那种为着"确定主题"而选择人物、布置场景的操控模式,因此在看《中国》的时候,感到无法把握的困惑。今年(2009)夏天我重看《中国》,还是没有弄明白这位在《放大》等影片中创造"一个失落了拯救之可能的世界"(戴锦华《镜与世俗神话》)的艺术家,在1972年的中国看到的,究竟是人类未来的影像,还是也感到深深的失望?[1]

---

〔1〕在21世纪过了几年之后,这部影片重临北京。人们使用了"平反"这一中国式的字眼来谈论它的出现。当然不会有许多人再说它"恶毒""卑劣""反华"了,(接下页)

· 171 ·

下面这次倒不是什么"大批判"。也是1974年春天，当时的文化部写作组（发表文章时用的名字是"初澜"或"江天"）到北大中文系，希望组织师生撰写评论浩然长篇《艳阳天》的文章。我当时并不知道为什么要高度评价这部小说。1990年代写当代文学史的时候，推测是"激进派"虽然创造了"样板戏"，在文学（小说、诗歌）"样板"的创造上却一事无成，便将目光转向已经产生影响的作品（他们不大明白，戏曲可以产生"样板"，"小说样板"却几乎不可能——犹如旷新年二十多年后说的[1]）。评《艳阳天》这件事系里交给1973级的工农兵学员去做，而我和林志浩先生正好在这个班任教。一个月的时间里，我们和学生读作品，读资料，分组讨论了许多次，然后规定师生每人各交一份作业。林志浩和我算是老乡（他是广东普宁人，我是揭阳，同属潮汕地区），年长我十余岁，也是北大毕业。原是人民大学教师，"文革"中一段时间，人大语文系和新闻系合并到北大。在五六十年代他已经发表了不少论著，而我这个时候对文学研究、文学批评写作还没有入门。因此，所有作业最后便集中到他那里。他统完稿（其实就是他自己的写作）后，让我将稿子送到东城区一个胡同里的文化部写作组。过了些天，《人民日报》在刊出署名"初澜"的文章[2]之后，我遇到林志浩，他兴奋地说："我对了对，我们的文字还留有三分之一！"我却没有他的高兴，那可能是对《艳阳天》不是很喜欢，更重要的是在这个过程中，我的阅读、写作能力受到很大打

（续上页）但感受还是有很大的差异。有的说在里面看到一个"真实的"中国，看到那个时代的单纯、诚实、互相尊重，对生活充满希望和爱意。有的则看到赛义德论述的"东方主义"的那种猎奇、歪曲的想象和眼光。

〔1〕参见旷新年《写在当代文学边上》第130页，上海教育出版社2005年版。

〔2〕初澜：《在矛盾冲突中塑造无产阶级英雄典型——评长篇小说〈艳阳天〉》，《人民日报》1974年5月5日。

击,这种挫败感持续了很长一段时间。

怎样回到"过去"

对于这些事情,尤其是《大事记》的编写,在"文革"结束、时过境迁之后,有一个问题是,我们将会如何对待,如果讲述那段历史,会采取什么样的态度?

印象之中,我们后来对这段经历很少再提起。1990年代末到这个世纪初,严家炎、谢冕和我相继退休。在陈平原的主持下,北大二十世纪中国文化研究中心为几位退休的教授(乐黛云、严家炎、谢冕、孙玉石、钱理群和我等)编辑、印行了内部流通的"学术叙录"。学术叙录中的一项,是自己撰写(或学生编写后认可)的"教学与科研活动记事"(或"学术记事")。对"文革"这一段的记述,分别是:

严家炎:1966年"文革"爆发中止教学和科研活动。1970年至1976年因招收工农兵学员,曾先后与其他老师合作为学员开设"各体文章讲读""鲁迅小说选讲""鲁迅散文杂文选讲""文学理论专题""中外短篇小说选读"等课程。[1]

谢冕:1968年 在江西鲤鱼洲"五七干校"劳动。劳动之余,偶有诗作。所作《扁担谣》有"星满天,月如镰,村头流水过浅滩"之句。1972年 北大中文系1972级学生入学。本届学生分设文学创作和文学理论批评两个班。谢曾带领学

---

[1]《严家炎教授学术叙录》第74—75页,北京大学二十世纪中国文化研究中心2002年。

生在京西斋堂乡洪水峪和燕家台深入生活，开展学习和写作
训练。在此期间，谢还指导部分学生创作长诗《理想之歌》。
1976 年 带领北大中文系 1974 级学生在人民日报文艺部实习，
亲历了丙辰清明的"天安门事件"。[1]

洪子诚：1966 年 6 月，"文革"开始，回校参加运动。写
大字报，参加"战斗队"，批判自己，也批判别人（印象较深
的是贴大字报批判严家炎先生有关小说《创业史》的观点）。
1969 年 9 月，到江西南昌县鄱阳湖边的鲤鱼洲北大"五七干
校"劳动。先后担任七连（中文系、校医院、图书馆系合编）
的"打柴班"（供应伙房燃料）、"大田班"（种植水稻）的班
长。属中文系一等劳力。开过手扶拖拉机；两次开进水渠里，
一次从鄱阳湖大坝翻下。因未能挺身抢救拖拉机，在场部作
过检讨，受到通报批评。1971 年夏秋"干校"撤销时，在南
昌火车站当搬运工，负责干校物资、收获稻谷的火车装运。10
月回到北京，到第二年夏天，在学校后勤劳动：从江西运回的
稻谷脱粒，在西城区清运挖防空洞的渣土，担任学校冬季供暖
的锅炉工，在图书馆工地当小工。1972 年夏，回中文系参加
教学工作。1974 年春夏，受中文系派遣，到北京市东城区文
化馆协助群众文化工作半年，住在西总布胡同的文化馆内，据
说那里曾是李鸿章的家庙。随后，与中文系 72 届、73 届学
生到京西门头沟煤矿、东方红炼油厂（现燕山石化总厂）劳

---

[1]《谢冕教授学术叙录》第 131 页，北京大学二十世纪中国文化研究中心 2003 年。
另外，在谢冕的《文学是一种信仰》一文中，也有关于"文革"期间经历的记述："此后，
便是被迫的、无可逃脱的长达十年的苦难经历。大学教师的生活刚刚开始，我便不甘心地
停止了诗和文学的思考，以及一切的学术活动。……"

思想、语言的化约与清理

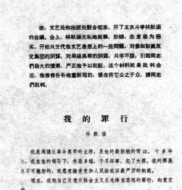

1997年初,在灯市西口的黄图岗,看到当年中国作协革命造反兵团提供的许多内部材料。这是其中的一种。

动、"开门办学"各半年。1976年唐山大地震之后,与73届到唐山灾区"开门办学",在开滦煤矿劳动,采写抗灾英雄事迹。在唐山时遇毛泽东去世。回校后被告知"文革"结束。[1]

我们都没有提到这段经历。推测原因,就严、谢两位先生而言,应该是认为这不属于科研、教学活动之列,是无足轻重、不值一提的事情。他们倒不是想掩盖,证据之一是:"文革"初他们曾流露对林彪、江青某些言行的不满,在1968年工军宣队进校后被作为"反动小集团"批判;"文革"后这类事情的性质由"反动"变更、颠倒为"光荣",也不见他们提起。

---

[1]《洪子诚教授学术叙录》第109—110页,北京大学二十世纪中国文化研究中心2005年。这个说法有误,宣告"文革"结束应该是稍后的事情。

对于我来说，也有一种与"学术"无关的想法。但事情又要复杂一些。1977—1978年我参加编写《当代文学概观》，当时没有任何当代文学年表、大事记的书籍[1]，我用的还是这份《大事记》；在再一次翻阅《文艺报》等报刊的时候，在它的上面陆续补充许多材料。但编写《大事记》这件事，毕竟觉得是"污点"，是一件不光彩的事，所以很少对人提起，自己也尽量想从记忆中抹去。在"文革"期间，特别最初的那几年，以我的观察，周围的人绝大多数都是想积极投身这场"革命"的。我也不例外。但在这段历史被作为"噩梦""浩劫"否定之后，大多又愿意强化历史的"断裂"，好能够"减去十岁"[2]，将它忘却。正是这种"遗忘"机制的作用，当1990年代后期一些研究者"发现"许多"新时期"的活跃作家，也是"文革"期间的活跃作家这一事实的时候，才会在许多人那里引发惊讶的反应。

前些年，钱永祥、钱理群先生对"文革"记忆的"真实性"问题有过讨论。台湾学者钱永祥说"文革""当事人"的反思、回顾文章，"多半以描述和谴责'文革'为主要着力点"，"当事人如何陈述自己当时的想法、信念的时候，却很不容易找到当事人自己的声音"。这种情况，钱理群归结为几个因素在起作用，如"文革"叙述已经形成的"集体模式"的遮蔽，如影响着"当事人"的"利益驱动"，以及回忆者当前的"问题意识"等[3]。我想，这里说的"利益驱动"，不仅涉及当事人当年的处境，而且更与他当前的现实位置相关，即通过这种回叙要塑造何种自我形象。除此之外，制约这种叙述的还有常被

---

〔1〕较早出版的一种，是仲呈祥参加朱寨主持的《中国当代文学思潮史》工作时编的《新中国文学纪事和重要著作年表1949—1966》，四川社会科学院出版社1984年版。

〔2〕谌容小说《减去十岁》，刊于《人民文学》1986年第2期。

〔3〕参见钱理群《追寻生命之根——我的退思录》第47—51页"关于'文革'记忆与研究的通讯"，广西师范大学出版社2005年版。

人们忽略的情况,我将它称为由"自我暗示"引发的删削与改写。在当事人接受了某种被界定的经验的情况下,他们会不自觉地将这种经验(情绪、观点)重塑、取代当时的情绪、观点。因此,在"彻底否定"那段历史的时候,会想象当年自己的反叛姿态;当那段历史被发现有着理想风采的另一时候,又会转而放大当年的幸福感。

这并不是推测。在时隔30年之后,重读《大事记》和我写的批判文章,重读"文革"后期的那些讲课笔记,难以相信这些文字出自我的手。设若这些资料不再留存,设若留存了而我不再去重读,对当年情景的想象将是另一种面貌,这是确定无疑的。这里不想去抽象谈论记忆的性质,也不想放到伦理的层面讨论。这种情况发生的部分原因,也跟我们所处的"时代"有关。就如一位小说家说的,"历史的加速前进深深改变了个体的存在","历史奔跑,逃离人类,导致生命的连续性与一致性四分五裂";因而,"过去的出现尽在不真实之中"。[1]

精神和语言的"简化"

现在,我当然不会再认同《大事记》的观点,认同那种对历史的描述方式;如果有人重读这份材料,相信也倾向于把它看作是错误时代中的一个"怪胎"。不过对我来说,《大事记》(也包括《评反革命两面派周扬》等)仍有它值得重视的"价值"。

从"认知自我"来说,它可能是了解思想、情感变迁的轨迹,了解生命分裂与连续关系的一个"症候性"文本;假如我还愿意了解自

---

[1] 米兰·昆德拉:《相遇》第35、44页。

己的话。从认识当代文学与当代史来说,作为当年主流论述的扩展、补充,可以从《大事记》中窥见当代激进政治、文艺理念的内部逻辑,具体形态,从中见识文学—政治的"一体化"目标在推动、实现过程中,存在着怎样的复杂、紧张的文化冲突,也多少了解这一激进的文化理念的历史依据,以及它在今天延伸、变异的可能性。

对一个历史时期的精神风貌,时代气氛,对占据主流位置的思维、表达方式特征的理解,也多少能从《大事记》中窥见一些光影。在一本书里,哲学家卡尔·洛维特曾对他的老师海德格尔,以及1930年代德国的时代氛围有这样的描述:

> 包尔(Hugo Ball),达达主义——也就是语言结构的崩坏的极端形式——的发明者,在他的《自时间逃脱》一书中写道:在某些时代有一些人他们关注的完全只是"概要和轮廓"而已,因为他们的世界已经涣散而失序了。……然而,如果时代的动荡严重到一定程度,像我们这一代所遭遇到的那样的话,那么人们只能自足于"最被化约,被清理过"的东西。海德格的精神世界也同样是这样经过化约与清理的:一切似乎不再符合时代与位置的东西都从中被清理了出去。

> 尼采在《查拉图斯特拉》里就说过,危险是人类真正的"志业"。海德格接着用近乎军人的严厉语调对学生提出要求:作为一名意欲求知者,他要"推进"到"最极端危险的岗位上",他要大步向前,要投入并置身其中……他说,一切的"本质"只对"勇气"却不对观看开显;而真理只会让人认识到某种程度,——端看人多大程度"勉强"自己去面对真理。……类似的话还有:敌人并非仅仅"在面前",而是此在必须为自己创

造出自己的敌人好让自己不至于迟钝。……

对德国人来说，最容易的就是在理念上激进，可是对一切事实层面的东西无所谓。他们有办法忽略一切个别特殊的事实，以便能更加坚决地拥抱整体的理念，并且把"事物"和"人"分开来看。[1]

摘引这些话，并不涉及（也没有这个能力涉及）评价海德格尔，也不是在两个不同国度的不同时代之间划上等号，而是借这一参照，来观察编写《大事记》那个时间的精神氛围。"文革"那个时候，确实也可以看作是思想、精神、语言、思维方式化约、简化的时代。在那个时间，精神的要求是将一切复杂、丰富的事物，极端性地变成一种"概要和轮廓"。那个时代的精神、语言简化呈现在两个方面。一是事物、情感、思想被最大程度清理过，事物都被区分为两极，一切"中间"的光影、色调、状态都没有存在的理由（对"写中间人物"的批判在这里带有一种象征意味），我批判《早春二月》持的就是这样的理据。精神、语言简化的另一方面是，一切的"本质只对勇气却不对观看开显"；事情本身的复杂、丰富全为着论述本质而被肢解、遮蔽。"简化"的运动，去除了一切与"时代"不符的观点，去除事物之间细微的差异，去除难以理清、剥离的思想、情感，去除感性的血肉，去除对人性某些弱点的宽容……而只留下教条式的，僵硬的观念、立场。并且，这种观念、立场，采用的是极端的，通常由感伤、

---

[1] 卡尔·洛维特：《一九三三——一个犹太哲学家的德国回忆》第49—50、60—61、97页，区立远译，台北，行人出版社2009年版。

滥情作为包装的暴力色彩的措辞方式。[1]在那个时候，人们在这种暴力式的语言活动中，获得一种述说"真理"的正义感和崇高感，也获得一种能够冒犯他人感受、展示自身拥有"威权"的那种权力满足。回想起来，在撰写批判文章和编写《大事记》的时候，这样的心理内容在我身上也明显存在着。自然，这种拥有"真理"和述说"真理"的感受和自我满足，也会随着时间流淌而逐渐褪色、分裂，感受和语词之间会更加貌合神离，"真理"出现溃散，语词便更多转化为一种表演。——这种现象，特别表现在"文革"后期的阶段。

简化自然不是只有负面的意义。在革命、战争、时代变革的年代，新生的、具有创造激情的力量，对纷纭复杂的事物便具有一种抽取"本质"的简化的能力；这种简化，曾经发挥以简驭繁的动员的巨大作用（因此，才会有类似"人人生而平等""自由、平等、博爱"；"资本来到世间，每个毛孔都流着血和肮脏的东西""无产阶级在这个革命中失去的只是锁链，他们获得的将是整个世界""谁是我们的朋友，谁是我们的敌人，这是革命的首要问题"……这样的语录出现）。但是，在一个遭遇困境的失败的时代，"失败"的征象假如不是表现为不再具有这种"简化"的能力的话，那就是表现为这种"简化"已经只对空洞的"本质"，而不对"事实"、对事实的"观看"开放，成为英雄姿态的口号，甚或沦为呓语，就如"狠斗私字一闪念""从国际歌到样板戏这一百年是空白""文化大革命就是好，就是好，就是好"等等那样。

需要补充说明的，是严家炎、谢冕先生和我在这方面的差别。由于他们原先的学识、智慧、情感的丰富积累，清理和化约对他们而

---

〔1〕作为一个时代的语言形态的表征，1967—1968年间各省市自治区成立革委会时的致敬信（致敬电），是一个时代极端空洞、滥情的典型文本。

言，作用可能只是表面的，一时的。我的情形不同在于，由于原有阅读、生活经历的单薄、贫乏，即使简化、清理的压力有所缓解，也没有太多的东西可以释放出来。由是，在1980年代以来的30年间，他们沉稳、镇定，而我则为着改善被统一价值熨平的心灵，处于持续焦灼的心态之中。

2009 年 11 月

关于《切·格瓦拉》的通信

2000年,也就是被称为"新世纪"拉开幕布的那一年,应该是秋天吧,严家炎先生打来电话,说有一个叫《切·格瓦拉》的话剧,很轰动,看过的人都很感动,内容是针对"全球化"时代中国严峻的现实问题的。他认为我们应该关心,并说他已经买好了票,请大家去看。我是以当代文学为职业的,研究现当代文学的,多多少少总是感染了一点"感时忧国"的情怀,再加上严先生的好意和热情,便欣然前往。

演出是在北京人艺的小剧场里。记得那个晚上同去的,还有孙玉石夫妇、钱理群夫妇十来个人。从1960年代过来的人,对卡斯特罗,对切·格瓦拉,自然并不陌生。古巴发生革命,美国入侵古巴,苏美的导弹危机……这些事情的发生,是我大学临近毕业和刚参加工作的那几年。我们都曾经热情地支持过发生在地球另一边的革命。"要古巴,不要美国佬""古巴必胜"是当年的口号。同在中文系教写作课的杨必胜先生,就因为名字"必胜",而被我们改称为"杨古巴"——这个称呼一直延续到"文革"结束之后。后来,格瓦拉真诚献身的,浪漫主义的传奇经历,我也知道一些。因此,可以说是满怀着期待走进这个小剧场的。

不过,演出开始不久,就发觉与预期并不相同,而且距离越来越大。一种烦躁开始出现，并逐渐转化为强烈的拒绝的情绪。这个剧其实并没有什么"剧情"，也不是讲述格瓦拉的事迹，格瓦拉不过是个"由头"，借他来连缀种种想要发表的观念、宣言、口号。使用的是"文革"宣传队的那种政治表达方式（夸张的"诗朗诵""对口词"等的表演形式），基本的语言、动作、姿势，其实没有多少创新。那种我所熟悉的二元对立的思维、语言方式，非此即彼的判断，"暴力"性质的语言和这种语言背后的"暴力"迷狂，勾引起那些原本以为忘却的记忆，并很容易就想起江青"文革"中在北大"大膳厅"舞台上那尖利、激昂的喊叫："革命的跟我们走，不革命的，走开！"我疑惑起来，这就是要重新召唤的"革命"？用这样的方式来解决严峻的现实问题？演出结束后，主持人（导演？）提议大家留下来座谈，交流。观众似乎也都响应而没有离座。可是我实在抑制不了那种反常的，近乎厌恶的情绪，冲动地走出剧场，一时也没有想起来应该和同来的先生有个交代。这样的反常的举动，在我这里并不经常发生。

之后，多次絮絮叨叨地和看过这个话剧的先生、学生谈过我的印象，总以为会获得响应、赞同。出乎意料的是，似乎没有什么人呼应我。钱理群先生也没有，他对这个问题表现了复杂的态度。我知道戴锦华对这个剧的反应跟我几乎处于两极，所以并没有在她面前提起。有的学生，朋友在听完我情绪化的意见之后，或者是默然不置可否，或者碍于我老师的身份，含蓄、委婉地做了一些解释。另外的反应则可能是：至于吗，不就是看一个话剧吗，还至于这样神经兮兮？这让我沮丧，也意识到应该是我自己出了问题，内心便有了惶恐的感觉。这种"惶恐"是我所熟悉的，自1950年代中后期以来就经常发生：在各种运动、各种潮流来临时，我总要花费很多精力、时间，"矫正"自己思想和情感上的障碍，才能勉强跟上"形势"，因此也就经常会有唯恐落伍，唯恐被隔离的那种"惶恐"。

之后的一天（11月16日），接到一个在北大中文系任教的学生的电邮，那是我参加了在广东肇庆的当代文学研究会年会回到北京的时候。"年会"应该开了十多届了吧，我参加的只有三次。感觉这是一次既乏味、也无聊的会议；"学术"的下面，好像隐藏着一些看不明白的权力争夺的矛盾，记得我和谢冕先生没等闭幕就离开了。这个学生的电邮很长，里面有些部分与这个小剧场剧并没有直接关系，却也不是绝对没有内在关联，比如其中关于研究、学术的"血肉感"的讲述。所以在摘引与"格瓦拉"有关部分之外，将其他内容附于这篇文章的后面。

……我突然想起您和戴（锦华）老师对格瓦拉的不同反应（当然不是从"读书奖"联想过来的，而是突然想跟您说这个我一直不敢说的"话题"）。我想你们之间大概有一些误解，这种误解是因为没有机会很好地沟通。其实从一开始，您和戴老师对小剧场剧的对比鲜明的反应就使我困惑，我后来觉得一定要亲自去看看。我看了，没有厌恶但也没有强烈的认同。我想那个剧是在面对"现实"说话，而它唤起您的却是"历史"记忆。大概所谓"革命"确实在经历着巨大的困境，没有方案，没有比那段还很切近的历史更好的方案。在网上看一些"读书奖"的争论文章，支持汪晖的，很多都采取"文革"语言，有一篇甚至连用18个"就是好，就是好"。但我想，这不能作为否定提出"革命"的理由，这"革命"之中有着一种愿望，这愿望不能不说是"高贵"。一个没有压迫的平等的世界，也许是迷人的，虽然没有到达的路径。我想您和戴老师其实是相通的，同样的真诚（这"真诚"是以强烈的情绪表现出来的）。作为学生，我所理解的"真诚"，是一种也许可以用"高贵"来形容的品质。不是无动于衷,不是以万念俱灰的形式表现出来的冷漠和犬儒,也不是丧失了思考所表现出来的盲从和无可无不可。情绪激烈,也许只有一个解释,那是因为这个小剧场剧触动了你们同样真切的信念。所不同的只是,你们有着不同的参照系。戴老师参照的是"现实",您参照的是"历史"。大概这也是"代际"的差别?戴老师之所以对格瓦拉表现出那样的热情,我想是因为她在经历了"向左转"之后,这是一次调动了她全部记忆和激情的迸发。她网罗了全部格瓦拉的资料,格瓦拉在她那里成了一个活生生的人。她说她曾经试图把格瓦拉和"革命"从历史中剥离出来,但事实上她做不到,她不能无视格瓦拉的历史处境和时代处境,她同样也无法忘记在她的童年记忆中血腥的"杀出一个红八月"。她所有的革命激情,到达这段历史时,总是遭遇到巨大的阻塞和困惑,她同样也不能为现在的"中国"开出一份革命方案。但是她为格瓦拉的人格所迷倒,在格瓦拉那里她看见的是一个光彩照人的革命者,一个有着无人企及的行动能力的思想者,一个为着神圣的使命终其一生的灿烂生命。

我不知道我的这种转述是否准确。在您和戴老师的不同反应之间,说实话,我曾经有很大的焦虑和困惑。这也是我不敢轻易向您说起这件事的原因。现在提起这件事情,也没有问过戴老师。只是因为想到,所以说了。我想做的事情,是希望自己真正带着血肉感来重新看待50—70年代这段历史。不是要为这段历史辩护,而是不带"先天"的厌恶和轻视,真切地"进入"这段历史。尽管我不知道能做到哪一步,尽管我在现在所阅读的材料中所读到的一切仍然觉得那是多么干巴巴的一堆材料中的"平面"的阐述。对这段历史的先天距离,使我感到的不是比较"公正"的理性审视的优势，而是感到自己也许难以到达那"巨大心理容量"的轻飘。所以我会感到焦虑。您在对话中用了"责任"这样的字眼，我想这是使您区别于其他现代、当代研究者的原因吧，一份"古典"的良知和热情，当然令我感动。虽然我不知道自己是不是因为年龄、阅历和思想的肤浅在曲解这种品质。

其实想起来觉得很惭愧和心虚，我居然在谈"责任"。日常生活的含混以更大的力量在无时无刻不磨蚀着短暂的热情、愿望。可是让我欣喜的是，我发现了它，我发现也许有我的"责任"，而且有真诚的前行者的探索在身边为我提供参照。所以我想，也许我不必心虚，在说这样的话的时候。我所不知道的只是我到底能做到哪一步。……

费这么大的力气写这样长的信，自然是出于让我从焦虑中解脱的好心，所以看过十分感激。到了 12 月 5 日，有关这个话题，又接到另一位朋友的来信。他的电邮其实是转发他的朋友的信，自己的话只有一句："这是因为另一位朋友的讨论引起的讨论，我把这位朋友的一次通信转发。"我想他转发这封信，当然也是好意地希望我在这个问题上的看法、情绪的偏差，能够因此扭转。转来的"朋友的朋友"的信里这样说（有删节）：

……对 80 年代的新启蒙，我当然可以理解。我认为，那是"文革"造反精神在新时期的变种和扭曲，还是造官僚主义的反，不过背后站的不再是毛泽东，而是国际资本。在反官僚这一点上，它是进步的；在投靠国际资本主义这一点，它又是反动的。还有，就是它那种精英主义的姿态和腔调，是蔑视民众的。当然，我在80年代也是自由主义者……洪子诚老师这样的人，我相信是正直、正派的。我曾听过他的课，83年，当时正反精神污染，《人民日报》发表了黄枬森批人道主义的文章，洪在课堂上只有一句评语：这个作者好像没有经历过"文革"。这种话，对我们这些青年学生有极大共鸣。现在看，人道主义哲学是该批，但黄是站在官文化的一边批，那是不能服人的，甚至可以说是反动的。……

但是，我认为，洪子诚的悲哀是停留在一种天真的自由主义立场上，原地踏步二十年，而不能上升到阶级论和解放论。左翼的失败当然首先是自身原因，内因是根据，外因是条件。关键在于一个政治集团垄断了全部资源，国家社会主义没有发展为人民社会主义。当然，中国历史三千年的政治传统（官僚统治）不可能在三十年内被根除，因为它的土壤太深厚了！歌德说，谬误就像水一样，真理的船头分开了水，可它们又在船尾合拢了。毛泽东就代表这样的真理。

民族主义当然是近代资本主义的产物。英国征服印度是民族主义，中国抵抗日本侵略也是民族主义（还有正义、非正义之分）。中国从洋务运动的"自强"到张之洞的保国、保教、保种，都包含民族主义。但是，因为中国的统治阶级太腐朽，所以，必须以民众起来代替他们行使国家的职能。所以，中国的民族主义在20世纪合乎逻辑地演变成了新民主主义和社会主义。另一方面，近代日本因为统治阶级比较强大，所以无需民众的力量，就可以完成民族主义的使命，所以没有发生社会革命。我认为，理想的情况是超越民族主义。但目前，这很难实现。所以，不得已求其次，如果中国能够强大，就会撑破资本主义的一片天，整个世界就会分化重组。从这个意义上看，中国必将对人类有较大贡献，这大概也是不以人的意志为转移的……

这位朋友的信中，还附有祝东力的《〈切·格瓦拉〉前言》。文章里有对《切·格瓦拉》这个剧作的评价，有对这个小剧场剧蕴涵的时代意义的分析，也谈到了我相当反感的"两极化"的人物、语言、立场，对它们的合理性做出论证。我在《中国当代文学史》中谈到，"文革文学"（包括"样板戏"）的典型文本形态的"两极结构"，反映了当年激进派的世界观。我以为这种看待世界的方法已经成为历史陈迹，这真的是大谬了。看来，循环反复，周而复始也是"历史的规律"。"前言"中的一些段落是：

> 冷战之后十年，《切·格瓦拉》问世。一个时代与孕育它的作品之间，总是保持着相互阐释的关系，一种内在的、深刻而又紧张的关系。2000年，史诗剧《切·格瓦拉》的登场掀开了时代帷幕的一角，为我们破解冷战后世界的本质，提供了一种年青的、尖锐的视角和立场。
>
> ……
>
> 20世纪的主题以1914年一次大战的硝烟炮火为标志而确立，其终结的时刻则是1989年柏林墙倒塌的瞬间。原社会主义阵营分崩瓦解，资本主义世界体系在东方曾经断裂的环节重新愈合。由于支撑力量的消失，三分天下的架构迅速趋向整合，复归于新罗马帝国单极独霸的格局。资本消灭了制衡它的力量，劳动者地位迅速沦落。在全球范围内，历史正退回到19世纪。
>
> 全球化是冷战后时代的主题。然而，"全球一体化"与"全

球分裂"不过是同一过程相反相成的两个侧面。也就是说，一方面是资本、商品和生产方式为追逐超额利润而进行的全球扩张，另一方面，在资本所到之处，是社会分化，贫富对立。东西方政治军事集团（华约和北约）之间的两极对峙局面消失以后，另一种"两极结构"，在全球范围的南北之间，在同一社会内部的贫富之间，以切近每个人日常生活的方式，更为深刻、更为触目惊心地展开了。

《切·格瓦拉》完全是冷战后的作品。引人瞩目的是，冷战后的上述"两极结构"以戏剧化的形式生动地投射在这部史诗剧的舞台上，这就是善恶分明、正邪对立的两极化了的人物、对白和立场。随着史诗剧的公演，在互联网和传统媒体的众多剧评中，在演出后剧组与观众的每场交流中，《切·格瓦拉》的人物、对白和立场上的二元对立结构，常常受到质疑……然而实际上，这一两极结构，不但在广阔的南北之间、在现实的贫富之间，每时每刻无处不在地得到印证，而且，就是本书收录的那些针锋相对的评论和观点本身，客观上也为之提供了绝好的注解。戏剧结构本来就来源于社会生活的结构。

……对个人自由、价值和尊严的寻求，如果仅从知识分子阶层的视野和立场出发，则将合乎逻辑地退缩为漠视民众存在和利益的精英主义。在具有广大人口的欠发达的东方国家，尤其如此。更进一步，这种自由主义理念在"市场经济"的条件下，特别是在欠发达国家，将演变为主张弱肉强食的"经济自由主义"，演变为以资本操纵权力的"政治自由主义"。最后，则将以大资本对政治、经济和文化资源的全面垄断而告终。

其实，一个自由主义者，如果他的思想足够真诚和彻底，那么就会不懈地寻求那应当属于每一个人的自由、价值和尊严。更进一步,就不得不在老板的自由与打工仔的自由之间,在跨国资本追逐超额利润的自由与欠发达国家及其人民谋求生存和发展的自由之间,做出判断和抉择。这意味着,一个真正彻底的自由主义者,最终将完成其精神的蜕变,进而以阶级的、解放的立场和方法重新观察世界、历史和人类自身。Liberalism,为什么就不能升华为解放主义呢?

因此,自由主义,说到底不过是一种中间的、暂时的立场,一种悬浮的状态。一旦降身到具体的社会历史环境,就必然要在纷纭错综的各种倾向的观点和路线当中,一句话,在彼此对立的集团利益当中,做出各自的选择。尤其是在社会矛盾尖锐激化的时代,它将不可避免地被超越——不是从左的方面,就是从右的方面。值得注意的是,《切·格瓦拉》的主创人员曾经绝非浅泛地沉浮于上述80年代的自由主义浪潮中,摸索、寻找、探求着他们的真理之道。可以说,恰恰由于是从彻底的自由主义理念出发,他们才最终完成了各自的思想转折,最终超越了自由主义传统,先后从80年代出走,在20世纪的最后十年站到了被压迫民族和人民的立场上,并在2000年的戏剧活动中,聚集在切·格瓦拉的红黑肖像之下。

这里面自然有着许多切中肯綮的论断。但意识到自己其实没有能力,也没有条件来在理论、实践上处理这些问题;更为强烈的意愿是,并不认为应该接受这种"两极化"的"创造世界的方法",也不想在这样的两极世界之中左右站队,进行选择。这样的时刻对我来说已经成为过去,我从心底里拒绝这种"回归"。因此,便有意无意采取了在它面前转过身去的回避态度。

时间很快就过去了近十年。在 2009 年初看到这些陈年旧事留下的点滴痕迹的时候,发觉当初的激动、焦躁不安也已经成为过去。虽然在中国大陆,这些问题不仅仍存在,而且也还在不断铺陈、推进、变化。自己的这种"冷却",可能是更值得忧虑的。由此想到这样的一句话:一个人所属的"阶层"所给予的"视野和立场",有时候几乎是命定的,难以更改的。

2009 年 3—4 月,在台湾彰化时追记

"组织部"里的当代文学问题
——"我的阅读史"之《组织部新来的青年人》

题 解

这个当代短篇是中国当代文学界耳熟能详的作品,即《组织部新来的青年人》(下简称《组织部》),刊于1956年9月号《人民文学》(北京)。另有《组织部来了个年轻人》的篇名。前面的篇名为秦兆阳所改,后面则是作者王蒙原来用的名字,王蒙先生坚持用原名。不过也有许多人不听他的,所以有不少当代文学史还是不肯用"来了个年轻人"。

这里所说的对这个短篇的阅读,主要是当代一些批评家、研究者,也包括本文的作者。时间始于小说发表的当年到20世纪末。这个短篇有大量的批评、解读材料,这里搜集的只是其中的多少能够显示"当代文学问题"的那些部分。

文学史位置

据说,一个作品在一个世代(三四十年)仍能被读者、批评家记住、谈论,说明已经"存活"下来。《组织部》没有遭遇当代众多作品迅速"夭折",而能"存活"的命运,既因艺术水准在当年一般创作的水平线上，也缘于联系着当代变化多端的文学潮流。它的价值，在几十年翻腾起伏的时势中变化多端。发表当时，既被誉为"写真实"（1957，刘绍棠、从维熙）、"凝视生活、探索生活、忠实地描写生活并且勇敢地干预生活"（1957，唐挚）的可喜之作，也被看作是"可喜""同时是有严重缺点的作品"（1957，李长之），"一篇充满矛盾的小说"（1957，康濯）。几个月后，在清理"修正主义文学逆流"时，又作为"毒草"而被举例（1957，李希凡、姚文元）；后面这个判决，一直维持到1970年代末。"文革"后"拨乱反正"，"毒草"遂变成了"重放的鲜花"（1979，上海文艺出版社），成了体现"文学和作家的骄傲"（1997，谢冕）的标志，并被归入1950年代的"青春写作"的叙事类型（2004，孟繁华，程光炜）。

1990年代以来，多种当代文学史将之列入"非主流文学""异端文学"等名目的系列，与当代"规范性文学"构成对比，位置的"分配"体现了价值的判定。进一步也从20世纪文学中寻找人物、主题、叙事类型的连贯、变异的线索。与"从阿Q到福贵"（默涵）、"从阿Q到梁生宝"（姚文元）相类，陆萍与林震，《组织部》与《在医院中》也建立起了联结。联结的依据并不相同，其差异与批评家之间的不同理解，也与时代症候更易有关。1980年代初"新启蒙"时期，《在医院中》被理解为在同"严重的小生产者思想习气作斗争"上是《组织部》的"先驱"，"陆萍，正是40年代医院里新来的青年人"，陆萍与周围环境的矛盾，"乃是和高度的革命责任感相联系着的现代科学文化要求，与小生产者的蒙昧无知、偏狭保守、自私苟安等思想习气所形成的尖锐对立"（1980，严家炎）。在"启蒙"被反思、革命被"告别"的1990年代，它们或者定性为"成长小说"："一个自以为'健康'的人物，力图治疗'病态'的环境，却终于被环境所治愈的故事"（1997，黄子平），或者是对革命的"外来者""疏离者"命运的叙述

(1998,洪子诚)。近年还有将它与"新写实"的《单位》(刘震云)联系起来(2005,旷新年),或将它与《围墙》(陆文夫)、《单位》挂钩,对比两个"小林",或两个小林、一个小马(马而立)等年轻人在革命与"后革命"时代的不同的自我意识、身份认同和境况遭遇,来讨论中国社会"从'革命'到'后革命'的时代转型"中发生的"革命叙事转换、扬弃和消解的轨迹"(2008,郭冰茹),在对比中指出文学明显消解了"知识分子对于现实批判和怀疑的力量",缓解了"启蒙知识分子传统所形成的与现实之间的紧张关系"(旷新年)。

1990年代以来,一些敏锐的批评家注意到,《在医院中》连同《组织部》,显示了五四新文学到"当代文学",在叙事"编码"系统转变上的重要"症候"。进入延安所开启的"当代文学","'五四'所界定的文学的社会功能、文学家的社会角色、文学的写作方式等等,势必接受新的历史语境('现代版的农民革命战争')的重新编码。这一编码过程,改变了20世纪后半叶中国文学的写作方式和发展进程,也重塑了文学家、知识分子'人类灵魂工程师'们的灵魂"(1997,黄子平)。

"每一文学文本在某种程度上都负有其环境的重负,负有产生它的明显的经验现实"(爱德华·赛义德)。虽然关切"时事"是"当代文学"的重要特征,但当所写的"时事"不再为读者关切、理解,阅读趋向便转到脱落时事"重负",搁置已难明究竟的"反官僚主义"等论题的方向,寻找所谓"超越""经验现实"的,能维持作品"寿命"的"本质性"因素。《组织部》遂被抽象为"自我意识趋向与外部现实的冲突"的文本,是"某种人格类型与一种文化规则的冲突","一个年轻人的人生实现愿望,同以政治形式反映出来的传统文化成规(对个体人格的选择模式)的冲突和摩擦"的文本(1997,毕光明);是"关于一个年轻人如何迈向成熟(在文本中以"斗争"来隐喻)的挣扎的本文"（1997，朴贞姬）。

"风景"的禁忌

《在医院中》的作者也许没有想到，"白天的阳光，照射在那些冰冻了的牛马粪上，蒸发出一股难闻的气味，几个无力的苍蝇在那里打旋……"的风景描写，会被认为是对"革命圣地"的丑化、歪曲（1957，王燎荧），并引起愤怒的"亲历者"来为"真实"的延安提供反证"我……1939年春在延安医院"，看到的是"雪白的、宽敞的窑洞，阳光从宽大的窗户透射过来。舒适的病床和洁净的被单"，护士们"都有一颗明朗的、朴实的心"（1958，张光年）。

在"当代文学"中，风景和故事发生的地点不再无关紧要。《组织部》的地点，在当年成为重要问题。"也许这种官僚主义满天飞的，干部的衰退现象到处都是的党的区委会，在离开中央较远的地区，或是离开其直接上级机关较远的地区，还有若干可能性，但在中共中央所在地……是难以理解的"（1957，马寒冰）；因此，批评者推论，这篇小说在表明这样的结论："在党中央所在地，党的生命核心的北京党的工作各个环节上的所有领导干部，都是大大小小的官僚主义者……"（1957，李希凡）。不过毛泽东好像并不认可这一论断，称这是"不能说服人的"："中央里面就出了坏人，像张国焘、李立三、王明"（1957年2月16日在中南海颐年堂与文艺界领导人的谈话）；在毛泽东看来，"一分为二"的两条路线斗争的开展，并不以"地方"和"中央"为界。问题据说可以通过更换"体裁"来解决："如果……真有这样的区委会，写篇新闻报道，具体地加以揭露和批评，也是可以的，但是作为小说来说，则是另一个问题。"（马寒冰）但"纪实"的新闻报道、特写，却不仅仍受"典型性"的检验，而且面临"具体"

部门有关"真实""歪曲"的复杂"官司";"特写"作家刘宾雁的遭遇可以证明。

1960年代的陈翔鹤大概不大了解当代在"风景"上的禁忌,他写陶渊明在某年的8月上庐山见慧远法师,慧远态度十分傲慢(1961,《陶渊明写"挽歌"》)。"文革"期间就有人认定是影射、攻击1962年8月的庐山会议。1990年代大量"反腐""官场"小说,均虚构地名,山川景物街道均含糊其词,以避免引发对某省、某市、某部门的联想,和某省、某市、某部门的"对号入座"。《风雅颂》(2008,阎连科)虽虚构"燕清大学"的校名,仍让热爱北京某大学的批评家既伤心,也愤怒(2008,邵燕君)。但这回批评家无权无势,所以不要紧。

"当代文学"的"风景"禁忌,为复杂、难以讲清究竟的现实主义"典型环境"论述所支援。这涉及在表现"新生活"时,光明与黑暗,先进与落后在文本中的位置,和有关局部与整体的比例分配。《组织部》将"生活中的个别现象""夸大地织成了黑暗的幔帐"(李希凡),是因为"注意工人魏鹤鸣何其少"(李长之),"正面力量"与"落后事物"在作品中比例"力量悬殊","感受不到新事物必定要战胜旧事物的那种气氛"(1957,杜黎均)。"典型环境",或环境的"真实"问题,在"当代文学"成规中,是一堵重要的"防火墙",以隔离、阻挡导致质疑社会整体制度合法的可能性。

角色的转移

文学史家认为,陆萍、林震在现代文学史上是"屈指可数的",代表"现代科学技术"同"小生产习惯势力"斗争的人物形象;读这篇小说"不禁会联想鲁迅小说的那些冷漠、愚昧、保守、自私的精神状态的群众"(严家炎)。另一有差异的看法是,极愿意承担"思想—文化"上医疗工作者"启蒙"角色的陆萍,"极具讽刺意味"的被迫走了"弃文从医"的道路,这个"叛逆的绝叫者"被置于"需要接受治疗"的位置(黄子平)。斗争的"启蒙者"与需要"接受治疗者"这互有冲突的角色内涵,其实同存在于陆萍、林震身上。但又可以说是表现了从"启蒙者"到"接受治疗者"的角色转移。启蒙知识者在"当代文学"叙事中身份、角色的"下降"(既指文本结构的位置,也指人物价值等级),重要原因是他们面对的对象,不再是幻灯片事件中的"看客"或"铁屋子"中的庸众,而是一种制度化存在。如果说环境是"病态"的话,那是用"'现代方式'组织起来的'病态'"(黄子平)。实际上,在革命的"现代方式"的"组织"下,五四的"现代性方案"中需要启蒙的"庸众""看客",在革命的另一种"现代性方案"中,不再是具有"精神奴役创伤""被封建意识束缚"的群众,而是革命中的领导阶级,和最广大最坚决的同盟军的"人民大众"——在"新文学"叙事里需要启蒙的"小生产者",在"当代文学"中已经转化为新的国家主体的"工农大众"(2006,贺桂梅)。陆萍、林震们如果要参与这一"革命现代性方案",就"先有一个学习工农兵的任务",需要克服、改造他们"脱离实际和他们的不健康的,虚无的甚至掺杂了疯狂和颓废的"情感,而后充当以"现代方式"组织的政、党对"人民大众"的动员、组织的"中介"作用(贺桂梅)。

　　"启蒙者"转化为"被治疗者",而后成为人民大众动员、组织的"中介","当代文学"便合乎逻辑地出现对"被治疗者"加以"引导"的重要角色。他(她)让"被治疗者"认识到身上的疾患,并对他(她)施加"治疗"。这一角色最好是叙事结构意义上的"中心人物",如果不是,也必须在政治、道德的层面处于最高等级。《在医院中》"引导者"是"鼓励着""耐心教育着"陆萍的伤残的老革命,《组织部》里却是面目模糊不清的区委书记。在当代叙事中,"引导者"即使只是抽象符号,也不能缺席,或有政治、道德上的瑕疵。《组织部》修改者(秦兆阳)删去原稿有关"引导者"的一些文字(区委书记曾找过林震三次;赵慧文说区委书记是"可尊敬的同志"……),便因削弱、模糊"引导者"的形象而被指责。

但"叛逆绝叫"与"接受治疗"(包括"自我治疗")两者通常难以协调:角色转移不怎么顺利,转移之路也就不那么平滑。冲突、裂痕在很大程度上根源于"叙事者"(在《组织部》和《在医院中》,一定程度也可以看作是作者)和人物本身的不情愿,他们不愿失去这一精英的,执行批判功能的位置。陆萍、林震不大明白要进入革命的"现代"机构,就需要放弃原来自我认定的"角色";他们的固执便导致无法解脱的烦恼、苦闷:"……她该同谁斗争呢?同所有的人吗?要是她不同他们斗争,便应该让开……那么,她该到什么地方去?"不仅陆萍、林震在人物价值"等级"上的中心位置已在失去,而且"当代文学"叙事编码还要求结构意义上的中心人物与社会内容的中心人物的一致。但《组织部》还是不大愿意这样做。尽管作者王蒙坚持使用原篇名,通过一个表明一个事实的陈述句——"组织部来了个年轻人"——来削弱、降低林震在文本结构上的地位,拒绝秦兆阳对这一结构地位的加强的修改("组织部新来的青年人"),也不能改变文本以林震为中心的事实。

裂痕还出现在"叙事者"的视点上。"当代文学"的叙事,要求作家应从创造新生活的先进劳动者"内部"这一视点来观察生活,这是赵树理获得高度评价的理由之一(1946,周扬)。"批判现实主义和社会主义现实主义的第一个分歧因素",是后者能"从内部去塑造那些正在建设未来且其心理和道德代表了未来的人们的那种动力"(卢卡奇)。是否能从处于推动社会发展、代表"未来"的阶级、群体的"内部"来观察、描述生活现象,是判断作品思想意义和世界观高度的重要标尺。"过多"(或"主要")从陆萍、林震等非"代表未来"的阶级、群体的眼光来看事物,没有有力地"揭发他们的脱离实际和他们不健康的,虚无的甚至掺杂了疯狂和颓废的感情"(1957,康濯),就是重要缺陷。陆萍、林震在政治、道德标准上已是"可疑人物",已经不能充当"当代文学"合格的"内部"观察者。自然,《组织部》的作者也努力试图从取得距离的"外部"(也就是先进劳动者的"内部")来审察人物,揭发其弱点,但其实,作者更乐意于"深入到林男赵女的内心"(康濯),对他们有更多的理解、体贴。这样,《在医院中》和《组织部》,确实程度不同地显示了"两种编码之间的手术刀口弥合得并不完美"(黄子平)的状况。

不过,在当代的1950—1970年代,至今有意味的文本,大多是那些同时存在不同的、互为冲突的"编码系统","手术刀口弥合得并不完美"的文本(《组织部》《红豆》《茶馆》《百合花》等)。这种"不完美",是"当代"文本的某些特质,也因寄存着文化转换留下的裂隙而在后来持续受到关注。

结　构

卢卡奇有所谓"开放性结构"的说法,指的是叙事作品写到的问题、矛盾,在故事中并没有获得解决,也没有暗示解决的可能和提出解决的方案。这种处理在"当代文学"中不被认可,因为在先进阶级那里,"客观世界"完全可被把握,矛盾也一定能够解决;先进一定战胜落后,光明必定取代黑暗。《在医院中》和《组织部》难以符合这一规定,一方面是斗争着的人物无法确定其成果,另一方面则在于"治愈"的暧昧。"狂人"(鲁迅《狂人日记》)在他的逻辑里不可能就范,只有改变为另一逻辑("非狂人"),"治愈"才能实现:"狂人"的困境在叙事的层面被"转换",这一转换包含了某种怀疑,甚至"绝望"的意识。《组织部》和《在医院中》则使用表层化解的方法,来暂时搁置"启蒙者"对病态环境的"治愈",和"启蒙者"被"治愈"所陷入的双重困境。人物因此经受了挫折,"启蒙"理想的可能和有效也成为疑问。因而,《组织部》和《在医院中》矛盾得以解决,这种"封闭式结构"只是表面上的,"治愈"只是一种想象。

在这方面,1956年刊物编者(秦兆阳)对《组织部》的修改,是一个有意味的事件(1957,《人民日报》)。王蒙肯定修改后的发表稿"更精炼、完整",但也指出让"不健康情绪更加明确"(1957,王蒙)。在受到批评之后,修改者检讨了他的不当:原稿结尾林震多少有些觉悟的文字被删去;对区委书记描述的修改,有可能给人官僚主义的印象;明确了林与赵的"不健康"关系。但换一个角度,修改所放大、加强的,其实是作品已存在,却想涂抹、掩盖的裂隙。"悲剧"是原有的,并非修改强加。只不过作为延安"老革命"的秦兆阳,可能觉得"新来的"王蒙有些稚嫩、胆怯,事情没有"看透",便将原来隐约感觉的东西明朗化。意识到作品展现的矛盾的难解(甚或无解),修改便让叙述者采取较低的干预姿态,流露了更多的惶惑。也就是加强了这样的推断:对于《组织部》的人物来说,"要么他屈从于他所进入的世界,要么作为一个孤独而注定失败的斗士。本文没有给他第三条出路";"那失败变成勉强成功是作家的固执……现实与主人公的和解不是自然而成的,是作家强迫达到的。因此,主人公在宿命般的寻找中,他的冒险只不过一次次地成为寻找现实依靠力量的过程,从虚幻'镜像'娜斯嘉,到与他志趣相投的赵慧文,再到区委领导赵润祥,而主人公灵魂的冒险,体现他内心精神历程提升与开阔的可能性被堵塞了"(朴贞姬)。从知识者与他所要投身的事业的关系上看,则是"坚持'个人主义'价值决断的个体,他们对创建理想世界的革命越是热情、忠诚,对现状的观察越是具有某种洞察力,就越是走向他们命运的悲剧,走向被他们所忠诚的力量所抛弃的结局,并转而对自身价值和意义产生无法确定的困惑"(1997,洪子诚)。

在"当代文学"的美学规划中,叙事构思、写作是"回溯性"的。"生活道路的错综复杂只有在结局中才能弄清楚。只有人的实践才能指明,哪些特征是重要的、起决定作用的";什么样的事物、安排等等从根本上影响他们的命运,"只有从结局中才看得出来";"叙事诗人从结局开始,倒叙一个人的命运或者各种人的命运的纠葛,使读者一清二楚地认识到生活本身所完成的对本质事物的选择"(1936,卢卡奇)。在这样的理解中,写作者对"结局"的"惶惑",便产生对生活"整体性"表现的损害。"作者的全知使得读者安心,使他熟悉这个虚构的世界。即使他事先并不知道小说中的事件,但他还是相当确切地感觉到,那些事件由于其内在逻辑、由于人物的内在必然性所不得不采取的趋向。"(卢卡奇)"当代"的写作,是提供答案、出路,消除读者不安的写作,是拒绝"开放性结构"、拒绝忧郁、惶惑等"颓废"风格的写作。《组织部》想做,但没有做到这一点,或者说做得还不太和谐、完美。这是两种编码的"手术刀口"还没有弥合的另一表现。因此,《组织部》在受到批评后,作者便合乎"情理"地有了这样的检讨:"作者过分地相信自己的艺术感觉","以为有了现实的艺术感觉就可以代替无产阶级立场、观点、方法……离开了马克思主义的自觉,解除了思想武装,能够'没有拘束'地再现出生活的真实么?不,痛切的教训给了我一百个不!"(1957,王蒙)

白天／夜晚

《组织部》由两个部分(场景)构成:"严肃而紧张"的工作、斗争的"白天",和"私生活"的"夜晚":"其展开的特征是借助白天/黑夜这一二项对立关系的场景分布。"(1997,周亚琴)在"白天"部分,有工作的争论、困惑,紧张的情感思绪,而在"夜晚"的场景中,笔调放松下来,人物(和叙事者)的感觉敏锐、细致、温情。在"夜晚",布置着斗争的孤独者与他的知音之间暧昧、隐晦的情感交流,和温暖的"精神支援";这里有隐秘的泪迹,春夜的清香之气,有"说不出来的难过和温暖的感觉",有"使人激动也使人困扰的""情绪的波流",有《意大利随想曲》的"梦幻的优美的旋律",有似乎无法割舍,但又不能不割舍的伤感,有关于"并肩战斗"的相约,以及在"白天"很少出现的,由主人公的"观看"所发现的女性的"身体语言":"柔软的手";"抓住一个枕头,放在腿上";"一个一个地捏着自己那白白的好看的手指";"用手指弹着自己的腿,好像在弹一架钢琴";"露出湿润的牙齿";"暗红色的旗袍";"被红衣裳映红了的美丽的脸儿"……

　　在"当代"的"生活伦理"和"叙事伦理"中,"白天"(工作、斗争)和"夜晚"(私人日常生活)越来越被处理为具有对立的涵义。因此,也越来越存在着将"私领域"组织进"公领域"空间的强大规范要求。《组织部》其实并不想将"夜晚"与"白天"分置两途,完全割裂,多少表现了将"夜晚"作为工作、斗争的"白天"的延伸的取向。不过,这种能够"寄存"个体隐秘情感、想象的"边缘性处所",总是为"没有改造好"的作家和他们笔下"没有改造好"的人物所钟爱,成为孤独无援时刻得以支撑的感情寄托。由此不时在有关"夜晚"的叙述中,有意无意地泄漏了这种孤独、忧郁、怅惘。在对《组织部》的批评里,显示了要求将"私领域",将个人"日常生活"全部组织进"白天"的斗争之中的"当代文学"规范;"夜晚"成为需要时刻保持警惕,并不断加以清除的赘瘤。

文学组织与组织文学

"组织部"在"当代"中国的国家现代化体制中,是一个重要部门。从"借喻"的角度看,对政治、经济、文化、意识形态,包括文学的高度组织化,是当代中国的重要目标。按照政治任务与社会需求来"组织"文学生产,建立"文学工厂",满足"社会订货"需求,在1920年代由苏联的"无产阶级文化派"提出。中国大陆"当代文学"并没有采用这样僵硬、绝对化的策略,但也有着明确的"组织文学生产""社会订货"的诉求。无论是目标,还是结果,"制度化"都是"当代文学"的重要征象。"制度化"既表现为严密的外部制度(文学组织,作家身份,出版、传播机制,文学评定制度)的确立,也表现为内部制度(这是外部制度所要落实的目标),即建立整体性的文学写作成规和各文类的写作成规。从叙事文体方面,题材性质和等级,人物类型、等级和配置,叙事的视角,语言的使用等等,都属规范之列。《组织部》的写作、修改,和五六十年代对它的"阅读",以这一个案呈现了这一"内部制度"在争辩、冲突中不断完善、严密化的过程,而八九十年代对它的"重读",对它的文学史位置的"重置",则显示了这一制度、成规在反思,离弃"革命"中的逐渐溃散和解体。当然,这并不意味着自此就没有了(外部的和内部的)"制度","革命"也不是全被"告别",只不过变得不那么单一,事情更加复杂,"制度"因素也变得较为隐蔽。

2009 年 4 月

引用文献

毕光明：《回到作品：对小说文本的返观》，《海南师范学院学报》1997年第3期。

《重放的鲜花》（作品选），上海文艺出版社1979年版。

杜黎均：《作品中的真实问题》，《文艺学习》1957年第2期。

《关于〈组织部〉修改的问题》，1957年5月8、9、10日《人民日报》。

郭冰茹：《"革命叙事"的转换、扬弃与消解》，《当代作家评论》2008年第6期。

贺桂梅：《"当代文学"的构造及其合法性依据》，《海南师范学院学报》2006年第4期。

洪子诚：《关于50—70年代的中国文学》，《文学评论》1996年第4期。

洪子诚：《1956：百花时代》，山东教育出版社1998年版。

黄子平：《革命·历史·小说》，香港，牛津大学出版社1997年版。

旷新年：《写在当代文学边上》，上海教育出版社2005年版。

康濯：《一篇充满矛盾的小说》，《文艺学习》1957年第3期。

李长之：《可喜的作品，同时是有严重缺点的作品》，《文艺学习》1957年第1期。

李希凡：《评〈组织部新来的青年人〉》，《文汇报》1957年2月9日。

李希凡：《所谓"干预生活""写真实"的实质是什么?》，《人民文学》1957年第11期。

刘绍棠、从维熙：《写真实——社会主义现实主义的生命核心》，《文艺学习》1957年第1期。

马寒冰：《准确地去表现我们时代的人物》，《文艺学习》1957年第2期。

卢卡奇：《社会主义社会中的批判现实主义》（1958），《卢卡契文学论文集》第2卷，中国社会科学出版社1981年版。

卢卡奇：《叙述与描写——为讨论自然主义与形式主义而作》，1936，《卢卡契文学论文集》第1卷。

孟繁华、程光炜：《中国当代文学发展史》，人民文学出版社2004年版。

朴贞姬：《命运与形式》，《海南师范学院学报》1997年第3期。

邵燕君:《荒诞还是荒唐,渎圣还是亵渎?——由阎连科的〈风雅颂〉批评某种不良的创作倾向》,《文艺争鸣》2008年第2期。

王燎荧:《丁玲的小说〈在医院中时〉的反动性质》,《文艺报》1957年9月29日第25号。

王蒙:《关于〈组织部新来的青年人〉》,《人民日报》1957年5月8日。

谢冕:《青春的激情:文学和作家的骄傲》,《海南师范学院学报》1997年第3期。

姚文元:《文学上的修正主义思潮和创作倾向》,《人民文学》1957年第11期。

严家炎:《现代文学史的一桩旧案——重评丁玲小说〈在医院中〉》,写于1980年,见《求实集》,北京大学出版社1983年版。

张光年:《莎菲女士在延安——谈丁玲的小说〈在医院中〉》,《文艺报》1958年第2期。

周扬:《论赵树理的创作》,《周扬文集》第1卷,人民文学出版社1990年版。

周亚琴(周瓒):《穿过文本的内在裂缝》,《海南师范学院学报》1997年第3期。

1990年代：在责任与焦虑之间[1]
——《90年代学者散文选·导言》

"九十年代文学书系"对于散文部分的处理，是将它们划分为"作家散文"和"学者散文"两个方面。这种方式，并不是巧立名目。这主要是出于对1990年代散文创作情况的理解，同时也基于编选者对当前散文的历史方向的思考。

"作家散文"和"学者散文"的这种区分，其实早已存在。在晚清，便有"文人之文"与"学者之文"的并举，以及对它们的高下和关系的讨论（当然，那时所说的"文"，与现在我们所提到的散文涵义并不一致）。不过，到了"现代"，"文人"与"学者"之间的写作，已不再放在一起来讨论，这大概与所谓"文学的自觉"的程度有关。1950年代以来，学者的写作与作家的写作的界限更为分明；学者专业写作的"辞章"意识更加淡薄，专业研究之外的文学性质的写作被看作是"破门而出"的"例外"，而作家写作的"不学"倾向，则演化到惊人地步。为着改变学者之文缺乏章法文采，但更针对作家之文在"学理"上的粗陋空疏，在五六十年代，有的学者重提"义理、考据、辞章"的主张，试图推动"文"与"学"的综合。不过，在当时

---

[1] 本文为"九十年代文学书系·学者散文选"《冷漠的证词》的导言。

的情景下,这种努力不会取得多少成效,特别是在作家学养的臻进方面。于是,才有了1980年代初那个有点奇怪、却又不是无的放矢的"作家学者化"(王蒙)的命题的提出。

十多年过去了,作家学养不足的情况应该说已有许多变化,这在1990年代的写作(包括散文写作)中可以看得很清楚。但是,积习既深,不是三年五载就能改观的,"文"与"学"的关系,仍是中国文学无法回避的问题。陈平原的《晚清的学者之文》,在谈到章太炎和刘师培都"鄙薄'不学'的桐城文章,而推崇'雅驯可诵'的学者之文"后说:"这里隐含着另外一种'文章观':即便只是讨论'文学',学者的'著述之文'也不容忽视。"这种强调"学者之文"不容忽视的"文章观",在今天有再提的必要;不仅限于散文,而且对其他文学样式的写作也有意义。

当今的"学者之文"细分起来,大体有两个部分。一是专业之文,再是近于文学散文之文(自然也有两者综合的文字);对"文学"来说,都属于"不可忽视"之列。专业之文不在这里讨论,剩下的便是"学者散文"了。如果在1980年代我们说要重视学者散文,这个说法便缺乏根据,那是因为并没有一定数量和质量的学者散文出现。1990年代就不同了,学者散文的繁荣局面人所共睹。这种情况,与其说是文学本身发展的结果,不如说是这段时间人文、社会学科等的内在生长状态的呈现,是1990年代整体文化状貌的产物。它被看作是一种"文学现象",在很大程度上是与"文学"的不期而遇。在1990年代,学术独立品格的培育,在面对当代生存境况问题上注重学理探求的方法,通过反省以调整研究路向和学术立场的态度,以及由此导致的学术专业水准的普遍提高,正是事情发生这种变化的根源。可以设想,学术工作为学者提供了他介入现实的主要途径,而在研究成果的孕育中,并非任何感觉和思考都能以专业论著的方式体现,随笔性质的散文,是他们的另一种表达手段,一种更融入个人经验和心智的成果。从这一意义上说,近年来大量出现的学者散文,是学术经验与日常经验、理性思考和情感记忆开掘的结晶。

　　本集所收文章,作者身份涉及哲学、经济学、社会学、考古学、历史学、政治学和文学研究各界,文章大多取自近年刊发学者散文的代表性书刊(如《读书》《天涯》《随笔》《散文与人》等杂志,"书趣文丛""读书文丛"等丛书)。其中的一些作者,说他们已是有个人风格的散文作家,也无不可。但我相信,对大多数人来说,成为散文作家并非他们必要的目的。既然写作主要不是为着确立文学作家的地位,对他们的文章也无需侧重从文学风格上加以讨论。但值得做的是,从中发现某种共同的特征,以为散文(也不限于散文)写作的启示。也就是说,分辨出与散文的发展趋向、散文与时代交流方式相关的问题,探讨散文风格的变化与作者面对时代发言的方式之间的关系。这种讨论,正是为了显示学者散文的整体意义:不仅在于写作者对特定问题的观点和具体的表达方式,重要的是这些写作在建构时代的思想风格和文学风格上的作用。

　　如果要简略地概括1990年代学者散文值得重视的特征,那么,可以借用本集一篇文章的篇名(张志扬《冷漠的证词》)予以提示。从这里面,也许可以引申出诸如实证、深致、思辨、控制等词语。具体来说,这里牵涉到题材、角度、表达方式、文体特征等。选入本书中的散文,有一个明显的特点,就是对于时代的重要现象和话题的态度。在散文写作中,鱼虫花鸟等小摆设式的材料,寂寞乡愁思念等写不尽的主题,当今仍继续风行的撒娇卖乖自怜自恋的情趣,自然不是没有一点价值。不过,这些似较难成为学者散文的取材趋势。他们的写作,在总体上表现了一种"问题意识",表现了对我们身处的社会生活问题的敏感。人与历史,与他生活的时代的不同关系,自然不能主要从"职业"上来寻找原因,但"职业"应该也是一个因素。举例来说,1960年代初,散文家都在那里寻找和构筑散文的"诗意",当时对于"诗意"的沉迷,事实上回避了时代的提问。在那时,对社会生活问题的焦虑和思考,在散文的领域,是由诸如"三家村"等学者来承担的,学者散文表现出作家散文所欠缺的气度。到了1980年代前期,事情又不同了。当时曾有文学家不无夸张地说,哲学等学科已经无力承担自身的任务,它们的工作正由文学(创作和批评)来代替。而在今天,最大胆、最有想象力的文学家,即使闭上眼睛,怕也不敢说这样的话。其实各学科自有不同的天地,谁也不要幻想(实际上也不能)包打天下。但是,相比而言,说1990年代的文学,在面对和回答今日的问题上,似乎有些迟钝和软弱,倒是有些学科学者的发言,表现出更多的信心;这种估计,大概是能成立的。

说清楚造成这种情况的原因不是很容易,但下面的两点,可以提出来讨论。第一,关于作家和学者的"文化性格"(或者如一位诗人所说的"知识人格")的问题。我们爱讲"使命感"(它现在也受到一些人的质疑),有时却不大考虑与此相应的知识背景和精神深度。没有相应的知识准备,对人类文化传统缺乏一定的了解,如何判断我们的文化处境,如何解释我们的时代生活和个人的生存状况?在意识到一个消费时代的来临,忧虑着精神的贫乏和人伦的衰败的时候,又如何使自己的反应不总是停留在"煽起崇高的烈焰或提供教义版的语录"的状态?一些学者可能更自觉地把握1980年代末以来的思想震荡,意识到一连串深刻事件改变了我们对历史和现实的许多基本看法。从那时起,出现了一个范围广泛的清理历史、同时也"自我置疑"、自我批判的思想活动。事实上,1980年代初文学上著名的历史"反思",和产生的"反思文学",还是停留在比较粗浅的层面;较为深入的工作,在后来却由学界加以展开。这种被称为"文化自觉"的活动的深刻性,不仅是理论和逻辑推导上的，更是将个人的经历、生命融入其中。事情正如汪晖所说，"如果不对自己负有责任的过去有深刻的洞察，那么对历史变迁的理解也不可能达到刻骨铭心的深度"（《无地彷徨》自序）。正是这种自觉的对历史和自我的质疑和批判，为理解、把握1990年代的变动做了准备。这种种情形体现在本集的多篇追忆个人精神历程和学术道路的文章中。在这种清理和回忆的过程中，不仅仅是悔和念，而且包含无尽的思和想。而历史中的种种人和事的意义，也被发掘和阐发。这一切，都将转化为探索现实的学术处境和生存处境的精神资源。

可以讨论的第二点，是有关文体的特征、艺术方法方面的。散文在文学的诸样式中，大概是技巧性成分较少，形式比较自由，而又与写作者的性情、经历有更直接关联的一种。不过，在演化、发展的漫长过程中，在写作心理、题材、境界、结构和叙述方式等方面，也建立了自己的"传统"。在20世纪，散文写作同样经历了现代"转型"，但比起诗、戏剧、小说来，它对中国古典散文艺术经验有更多的继承。散文艺术的成熟，艺术经验的丰厚，让写作不致空无依傍，但因此也可能成为一种障碍。某些熟稔但已经相当陈旧的意象、情调、语气、格式，以及读者的接受心理，在年复一年的沿袭中，转化为一种压迫的力量。艺术形式、经验的"惰性力量"，控制着作者，规范他的心智，限制他的创造力，阻隔他与世界关系的那种"直接性"。倒是散文写作非专职的学者，较少受到这些习习相因的模式的拘囿。因此，即使从散文艺术的角度，"隔行"者也有可能拥有专业者所欠缺的优势，带来一些清新、率直的因素。对传统有关散文（美文、艺术散文）特征（"质的规定性"）的理解，需要有所质疑、冲击，以引发散文内部结构的调整和变革。学者散文可以部分地提供这种力量。这也就是为什么本集里，选入一些"很不像散文"（以通行的散文观念衡量）的文章的原因。

在一个"市场经济"的时代，学者散文的写作、发表与阅读，自然与文化消费不能没有关系。不过，消闲式、玩味式的写作与阅读心理，在学者散文中占的成分，相对要小。就阅读而言，有的文章，不会有通常的那种轻松愉悦，相反，会要求一定的学科知识准备，要弄清概念内涵和论述的逻辑关系，态度上也需要专注和耐心，然后才谈得上体验其中的机智、幽默、深刻。这是学者散文的风格定位。"冷漠"（甚至"冷酷"），是一些学者不约而同使用的词语。"冷漠的证词"（张志扬）、"科学是冷酷的，不声不响的，孤独的"（金克木），"作为个人或许'热血'一点为好，但在职业领域内，却应该是冷漠的"（樊钢）……虽说这些立论，大多是在指明某一社会科学学科的的性质、特点（思考社会、分析人生上的"职业角度"），但也构成了相当部分学者散文的基本风格取向——一种和空疏、感伤、矫情的流行风格保持距离，而追求智性、拙朴，以及反讽、幽默、控制的叙述风格。

此卷学者散文的编选经历了一番周折。我们最初收到的编选稿与当初的设想出入较大。尽管时间紧急，但出版社和编委会还是决定由我来重新编选。吴俊先生、周亚琴女士，以及贺照田、吴伯凡先生为我提供了很多资料，提出了很好的建议。我衷心感谢他们付出的辛勤劳动。我要特别感谢周亚琴女士，没有她的大力帮助，我是无法在这么短的时间内完成这项任务的。

1997 年 11 月

文学的焦虑症[1]

好几年没有参加正式的学术会议了，所以很感谢人民大学，感谢主持人王家新、顾彬先生给我这个机会。在最近一期（2009年第二期）上海华东师大中文系主办的《现代中文学刊》上面，读到甘阳先生的访谈，他提出中国学者应该"用中国的方式研究中国，用西方的方式研究西方"。这个说法可能会引起争议。不过，如果把甘阳的这个提议，理解为重视中国发生的事情的全部复杂性，内在地认真清理它的脉络，而不是从"外部"，从西方既定的理论框架去作简单评判的话，这个说法还是合理的，值得重视的。举个例子说，如果以"西方的方式"，可能就难以找到应对、解释中国当代社会主义文化、社会主义文学的有效途径。不过，困难的地方是，在今天我们将如何区分"中国方式"与"西方方式"？如果真的存在可以区分的这两种"方式"的话。另外的问题是，用"西方方式"研究中国，或用"中国方式"研究西方，虽说容易出现盲视，但说不定也会有洞见。所以，有时候我们会有一种矛盾的心理，希望海外汉学家能更多体会中国的实情，但又希望他们不要过度的"中国化"。

近百年来，中国文学界存在着普遍的"焦虑症"。五四以来的不

---

[1] 2009年11月1日在中国人民大学汉学大会"圆桌会议"上的发言，有修改补充。

同时期，我们经常对文学现状严重不满，并焦躁地期盼、等待出现大师，出现伟大作家，出现文学的划时代的辉煌。1930年代，那时候鲁迅还活着，有"我们为什么没有托尔斯泰"的发问。那时候，鲁迅（更不要说茅盾、沈从文、巴金）还没有被承认为大师。1940年代，纪德、里尔克、罗曼·罗兰、T. S. 艾略特等，成为不同文学派别崇拜的对象。1958年，周扬在一次演讲中，激情地呼唤诞生"我们中国"的但丁、莎士比亚、托尔斯泰。"文革"中，江青、姚文元等"激进派"虽然宣告他们正在从事"开创人类历史新纪元的，最光辉灿烂的新文艺"（《纪要》）的工作，但又有些心虚地将这个"光辉灿烂"推到难以预测、难以真实感知的远方。到了八九十年代，这种"焦虑症"有增无减。有著名批评家说，我们要是有二百个张爱玲就好了。且不说这是否可能，要是真的有二百个张爱玲，抬头低头我们见的都是七巧，那也是一种灾难。有的海外中国文学学者，也受到这种情绪的感染，也推波助澜：为什么中国再也没有杜甫？为什么当代没有鲁迅？为什么不再有《红楼梦》这样的巨著？为什么20世纪中国新诗没有出现"世界公认"的大诗人？为什么……这种忧虑，这种焦躁，让我们坐立不安。可是认真想想，或许是（这里不大恰当地借用北岛的诗）："谁期待，谁就是罪人。"

今年6月，我在台湾交通大学社会与文化研究所演讲之后，一位只知道名字却至今不识声音相貌的女生给我来信，说听完我的演讲，"兴起寄赠我《一九三三》这本书的心情"。《一九三三——一个犹太哲学家的德国回忆》的作者是德国哲学家卡尔·洛维特。洛维特在书中讲到他1919年在慕尼黑，听马克斯·韦伯的给他"极其震撼"的《学术作为一种志业》的演讲。这个演讲，大陆有冯克利先生的译文，名为《以学术为业》，收入《政治与学术》一书（三联书店1999）。洛维特对他的老师海德格尔的批评相当严厉，对韦伯则充满由衷的敬

《一九三三——一个犹太哲学家的德国回忆》，卡尔·洛维特著，区立远译，台北行人出版社2007年4月版。为这本书责编宋玉雯所赠。在译者导言的一个注释里，引了洛维特有关"批判"的一段话：批判的精神，是"一种懂得分别，比较与决断的精神，虽然乍看之下，批判是某种全然否定性的东西，但是在批判之中，却含有一种正面的力量，能避免流传下来的与现存的事体陷入僵化，并能推动其继续发展……任何现有的事物都在批判中渐次被打散，被往前推进"。译者认为，洛维特此说虽另有脉络，但正好也是对纳粹德国摆平一切异见的一体化运动的绝好批评。

意："他的脸庞与下巴长满了浓密的大胡子，令人想起班贝克大教堂的先知雕像深沉而炽热的神情。……他的话语之中浓缩了毕生的经验与见识，所有的话都从内心毫无转折地倾掏而出，都经过他批判的理解彻头彻尾地斟酌过，都由于他的富于人性的凝重气质而显得强劲而有穿透力……"关于这场演讲，洛维特写道：

　　……演说结尾上他那些苦涩的话语，直到今天都仍在我眼前，就像在40年前一样鲜明。结尾说到精彩之处，他断言："那些坚持等待先知与救星的人所处的景况，就跟流亡时期里那首美丽的破晓之歌所唱的一样；'从伊顿的赛尔山那里有人长声问道：警卫，黑夜还有多长？警卫回答说，早晨快到了，但现在还是黑夜。如果你们要问的话，下次再过来。'""听到这些话的这个民族"，韦伯说，"已经问了两千多年，也坚持地等了两千多年；他们令人动容的命运，我们十分清楚，所以我们要从中撷取教训，这就是说，渴望与等待是没有用处的，我们应该去做自己的工作，要能对得起'当日的要求'。"[1]

这里说的"破晓之歌"，出自《旧约·以赛亚书》第 21 章。显然，这是一个"苦涩"的话题。以一般的理解，对"光辉灿烂"的"新纪元"有所期待，肯定比失去希望要来得好，它既是激励我们创造的动力，也显得更有责任心和"道德感"。但是，就像洛维特所分析的，从韦伯这样的"撕裂一切美好憧憬所穿戴着的面纱"的语言里，也不一定就不能感受到"他清明的心智深处"那"深刻而真诚的人文理想"。因为，他明白，目标高悬的焦躁等待并没有什么益处；而支撑、不断发酵着我们的焦虑症的历史观，是对持续进步的"时间神话"的毫无检讨的信仰。回到我们的问题，那么可以肯定地说，不论在什么样的意义上，我们都不会再有托尔斯泰，不会有《红楼梦》，不会有鲁迅。虽然很遗憾，也不会再有杜甫。托尔斯泰、鲁迅都只能有一个，被宇文所安称为"原点"性质的诗人杜甫，也不会有第二个。我们只有……（暂且从诗歌方面）譬如说北岛、多多，譬如说西川、于坚、翟永明、王家新……如果在座的王家新就是杜甫，能与杜甫比肩，那很好，我们的焦虑顷刻顿消；如果根本不是，成就难以企及，那也只能接受这

---

[1]《旧约·以赛亚书》第 21 章："有声从西珥呼问我说，守望的阿，夜里如何。守望的阿，夜里如何。守望的说，早晨将到，黑夜也来。你们若要问，就可以问，可以回头再来。"冯克利的《以学术为业》的译文为："对于这么多期待着新的先知和圣徒的人来说，他们的境况，同以赛亚神谕所包含的流放时期以东的守望人那首美丽的歌所唱的完全相同：'有人从西珥呼问我，守望的啊，黑夜如何。守望的说，早晨将至，黑夜依然，你们若要问就可以问，可以回头再来。'听这话的那群人，询问和等待了已有两千年以上，我们晓得他们那令人战栗的命运。从这里我们应当得出的教训是，单靠祈求和等待，只能一无所获……"（《政治与学术》第 49 页）

个事实。这就是我们的正常（而非特殊）的景况。因为你真的不知道我们生活在什么样的时代。是和谐盛世，是物质、思想不断超越过去，不断产生或将要产生伟大作家的时代，还是危机四伏，整个社会在思想、精神上贫乏、全面衰败的时代，如《一九三三》这本书结尾引贺拉斯的一首诗所说的：

> 劣于祖辈的父辈生下了
> 更无用的我们，而我们很快又要养出
> 还要糟糕的后代

　　自然，洛维特在谈论这些问题的时候，也不是绝对沮丧、绝望。他接着这样说，"……对于这持续的衰败，我们或许可以在康德的提示里得到安慰：在这最终的时代里，世界的末日仿佛已经近在眼前，但这时代所提示的'现在'，其实跟历史本身一样古老。"

　　也许不必用这样空洞的问题折磨自己，每个人面前还是有许多简单、但切实的事情可以去做。对我们这些中国现当代文学研究者来说，譬如可以对20世纪以来中国文学实践，继续进行一些认真的反思、清理。这种反思，不应总是从一种僵硬的意识形态立场出发的颠覆和再颠覆；面对前辈所做的成功、失败，或成功失败掺杂的探索，我们作为后来者，似乎应有一个尊敬的前提。我们对自己现代的文学经验，包括新诗已经形成的传统，有时会缺乏一种体谅和敬重。革新、超越、断裂，与接续、继承之间的关系，在持续动荡的时代里，总会更侧重前者而忽略后者。1980年代中期，我在学校参加谢冕先生主持的当代诗歌讨论班。记得诗人阎月君（也就是《朦胧诗选》的编者）发言中有这样的观点：科学家的成就是站在前辈的肩上取得的，而文学的创造则是如桂林山水那样没有关联的奇峰突起。当时，我们都多少倾向这种强调断裂的观念。这种观念,让我们对前辈和同时代作家、诗人的值得重视的经验掉以轻心,无意忽略甚至有意无视他们的积累。所以,至少作为一种补充,我觉得也应该记住这样的道理:"前人和同时代人的失误使浮士德成为学者。科学上每前进一步都是依照排斥律推翻比比可见的错误理论的结果。……浮士德所以成为艺术家,则是教师言传身教的结果。艺术上每前进一步,都是根据吸引律对崇拜的对象模仿、学习的结果。"[1]

  1990年代以来,有一种流行的说法:文学边缘化,文学已经退出公众社会生活空间,失去回应现实问题的能力。原因据说主要是1980年代后期"纯文学"思潮影响,导致文学"脱离政治"的结果。我虽然部分赞同这个看法,但也有许多疑惑。"纯文学"的主张、思潮真的有那么大的能量吗?真应该承担这样的"罪责"?据我的了解,新文学诞生以来的一百年间,重视形式、语言,主张文学写作与社会问题保持一定距离的所谓"纯文学"作家、思潮,好像从未位居主流位置;在革命、战争、变革交替的时代环境中,他们(它们)总是被看作道德有损,而处于受责备的边缘境地。虽然目前卞之琳先生在新诗史上获得很高评价,被看成一个重要诗人,但1980年代他编自己的诗文集时,起的却是"雕虫纪历"这个自谦、但也有点怯生生的书名。时代留给关注形式、语言的时间、空间,在现代中国其实非常有限、非常狭小,哪里会有现在描述的这种力量?另外的疑惑是,在"政治"和"文学"的关系上,"文学"常常扮演了被追责的角色。就像年轻的朋友张慧瑜在一篇谈瞿秋白《多余的话》的文章说的,为什么只说文学有什么问题,而不问政治有什么问题。为什么文学离开政治就需要追究责任?它所要紧密关联或试图脱离的"政治",究竟又

---

[1] 帕斯捷尔纳克:《日瓦戈医生》,力冈、冀刚译,漓江出版社1986年版。

是什么样的"政治"?

　　其实,1980年代提出的所谓"纯文学",或者"回到文学自身"的主张,内涵并非那么单一。除了强调语言、叙述、形式的重要性这一方面(这仍然是一个迫切的课题),也存在复杂面向。这种复杂面向,在当今的"反思"中被大大简化了;并把文学出现的问题,简单归结为对形式、技巧重视的"纯文学"。"纯文学"于是成为一个谁都可以对它射出箭矢,对谁都不会产生损害,却不能解决实质问题的靶子——一个空洞的靶子。文学要与政治紧密关联,还是要疏远政治——这样的提问之外,应该也有另外的提问方式。这就是,文学和政治是两回事,他们不应该总是被想当然地捆绑在一起。1980年代谈文学"超越性",哪里是仅仅要文学远离现实、远离政治?作家、文学创作如何建立一种与各种权力,与现实政党政治保持"距离"的独立文学传统,如何维护作家精神独立地位,摆脱对政治权力以至金钱权力的攀附,是更为迫切的问题。这个问题,是1980年代文学的历史反思的重要成果,用所谓"纯文学"加以替换,实在是有些可惜。遗憾的是,在当前文学界的许多描述中,它被过滤掉了。因此,如果说当前的文学存在某些问题的话,根本不是什么注重形式,文学脱离政治和现实问题,而是文学与"政治"的混淆,是触目惊心的对各种各样的"权力"的追捧、依附。这种"媚俗"的情形,比起饱受一些人抨击的"十七年"来,恐怕是有过之而无不及的。

2009年10月—2010年2月

"树木的礼赞"
——"我的阅读史"之《牛汉诗文集》

一

我借用黑塞一篇文章的题目,来记述参加一次诗歌会议之后的点滴感想。会议是《牛汉诗文集》[1]的首发式暨研讨会,11月29日下午在清华大学甲所的会议室召开。会议取名"跋涉者和梦游者",这应该是牛汉自己和一些研究者对他的人生道路和诗歌精神的概括。来开会的有诗人(郑敏、邵燕祥、屠岸、任洪渊、灰娃、西川、食指等),有诗歌批评家,新诗史研究者,有1970年代末《今天》杂志的参与者,有他在人民文学出版社和《中国》杂志社工作的同事,以及他的追慕者,将近百人。会场不大,这就显得很拥挤,有的只好站在后面。研讨会的气氛有些奇特,"学术"的氛围并不缺少,更浓厚的是那种朋友、"家庭式"的亲切和温馨。

牛汉先生已经87岁,腰疾严重,无法走路移步,是坐着轮椅来的。以前,我对诗歌界一些朋友称他为"老爷子"颇不以为然,这回为这样的气氛感染,觉得应该修改自己的看法。诗文集装帧精美,却

---

[1]《牛汉诗文集》(1—5卷),刘福春编,人民文学出版社2010年版。

朴素庄重。深灰色封面上有牛汉硬笔的自画头像。好几年前，也是一次诗歌会议，他坐主席台，我在下面。也许是有的发言空洞冗长，他趁我不注意，铅笔画了我侧面的速写送给我。这次开会，想找出来让他签名，却怎么也没有找到。他过去出版的书，许多我都有，有的还是他题签赠送。在《命运的档案》[1]的扉页上，他写有这样的文字：

> 此书一半为档案：曾作为罪证，80年代初由中央某部退还我。只清理出一部分，大部分仍搁在书橱角落。不是正常的文学创作，但从中可了解我一生的一些内心活动。
>
> 我的电话：××××××××。

这里说的"档案"，指的是他给胡风、梅志、他的朋友的信件，以及读书笔记和创作手稿。这次的诗文集，这些"档案"都已悉数收入。牛汉先生赠我的著作，给我写的信，不只一次留有他的电话。可是我一次也没有打，倒是他给我来过几次。这有悖常情和常理，是我的不是。牛汉先生年长我十六七岁，可是，和他在一起，常会觉得他比我们许多人都坦诚，都更有童心。在他面前，我常不由自主地告诫自己，要少一点世故，少一点圆滑，真的要真实一些。

二

知道牛汉的名字，是1950年代读高中的时候。那时他、胡风，以及绿原、路翎、阿垅他们开始蒙羞遇难；当时，我没有怀疑地相信

---

[1] 牛汉：《命运的档案》，武汉出版社2000年版。本文引述的牛汉先生的文字，均见于本书和《牛汉诗文集》。

他们是"反革命"。那时候有个奇怪的念头,总以为牛汉他们是"老头"了,后来才知道当年他不过三十出头。待到开始读牛汉的诗,已经是1970年代末1980年代初。这个时期,他最为人称道的作品,当推《华南虎》:"不羁的灵魂","火焰似的"斑纹和眼睛,"巨大而破碎的滴血的趾爪",成为描述牛汉诗质和人品的词语。它和《鹰的诞生》《半棵树》等,通常被看作是他的"代表作"。比较起来,1980年代初更触动我的,是《麂子》,是《悼念一棵枫树》。我看到平易、朴素的语句的饱满和力量。有关这首诗在我这里引起的反应,我在题为《历史经验的重量》的文章里,有详细讲述。牛汉这首诗初稿写于他在湖北咸阳"五七干校"劳动改造的1971年。一个秋天的早晨,湖边一棵高大、美丽的枫树锯倒了,这时:

> 家家的门窗和屋瓦
> 每棵树,每根草
> 每一朵野花
> 树上的鸟,花上的蜂
> 湖边停泊的小船
> 都颤颤地哆嗦起来……

诗还写道,这一天,整个村庄和山野都飘着"比秋雨还要阴冷"的清香。

那个时候,这首诗给我印象深刻的原因,现在想起来有两个方面。1980年代初,"象征"是诗歌写作、批评最被推重的方式,读者也热衷从诗中寻找"喻象"背后的寄托、指向和微言大义。这固然是在矫正当代诗歌那种"主题"和方法的浅白直露的弊病,但什么事情一旦成为风尚,争相模仿,就会让人厌烦。《枫树》虽有某种寄托,也可能有某种"象征",但它的力量不需要借助这些。所以我在当时和后来写作的当代文学史和新诗史中多次提到,它"诗的情感,与作为情感、经验的寄托和映像的自然物之间,超出简单比喻性质的关系",赞赏那种高贵的情感,"弥漫一切空隙地流贯、浸润在诗的所有细节"之中。

另一方面的原因,是与个人生活经验的关联。1969年,那时掌管权力的工人、解放军"宣传队"已进驻学校,开展了"清理阶级队伍"运动。除了人的排队、清理之外,花草也不能例外。说是北大到处尽是花花草草,正是滋生资产阶级、小资产阶级的温床。不久,五四运动场跑道和足球场便全部开挖,种上了白菜、西红柿、黄瓜,而中文系、历史系所在地的一院到六院之间的静园,树木、草地被砍伐、铲除(还好,似乎是顾及了生长的不易,一些松柏保留了下来)。记得是一个早上,我从宿舍去中文系,从四院一边转过去,眼前的景象让我惊呆了。高大的白杨、榆树的树干已经肢解在地,刺梅、丁香、连翘的枝叶狼藉散落;天空突然因空洞而慌乱。因此,我能够理解牛汉在被伐倒的枫树前的"丧魂落魄":"整个天空变得空荡荡的,小山丘向下沉落,垂下了头颅……我颓然地坐在深深的树坑边,失声痛哭起来。"(《一首诗的故乡》)也是在那些日子,一次遇到谢冕,他激动而忧伤地说起未名湖边一株美丽榆树被无端锯倒,没有人清理,一个多星期几截的树干仍躺在路旁,叶片枯萎失去了光泽。谢冕说,"我真的不敢从它身边经过,每次都绕远路回家"——那时,他住在大学西北角的朗润园,从中文系的二院回家,未名湖是必经的地方。

我明白,我们谁也没有力量阻挡"风景"消逝的进程。

三

2008年9月,和一些朋友去安徽旅游,在屯溪的书店购得刚出版

这部书,原由台湾天下远见出版股份有限公司出版,人民文学出版社获得授权于2008年出简体字版。译者陈明哲。书中收有多幅黑塞精美的淡彩素描。有散文,也有些写花朵的诗。可以和郭沫若1958年写花的诗(《百花齐放》)做比较,看到诗人之间迥异的心情和境界。

的德国作家黑塞的诗文集《园圃之乐》。[1]对"伪造"的"屯溪老街"并没有很高兴致,可离旅游同伴集合还有两个钟点,便在街头公园长凳上翻读这册漂亮的小书。说它"漂亮",除了装帧的雅致,还因为里面有十几幅黑塞手绘水彩图画,让人爱不释手。收入的诗、文(不少是黑塞著作的摘录),时间跨度从一战前的1908年到1950年代初。在战乱频仍、声色犬马、奢华浮夸激荡的20世纪,黑塞的离群索居的生活状况,他对山川、湖泊、花草的热切挚爱,与大自然建立的那种相容相契、忠实信赖的关系,倒像是(但其实也不全是)中国古代遁世的隐者。

---

[1] 赫尔曼·黑塞:《田圃之乐》,孚克·米谢尔斯编,陈明哲译,人民文学出版社2008年版。译者陈明哲毕业于台湾大学,是该校森林系、森林研究所学士、硕士。这样的学养让人羡慕。

在多个地方，黑塞也写到树木的死亡，但情感不如牛汉尖锐。譬如他园子里的一株桃树，一株南欧紫荆，先后在狂风暴雨之夜折断倾倒。他也哀伤、沮丧，写到因大树倾倒地面有了一个大洞，缺口，"空虚，阴森，死亡和忧郁全都从这向内窥伺"，感叹着"连树木都有不测风云的命运，也会猝逝骤亡，也会一朝被人弃置，消失于无尽的黑暗中"。所幸，黑塞说，这些树木不是被空投的炸弹所爆裂，不是被人连根拔起远离故土，不曾因受到玷辱而痛苦求死……因而"死得庄严而自然"。说起来，与自然的这种关系，部分原因虽然来自时势的纷乱和对现实政治的弃厌，不过，在存在的层面上，树木已经逐渐脱离作为人类寄托的附属物位置。或者说，人和自然之间，存在着一种超乎比喻的关联：

> 在人们心中和大自然里，都有不可分割的同一份神性在运作。一旦外在的世界毁灭了，我们所保有的这一份神性或许能够将它重新建立起来；因为山川与河流、林木与树叶、根干与花朵，所有这些大自然的创造物，全都已经预先在我们内心形成，从灵魂里源源而生。[1]

在这一点上，牛汉自然不同于黑塞。不过，他们都有对树木的发自内心的崇敬。黑塞将树木看作是"具有说服力的传道人"。他说："所有的树木也都是神灵。若懂得与它们交谈，知道如何倾听它们的话语，那么就能得知真理。它们阐扬义理与箴规，解释众庶之忧苦，叫人认知生命的原始法则。"在黑塞解读的树木阐明的箴规中，特别值得重视的是，热爱与崇敬树，也"不必时时以变成树为念——除了扮好自己

---

[1]《外在世界的内心世界》，见黑塞《田圃之乐》。

的角色之外,他将不再觊觎成为别人。这正是一个人的原乡,是他的福分"。[1] 这种以树为范,成为特立独行的个体,相信也体现在牛汉的人生轨迹之中。

四

诗文集研讨会上,有几个发言让我印象深刻。如郑敏先生。她说,参加这个会好奇和深有感触的是,诗人与读者,与一般大众会有这样的关系。对此她解释说,1955 年才从美国归来;在国外,诗人很高贵,但也高高在上。郑敏先生因为取得比较的眼光,才能发现诗人与读者的这种我们习焉不察的关系。另一个发言是吕正惠。吕先生是淡江大学教授,专程从台北赶来参加这次会议。说到喜欢牛汉诗文时,给出的理由之一是,牛汉对人的关切,对挫折、受难、悲苦的人的安慰,是一种孩子式的纯真的安慰。这个看法我第一次听到,感到很新鲜。吕正惠是西方古典乐迷,我在他台北的家中看到他收藏的三万多片 CD。他的随笔集《CD 流浪记》[2] 里谈到莫扎特,使用了和谈论牛汉相似的说法。"当他伤心,难过,他就像小孩一样'纯然'地伤心,难过,一点杂质也没有。你听他的慢板(特别是钢琴协奏曲的慢板),就仿佛莫扎特在跟你说:我知道你很难过,我也很难过,然后他就哭了。"吕正惠说:"那种'纯净'的悲哀会让你在听完之后轻轻地叹一口气,心里想:算了,没什么好说的了。"这篇文章的题目是《慢板——莫扎特如何安慰我们》。我真的很感慨吕正惠有这样

---

[1]《树木的礼赞》,见黑塞《田圃之乐》。
[2]《CD 流浪记》出版于 1999 年,台北九歌出版社版。大陆版本有文化艺术出版社版和 2010 年三联书店版。各版本之间所收篇目略有不同。

的感觉,想他一定是在十分痛苦的时候听这些慢板,情绪因此得到缓解的。不过论到牛汉,总觉得这样的评论有点奇怪。后来仔细想想,这可能是深入到文字内在气质的发现。也就是说,在牛汉的精神素质和感情状态之中,发现一种跟他的遭遇,跟他的年龄似乎难以对接的天真和纯净。牛汉自己说的"获得净化之后的单纯",是包括我在内的一些评论者忽略的重要一点。

研讨会临近结束,按惯例是牛汉讲话。面对大家很高评价他的诗,却说自己的诗"写得好的少"。说这些话的时候,他的语调平实,诚恳,没有丝毫的故作姿态。他几次说他的诗写得"粗"。这个字可能有多层的涵义。譬如不够严谨,精致;譬如诗意不够凝聚显得狂躁。"狂躁"是他1987年和唐祈谈诗用到的词,说自己的诗欠缺一种"潮润,清净,流动"的内在素质。他因此"渴望"能有像汪曾祺的"那种充沛着'水的感觉'能滋润心灵的作品"(《谈谈我的土气》)。牛汉在说到自己诗的缺点的时候,提到卞之琳。说卞先生在世的时候,一次拜访中,对牛汉诗在肯定的同时,也说到"粗"的不足。牛汉说,他曾想改掉这个"毛病",却发现很困难;最主要的是,朝着"精致"的方向努力的结果,是发现自己不大像自己了。

这个问题,或许可以分开来看。一是确实存在某种诗艺上的缺欠;牛汉在这一点上的诚恳,证实着这位诗和生命的"永远跋涉者"的不倦心态。另一则是,"粗砺""狂躁"在这里其实也是"风格",它承载了那些精致的雕刻品不易,或难以有效承载的感受、经验,那种让读者难以释然的"永远的沉重"[1]的历史感。牛汉意识到自己的局限,不过,他也意识到在有关"粗砺"与"潮润"、"狂躁"与"水的感觉"的选择问题上,并非都可以依人的心愿随意拣选。正如牛汉

---

[1]《埋葬:永远的沉重》是牛汉写70年代干校生活的一篇文章的题目。

给莫文征诗集作的序所说,"自己的形体不能由自己安排,只能被动地去承受命运的安排和删改";这样,缺欠文字的鲜亮、甜蜜,就难以一概看做是"个人的贫弱和无奈",倒是可以"从中真切地感知历史的荒诞和悲伤"。[1]

五

卞之琳的诗歌,他在新诗史上的地位,在1990年代后期以来,发生很大变化。他的价值得到确认,这是对过去评价的偏颇的必要校正。在诗歌写作上,关注"小",回避大题材、大主题,从平淡、琐屑事物中发现、提炼诗意和心智,获得超越性的结晶,是卞之琳诗艺的核心。不过,对卞之琳等为代表的这一"诗艺线索"的推崇,有时也出现某种偏颇,并影响到近年诗歌写作的取向。在一些批评家和诗人眼里,似乎这一"诗艺线索"是新诗史最高成就的部分,是新诗美学价值构成的基本支柱。

最近,姜涛在一篇文章中,表达了对这个偏颇的忧虑[2]。他借肖开愚的一首诗(《下雨——纪念克鲁泡特金》),讨论诗歌写作如何参与到"历史"中的问题。文章中,他从诗人、诗与历史建立何种关联的方面,来重提卞之琳的名篇《断章》("你站在桥上看风景/看风景人在楼上看你/明月装饰了你的窗子/你装饰了别人的梦"):

---

[1]《历史的沉思和信念——序莫文征诗选〈芽与根的和弦〉》,《芽与根的和弦》,人民文学出版社1999年版。

[2]《巴枯宁的手》,载《新诗评论》第11辑,北京大学出版社2010年版。另见姜涛诗论集《巴枯宁的手》,北京大学出版社2010年版。

在卞之琳的眼中，风景既是骨肉丰满的西洋油画，又是一些轻描淡写的中国线条。人生在世，感官经验会扑面而来，像巨大的蜂群让人难以招架，诗人的想象则是捕获形式的容器，让风穿过、水穿过、鱼和鸟穿过，剩下的则是空灵的心智，而大小、远近、古今、你我之类的诡辩只是一种容纳并淘洗的技巧，这解释了为什么像圆宝盒、白螺壳一类容器形象，一时间遍布了卞之琳的诗歌。……无论怎样，在芜杂流变的历史当中，诗歌的想象作为一种造型与抽象的能力，总是能脱颖而出，又将一切作为风景容纳。诗人的身份也从先知、情种、斗士或莽汉，一次次校正为智者。他在忍耐与观察中可以进行超越性的思考，获取内省的存在深度，通过心智的成熟，来消化、对抗外部世界……

姜涛认为，卞之琳式的诗艺，饱含了对现代历史特定的忧惧感："历史不仅充满一种暴力，而且从本质上也无法信任，既然任何选择都是虚妄，在这个时候，智慧的、人道的心灵只能无奈地敞开，在自然性的伦理安宁中，享受刹那的永恒。"这种诗艺，表达的是一种虚无的人生观、美学观。

我们或许可以将这种诗歌美学看成落实于心智发现的，"从容"但也是疏离的美学，一种拒绝与流俗妥协，对按照理念创造历史的那种"积极主义"加以质疑的美学。今天，能够认识到这一美学路线有它的价值，毕竟是一种"进步"；这种"疏离"也是对"历史"的另一种参与。但事情的另一面是，新诗史不是只有这一将历史抽象化、玄学化的传统，也有另外的，其重要性不逊（如果不说更重要）于此的传统。在后面的这个"诗艺线索"中，诗人将芜杂、充满暴力的历史化入自身的血肉，执着地追逐他可能触及的时代内容，而且将写作看做是一种参与、搏斗的行动——参与到对历史"真实"的探求和社会价值重构的实践之中。也许可以这样说（虽然稍嫌简单），这里的分别是，一种是将芜杂、令人不安的历史、人事在精致的琢磨中"风景化"、情调化，让读者"在阅读中安放日常的失败感、挫折感"，另一种则是"在瞬间的紧张中提取新的激情，将失意或挫败转化为醒觉的可能"（姜涛：《巴枯宁的手》）。我想，从主要倾向上看，牛汉的诗歌应该属于后者。在一篇记述"干校"日子的文章里他说：

> 有一年夏天，我的前胸和后背被烈日烤得爆了皮。……我把这张发着汗血味的自己的皮，夹在心爱的《洛尔迦诗抄》里……如果我的这张皮后来还在，我一定在上面写一首诗，装在镜框里，悬挂在我居室的墙上，那的确是一幅真正有血有肉的命运的图像（《谈谈我的土气》）。

因此，牛汉对他人，也对自己这样提问："诗人，你敢于写出毕加索眼睛里的那种绝望和憎恨吗？你敢于写一首比绝望和憎恨更强烈更庄严的希望之歌吗？"（《毕加索最后的自画像》）

但我无意将事情简单化，将有分别的诗歌理念和实践绝对分割并将之对立，也不赞成离开具体诗歌文本来判断其间的高低优劣。相信在这一点上，牛汉也持一种开阔、包容的态度，不会将有差别的生活、历史态度简单化，更不愿将生活与诗艺追求混为一谈。对艺术虔诚的写作者而言，他们的关注点，其实已经超越这种题材、社会功能、历史关联方式上的对立的困扰。在他们那里，紧要的是诗人心灵、创造力的强度，是他提取、熔铸经验，并进而"粉碎、重造经验"的能力。思想、艺术的超越性，总是他们的目标。就如牛汉那首受到赞赏的《空旷在远方》说的：

空旷总在最远方
那里没有语言和歌
没有边界和轮廓
只有鸟的眼瞳和羽翼开拓的天空
只有风的脚趾感触的岸和波涛
空旷是个恼人的诱惑

2010年岁末，北京蓝旗营。

附记：诗人冷霜来信，说他读我的这篇文章的时候，"恰好重新看到朱自清《新诗杂话》中《新诗的进步》结尾一段话，'现在似乎有些人不承认这类诗（按指臧克家30年代的诗）是诗，以为必得表现微妙的情境的才是的。另一些人却以为象征诗派的诗只是玩意儿，于人生毫无益处。这种争论原是多少年解不开的旧连环。'如您所说，这两路都已是新诗史的传统，而其间（伴随不同历史情势）的争论或摆荡似乎也构成了一个'传统'，怎么看待这个传统我觉得是个很有意思的问题。"（2010年12月29日）

两个王晓明？[1]

虽然说世界很小，北京和上海高铁也就是几个钟点的路程，可是我和王晓明已经十多年没有见面，更没有想到重逢会是在台湾的新竹。祝贺他的新书《横站》的出版，让我们能够集中了解他近十年来优秀的思想成果。

前面各位朋友已经做了精彩的分析，提出许多重要的问题。我现在补充几点边缘性的，也许是不合时宜的感想。

第一，王晓明比我小十五六岁，但在1980年代末和1990年代，我也算是他著作、文章的热情读者，就像在1950到1960年代，我对王西彦先生的敬佩。那是在赵树理的《"锻炼锻炼"》受到批判，宣称要充当一名"保卫《"锻炼锻炼"》的战士"的王先生，是中国人的精神生活被严格管理日见贫瘠时，在有关茹志鹃小说讨论中坚持争取文学、思想的多样和丰富的王先生，是巴金《随想录》中那个对强权表现不屈服姿态的王先生。虽然这样说也许不太好，但我隐隐觉得，在王西彦先生和王晓明之间，有某种精神、性格上的传承。简括地说，就是一种既坚定、执着，又柔韧、包容的性格。执着固然不

---

〔1〕 2013年2月23日下午，在台北纪州庵举行王晓明新书《横站》（台北，人间出版社2003年版）发表会。会议由吕正惠教授主持。这是会上的发言。

易，但做到执着而又有对事物丰富性的包容，在我们这个时代，真的是很难。

第二，事实上可能有两个王晓明。他在"学术小传"中也讲到自己近十年来的"学术转变"。一个王晓明，是文学的王晓明，另一个是文化研究的。文学的王晓明，研究鲁迅，研究沙汀、艾芜，写《所罗门的瓶子》，和陈思和先生提出"重写文学史"，1990年代初发起"人文精神"讨论，1997年和他的朋友们编选《二十世纪中国文学史论》。另一个则离开了文学，离开对现代作家创作心理的探测，转向对中国社会政治和文化状况直接出声发言。"转变"之后，他的分析、论述，毫无疑问更有分量，更重要，更能触及世道人心。不过，在这个王晓明理所当然地得到更多赞扬的同时，前一个则有点遗憾地被冷落。我是说，也还是有一些人对他的"转变"感到惋惜。十多年前，参加上海华东师大"现代文学学科危机"研讨会之后，晓明让我和贺桂梅跟他的研究生座谈，我就表示过这层意思。去年11月，社科院文学所现代研究室开"回顾80年代"的座谈会，赵园先生也有这样的表示。她的语气更带急切：对于这个转变，"王晓明当然认为他是对的！"可能面对内心，也可能不时听到朋友这样的疑问，王晓明在《横站》中有这样的响应：对于这个"学术转变"，"现在也不是这么看的时候。一个正手忙脚乱地对付世变的强烈刺激的人，是无暇也无力反顾自身的"。他并引了《半张脸的神话·序》："尽管明知力弱，也总得奋身出言，那新的意识形态早已四面联络，我又岂能自限于文学的世界之内？"——这是"世纪性"的庄严回答；不少中国现代作家都曾这样说过。我能体会到其中的必然，甚至是难以抗拒的意味；这种被逼迫，就是鲁迅《过客》中那个在前面召唤的声音。

第三，但是说"两个"王晓明，其实有点绝对。在世界观、文学观上，他们之间当然有很大差别，这种变化的某些部分也具有根本的性质。不过，我更愿意缓和这种断裂、对比的强度，而寻找其中内在的连贯性；在某些观念、立场面前，这种内在的连贯性容易被忽略，但对一个人来说却更重要。我指的是那些在历史生活中形成的感受方式，情感方式，那种看待世界和自我的方式。比方说，他在分析中国社会、文化状况的时候，总是抱有对"单执一面的思想立场"的高度警惕。他不愿意重蹈当代比比皆是的，以某种理论、先验观念来削减、肢解事实的覆辙，而坚持放开视野，寻找多种有效参照。这可以看作是他说的"横站"的真谛。当他质疑"西方模式"的时候，并没有像当前一些人那样，直接抽象1950-1970年代中国大陆"正面状况"作为取代的另一标准，而无视、掩盖那个历史时期暴力、黑暗的另一面。又比如，精神状况是他衡量一个时代的最主要指标，因此他特别忧虑中国人精神状况的恶化（狭窄化和粗鄙化）问题，用更多力气来分析、批判"成功人士"所呈现的"新意识形态"。还有重要的一点是，他的思考、分析，是将自己带入其中的，是包含"自我"的。我们因此能真切体验到那种"直面真实人生的热忱"，体味到在时代重压下思考者不可避免的迷惘、焦虑。生活经验告诉我们，空洞的高调不一定可以信任，而渗透血肉的思考更有可能表现了"洞察大局，直扑人心的智慧"。对自身的反省和质疑，通过自我批判的主体建构，这也许就是竹内好说的鲁迅的"文学的态度"？

最后一点感想是，我相信王晓明不会完全推翻他"文学时期"对文学的那些认识：单薄的观念无法与丰富而深邃的文学相媲美。事实上，1990年代以来学术界对1980年代的反思，存在着对八九十年代的主张、事件的价值和对今天的有效意义估计不足的情形。这里包括1980年代的文学批评，"重写文学史"和"人文精神"讨论。我相信，正如王晓明所说，在一个文化被删削得日益整齐，日益被酸腐味笼罩的危机时代，对优秀文学作品诗意和魅力的阐释，有可能开发中国人敏锐、开阔的审美能力，以抵抗弥漫的"新意识形态"大面积的侵蚀。因此，我期望有一天，比如到我这样的岁数，或者再推后一些，到他80，或90岁的时候，还有另一次的"学术转变"：当然，不是回到原地，而是一个新的地界。

这样说，我知道接着就会有吕正惠教授的批评。但我不愿意受到他的批评，所以，下面引一段他的话作为结束。在台北人间版他主持的"外国文学珍品系列"（已经出版了俄国女诗人阿赫玛托娃的两种诗集：《我会爱》《安魂曲》，乌兰汗译）的出版前言中，引了阿赫玛托娃的三行诗：

> 我们的神圣的行业
> 历史久长……
> 世界有了它，没有光也明亮

吕正惠接着写道："文学是不可取代的，也是不会灭亡的，除非人类也灭亡了。原因正如阿赫玛托娃所说的，只要有了文学，黑暗的世界也会变得明亮。"

2013年2月24日于新竹交通大学

《谢冕编年文集》：
研讨会邀请函和开场白

一点说明：2012 年 6 月，《谢冕编年文集》12 卷，由北京大学出版社出版。6 月 26 日，在北京大学英杰国际文化交流中心举办文集首发式和谢冕学术座谈会。下面是我为会议起草的邀请函，和主持会议时的开场白。

一　会议邀请函

各位先生、朋友：

《谢冕编年文集》12 卷，即将由北京大学出版社出版。北京大学诗歌研究院、中国新诗研究所、北京大学中文系和北京大学出版社，拟于 2012 年 6 月 26 日（星期二）下午，在北大英杰交流中心月光厅，举办"诗意的人生和学术——《谢冕编年文集》出版发布暨学术座谈会"。

谢冕先生自上世纪 40 年代末开始发表作品，他的文学创作和学术研究到今天已历经六十余年漫长岁月。他是当代文学的见证者和参与者。他于当代新诗革新运动，于当代文学学科建设和中国新诗研究，于大学文学教育和研究生培养，于热忱扶持年轻诗人、批评家的成长……成就卓著，影响深远。此外，他的人格和精神魅力，也是值得加倍珍惜的财富。

借他的编年文集出版时机，我们原本筹划大型的学术研讨会，总结、阐释"谢冕的意义"。但这个计划遭到他本人的否决。他坚持将这个发布会，开成朋友之间小型的"联谊会"，以友情、快乐、轻松作为座谈会的基调。会议筹备组深知，抗拒他的执拗并没有好结果，只好尊重这一意愿。因此，有如下的商定：

1. 仅邀请谢冕先生在北京的学生、朋友参加。

2. 会议的活动、安排不论官职、辈份的高低。

3. 提倡参加者撰写文章，但也可以不写文章；会上可以发言，也可以不发言。

4. 发言、座谈之前，请参加者在送给谢冕的会议海报上签名，也请谢冕在参加者的秩序册上签名，作为相互的纪念。

5. 时间是6月26日下午2点到5点半。英杰交流中心在北大东门里，可乘坐地铁4号线到北大东门站出西南口，进东门步行5分钟。开车朋友或者将车停在东门外，或者事先联系入校许可。

6. 备有晚餐，地点待定。

我们热忱期望你的参与。

我们就发这个电邮，不再另发送纸质邀请函。请接到这个电邮的朋友，拨冗尽快给筹备组回复，告知你能否参加这次会议，是否发言，有没有撰写文章的打算。请将回复发到现在的这个邮箱。

如有什么建议，也请提出。

谢谢诸位先生、朋友！

"谢冕编年文集座谈会"筹备组

2012年6月7日

二 会议主持人的开场白

  谢冕的"编年文集"出版和开他的学术研讨会,已经筹划多年。曾经设想过一个规模比较大的会议,吴思敬也提出由当代文学研究会和北大中文系、北大新诗研究所来合办,但谢冕坚决反对。这次的会议,他也一再提出,只是小范围的,是朋友和学生之间的聚会。他不让邀请外地的朋友、学者,觉得舟车劳顿,没有必要。北京的一些老先生,像牛汉、乐黛云、严家炎、钱理群、张炯等,也叮嘱不要打扰。会议名称原本是"研讨",让改成"座谈";说,座谈就是随意聊聊天,交换一些看法。根据他的意愿,这次会,是严肃的,也是轻松快乐的;是学术的,也是友情的。我们不设主席台,不按官职、辈份分配座位。不少人想主持这次会议,经过竞争上岗,最后由我来主持。在座的都是谢冕的朋友、学生,彼此都熟悉,就不一一介绍。虽然陈平原、张黎明、黄怒波、高秀芹他们几位,以不同机构负责人的身份出席,但我想,他们会更看重和谢老师的朋友、学生的关系。

  每年年底北大中文系都有辞旧迎新的团拜,都会对年满 70 和 80 岁的老师献上一束鲜花。去年年底,正好 80 但拒绝做寿的谢冕,因为不愿意被献花,缺席了团拜会。不过,作为一种朴素、真诚的表示,一束鲜花的祝贺和感谢还是不能免的。现在,提议请一位年轻漂亮的女孩子,代表我们给谢老师献花。

  谢冕是福州人。福建是出才子才女的地方。今天在座的陈晓明、王光明、姚丹、萨支山也都是福建人。1948 年,在福州三一中学读初三的谢冕,便在《中央日报》(福州出版)上发表了散文《公园之秋》。从那个时候到现在,已经过去六十多年,换一种庄严的"历史叙述体",也就是"跨越半个多世纪"了。1940 年代末,追求正义、自由、光明的谢冕,高中一年级报名参军。但文学是他的梦想,1955 年便从军队复员，报考北大中文系。大学的几年里，担任颇有名气的学生文学刊物《红楼》诗歌组组长，和同学孙绍振、孙玉石、刘登翰等一起，编写《新诗发展概况》，也开始为《诗刊》写诗歌批评文章。"文革"结束后，他参与当代文学研究会、新诗理论刊物《诗探索》的创办，筹建北大当代文学教研室，为当代文学学科建设做出重要贡献。1980年5月发表的《在新的崛起面前》，支持当时困难中的新诗革新运动，是"朦胧诗"的发现者和确认者。"在对文化人长时间的，覆盖性的压迫与伤害之后，谢冕竟还会这样卓然不群地立举新说，使我们隐约地感到了中国文化生生不息的内在力量，更使我们在选择入世为文的姿态时有了一个直接的榜样"（李书磊：《谢冕与朦胧诗案》）。这几十年，他在中国当代诗坛，充当了敏锐、勤勉的"地质师"，他敲叩，拍摄，化验，他报道并且预报，不止理解上升着的群山，更能理解仍在起伏的高原和平川（黄子平《通向"不成熟"的道路》）。他坚持这样的信念："诗歌在整个国计民生的链环中，可能是微不足道的。但诗歌塑造民族的灵魂，基于此种认识，我坚持时代赋予的权力。"1982年，他招收第一届当代文学硕士研究生，就是今天在座的黄子平、季红真、张志忠。1986年，北大有了国内首个当代文学方向的博士点，谢冕是第一位被授权指导这个方向的博士生导师。让人伤感的是，第一位博士生，学问和人品都优秀的程文超，过早地离开我们。他指导的研究生，很多人后来成为著名批评家、学者和文化机构的骨干。他名下的国内外进修教师、访问学者，有近百人之多。1989年，在这个转折的重要年份，他在北大创立文学沙龙性质的"批评家周末"，标举文学对时代、对现实生活介入的旗帜，这个活动坚持十数年直到他退休。他主持的多项大型科研项目，如"百年中国文学总系""百年中国文学经典"和"20世纪中国新诗总系"，产生广泛的影响。我们大概都会看重他的批评文章和研究论著的价值，像《共和国的星光》,像《文学的绿色革命》,像《新世纪的太阳——20世纪中国诗潮》。可是我要告诉大家,他的散文、随笔也不应该忽视。里面有他人生的独特体验,有他在与陈词滥调划清界限,让语言焕发活力上艰苦创造的足迹。

1959年初和他一起编写《新诗发展概况》,我认识了谢冕,后来成为同事,成为朋友。我从他那里学到很多。"文革"那些年,"了解事实比选择立场、派别更重要"——精神挫败时期的这一共识,让我们走到一起。学生时代,我就为他审美感悟的直接、敏锐折服。富于历史感的宏观视野,让他的诸多判断具有前瞻性。在细节把握基础上的充溢诗意、激情的概括力,构成他批评的重要风格。为什么能始终保持年轻心态?这缘于他不断探索生命可能性的动力。生命对他来说是具体、有血有肉的,他抵抗着将生命缩减为僵硬的"政治正确"教条的强大压力。基于自信,他不掩盖自己的缺陷和失误,"编年文集"自然不会只收入对自己"有利"的文字,为保存历史真实面貌也坚持不作一字改动。谢冕对朋友,对不同事物、不同观点,有广阔的包容之心。但正如他自己说的,他有强硬的一面:"我是一个不轻易改变原则的人。"1983年清除精神污染,他是运动的重点。在中文系五院门口,他悄声但坚定地告诉我:"我不会做检讨!"1989年6月10日,我电话询问,跟骆一禾的告别去不去?回答只有两个字"要去。"……

几年前,我在一篇文章里这样谈到他:

> 以"节制"和"坚韧"来概括谢冕性格中的重要方面,应该是恰当的。他经历不少"厄运",对待厄运,他取的态度是"坚韧";他对自己能够独自承担拥有信心。……他的生活中,又确有许多的幸福,他懂得幸福的价值,知道珍惜。但从不夸张这种幸福,不得意忘形,不以幸福自傲和傲人,也乐意于将

幸福、快乐与朋友，甚至与看来不相干的人分享。

我的开场白太长了。下面就是座谈会发言。要求发言的先生很多，最好每人把握在十分钟左右。当然，如果超过时间，我也不会打断他。

纪念三位诗人:商禽、张枣、许世旭[1]

我今天要谈的三位诗人,是商禽、张枣和许世旭。同学们可能会问,为什么把他们放到一起?一位是台湾的,一位大陆的,许世旭却是韩国人;他们也不是同"世代"的作家,彼此的风格也很不一样。我把他们放在一起,出于一个简单的理由,这就是他们都是去年(2010)去世的、用中文写作的诗人。许世旭虽然是韩国人,但他的许多作品是用中文写的——当然,他也有大量的韩文作品,他用中文写的诗、散文,在他的创作中占有很大份量。这三位诗人在去年离开了我们,他们的死,引发我的一些感想。商禽是6月27日凌晨去世的,享年81岁。许世旭7月1日,76岁,张枣去世比他们早几个月,3月8日,但他最年轻,48岁;这应该是年富力强的年龄。

在我们的时代,诗歌确实很边缘了,所以,即使很有成就的诗人的离世,也不会引起媒体、大众的关注。例外的情况,大概只在一种比较特殊的情况下,比如杀人或者自杀,正如八九十年代之交的海子、顾城和戈麦。我所以要拿诗人的死作为话题,主要是前些年发生的事引发的感慨。昌耀先生是2000年去世的,我不是个不读书不看报的人,过了许多日子才知道这个消息。昌耀在当代中国大陆(我们

---

[1] 根据北京大学"当代诗歌与当代文化"(2011年10月)课上的录音整理。

先不说台湾），应该是数一，或数二，至少是数三的诗人了，可是却走得悄无声息。另一位著名老诗人蔡其矫先生，他 2007 年 1 月 3 日凌晨去世，当天上午有朋友告诉我。虽然他年事已高，享年 89 岁，但因为上一年，也就是 2006 年春天我去福建三明参加一个诗歌会议，还和他、刘登翰一起到闽西北建宁的地质公园。他没有老年人的蹒跚，一起坐船爬山。因此听到这个消息还是感到突然。晚上我就给和蔡先生同是福建人，而且他们之间很熟的首师大教授王光明打电话。他后来有一篇文章说到这件事：

> 今年 1 月 3 日凌晨 2 时，诗人蔡其矫因脑瘤在北京逝世。我是当天傍晚从北京大学教授洪子诚先生的电话中得到这一消息的。晚上，我打破自己的习惯，在网络上搜索关于蔡其矫逝世的消息，不见任何报导。我再向中国作家协会一位副主席打听中国作家协会对蔡老丧事的安排，不想他还是从我的口中才知道此事。
>
> 我顿时木然。蔡其矫的逝世不该这样无声无息！之于当代体制，他是 1938 年的"老革命"；之于中国诗坛，他是当代屈指可数的真正有成就的诗人。一个多么热爱生活的诗人！青春永驻的诗人！走遍了中国的千山万水，献出过那么多才情洋溢的诗篇。他天真可爱得像一个儿童，2004 年 2 月 14 日情人节，已经 86 岁的蔡其矫，穿着红衣服站在福州的大街上，向每一对身边走过的情人分发诗集和玫瑰。……

王光明说到的中国作协副主席，我猜是张炯先生。张炯也是福建人，北大中文系 55 级的。说蔡其矫是"老革命"，是指他 8 岁随着家人移居印度尼西亚泗水，20 岁回国参加抗战，到了延安，进鲁艺学习，1940年代在晋察冀边区从事革命文化工作。至于说到他情人节在福州的大街上分发玫瑰，这是确实的。我在网上就看到这个情景的照片，穿大红颜色羽绒服的蔡先生，向一对情侣赠送红玫瑰。照片中的女孩子露出惊讶，也满心欢喜的笑容。蔡其矫是个爱美的诗人，爱美丽的女孩子，爱美丽的山水；从朴素的人道精神出发，保护美的不被破坏，不被损毁——这在他的诗里看得很清楚。前些年在北京的一次晚宴聚会上，蔡先生原来坐在后面，看到有新疆漂亮女孩子的歌舞表演，就把椅子搬到最靠近表演的地方……结果是，会场几乎有一半的人不是在看歌舞，而是在看那看女孩子的蔡其矫：看他的旁若无人，他长时间的目不转睛。这让我想起张枣的两行诗：

> 我直看她姣美的式样，待到
> 天凉，第一声叶落……
>
> （《灯芯绒幸福的舞蹈》）

王光明其实也不要过于伤心。蔡其矫不是歌星，不是名伶，在人大、政协、政府、中国作协等机构，好像都没有什么实际意义的官职——可能有一个福建作协名誉主席的头衔吧，我记得不大清楚。他被人称为"独行侠"，独来独往的。对他的去世的反应，正好是这个社会给予一个"疏离者"的合适"待遇"。在匪夷所思地将高占祥先生（前文化部长）封为"中国桂冠诗人"的地方，真的不应该为这样的遭遇感到奇怪。不过，相信他的读者和倾听者会记住他，会有另外的纪念方式。说到底，诗人和这个世界，和他的读者，最牢靠的只有以诗联系，其他的一切都是虚幻的，其实不很紧要。这正如爱尔兰诗人希尼的话："在某种意义上，诗人的首要职责，是允许诗歌再次发生。"

对于诗歌处境，前一段时间常常引起争议的德国学者顾彬教授，在他的文章里有这样一段话：

> 人们都在谈论诗歌受到的危害，在中国，甚至谈到了"诗歌的危机"。真的，到了20世纪，诗歌，这所有文化中人类精神史的发轫者，似乎走到了末日，政治与媒体看好的只是大众，而大众并不需要诗歌，于是，诗歌艺术这一门类便由于内在的美学原因走向了边缘，站在自绝于人的悬崖上。但更令人吃惊的却是：在21世纪来临之际，诗人并未死绝，而且，尽管现代诗高蹈晦涩，复杂难懂，读者乃至倾听者，仍有人在。甚至中国现代诗也是这样……

他讲到这里，都还是入情入理，真知灼见，接下来这些话就有点不太靠谱了：

> ……只是似乎出现了一个重心的转移：读者和倾听者与其说在中国，还不如说在国外，对中文诗关注的人与其说是中国人，还不如说是洋人。为何？因为西方至少知道资本主义仅仅只是生活的一半，而在中国，市场经济作为生活方式刚刚被允许，人们不想知道那另一半是什么。物质的利欲熏心导向自我麻痹的可能，而不是导向诘问。现代诗，或准确地说当代诗，正是这诘问的表达……

我说"不靠谱"，是因为在中国，也不像他说的那样，就不存在想知道生活"另一半"的人，这样的人其实也不少，也不全都那么利欲熏心吧。诗歌还是有许多读者和倾听者。想知道那"另一半"的人的忧心，不比顾彬教授少许多。顾彬这些话说在十多年前，不知道现在看法是不是有了改变？当然，诗歌的读者、倾听者是无能为力的一群，他们无法呼风唤雨，没有办法阻挡世界的总体走向。能做的也就是和其他人一起，分享读诗的感受、经验，在忙碌、焦躁之余，用一点时间，静下心来温习离我们远去的诗人留下的诗篇。

一　商禽：负伤的鸟

先来说商禽。他本名罗燕，商禽是1960年才开始使用的笔名。他去世后，台湾诗歌界为他在台北举行了追思会，参加的人很多。台湾的《创世纪》诗刊和《文讯》都出版了纪念专刊，不少诗人、读者和他的朋友，像张默、马悦然、向明、楚戈、辛郁、管管、碧果、尉天骢……写下了下动情的文字；还详细编集了他的作品目录，对他评论、研究的论著篇目。因此，我想他是幸福的。我最早读他的诗，是1980年代初，就是那些现在仍被看作是他的"代表作"的《长颈鹿》《跃场》《灭火机》《逃亡的天空》等。"超感"的意象和奇崛的字词、句式，当时让我惊讶。但我对他的创作研究很不够，这里只是谈几点印象。

首先是诗人生活经历和他的作品的关系。从宽泛意义上说，"人"和"诗"自然密不可分，但是情况也有不同。朱光潜先生1930年代说过，"有些诗可以从文字本身去了解，有的诗非先了解诗人不可"[1]。也就是说，有的诗人的作品是自己生命、遭际的直接投射；诗和人构成了互补互证的关系。牛汉、绿原、昌耀等诗人都属于这一类，商禽也是。所以，牛汉先生将他的诗看成"生命的档案"，绿原为他的诗论集命名《人和诗》，商禽也坚决认为，"由人所写的诗，一定和人自己有最深的关系"。另一类诗人，他们的作品和他生活经历

---

[1]《文学杂志》第1卷第2期《编辑后记》，1936年7月出版。

的联系就不是那么直接，有的还可能回避诗的直接人格化。读后一类诗人的作品，"传记"因素的加入就不是那么重要。比如在座的姜涛老师，读他的诗，还有臧棣老师的诗，好像就不大必要苦苦追索、考证他们的经历，他们的生活细节，况且他们也有意无意神秘化自己，隐蔽"自我"；他们不大信仰诗是诗人的"自叙传"或"自我表现"这类浪漫主义的诗歌信念。商禽这样的诗人，在人和诗的关系上，还有另一层面的涵义。他们的生命和诗歌写作，联系着现当代动荡变迁的历史进程；他们的生活，颠沛流离，就是镶嵌在20世纪的战争、动乱、政治运动之中的。这构成了20世纪新诗写作与时势紧密纠结的独特"风景"。随着他们的离世，这道"风景"也将会逐渐消失，成为"历史"。

当然，强调他们"诗"和"人"的这种难以分割的关系，也不是把这个问题绝对化。也就是，即使对待他们，也要避免走入在写作上崇拜个体生活经验，和在阅读上依赖诗人传记的误区。台湾年轻诗人叶觅觅，就对商禽诗歌通常的"传记式"读法有所保留。她写的追思商禽的文章——文章题目叫《他的猫将会继续穿墙，他的催眠将会继续遥远，他的脚将会继续思想》，这个题目的三个短句，来自商禽的三首诗《穿墙猫》《遥远的催眠》和《用脚思想》——叶觅觅说，"我们应该仔细触摸那一行一行从他笔下流出来的看似超现实的现实，而不是去哀叹实际发生过但是我们不在场的他们的现实"。还说，"我宁愿用比较纯粹的，艺术的视角来欣赏商禽的诗……而非用他颠沛流离的人生去揣度"。这里的根据是，商禽诗歌的成就，不仅依靠他的生活经验，更重要的是他具有改造、转化、提升和发现的强大的艺术能力。

商禽1930年生于四川珙县。1945年15岁当兵，他"当"的兵不是共产党的八路军、解放军，是国民党的军队。后来随军到过广东、湖南、云南,多次从军中脱逃,又被抓回,自己说有六七次之多。1950年,国民党军队溃败从大陆撤退,他也从云南经海南岛到了台湾。大概因为不那么规矩,不肯受军纪管束,多次被关禁闭,拷打。当了20年的兵,1968年退役时还只是个上士。

这里,我想到一个有趣的现象,就是在上世纪的五六十年代,大陆和台湾不少写诗的年轻人都是军人。大陆的有闻捷、公刘、白桦、李瑛、周良沛、张永枚、顾工、梁上泉、高平、雁翼、未央、胡昭,台湾的除商禽外,郑愁予、辛郁、梅新、洛夫、楚戈、管管、痖弦、张默、周梦蝶,大荒也都是行伍出身。为什么会出现这样的现象?是那个年代不少有诗的潜质的青年人都主动或被迫入伍,还是军旅生活有助于情感、想象力的开发?当然,虽说都是军人,他们之间的世界观、诗歌观念、艺术资源却差异极大,诗歌意涵和情感性质,也大相径庭。诗人都是对时间敏感的人,两岸行伍出身的诗人,在"时间观"上重大的区别是:一群认为自己是时间的主人,他们以时代驾驭者的身份,写作真诚,也嫌单薄肤浅的"创世纪"之歌。另外的一群,则强烈感受到被时代遗弃,他们肩负着巨大压力,"以诗抵御时间无尽无止的侵蚀"。[1]有评论家将商禽的名字解析为"负伤的鸟",那么,让他"负伤"的正是他所经历的时代的"无尽无止的侵蚀",是无力把握支离破碎的现实的废然绝望。

商禽退役后,生活拮据艰难,当过出版社编辑,在高雄当过码头工人,跑过单帮(从高雄贩卖丝袜和进口香烟到台北),卖过牛肉面(因少人问津而亏本),开办过家庭托儿所。直到1980年代当《时报周刊》编辑,生活才算比较安定。商禽说,他从小就是一个逃亡者,以前为了生活,为了逃避死亡逃离,晚年则为抗拒病魔逃离。他晚年

---

[1] 陈芳明:《商禽之秋:纪念他,不如读他一首诗》,《文讯》2010年7月。

患有帕金森氏症。身体、灵魂受到的禁锢和逃离禁锢,对自由的渴望和渴望的受挫,是他的诗的持续性主题。他的诗风,和台湾早期的诗人杨逵有相近的地方:瘦,硬,冷峻。就像商禽在《杨逵素描》里写的那样:

> 干瘦的双腿
> 盘坐在
> 光洁的竹席
> 同样有嶙峋的骨与节
> 都是只能折断
> 而无法弯曲的

不过商禽的着力点,不是杨逵那样直接的社会批判,他聚焦的是人被囚禁——肉体的和心灵的,被囚禁和自我囚禁——的悲剧命运,和在无法逃离的处境中个人尊严、精神自由的坚守。说到商禽诗中构筑的"悲剧性处境",我想起《文讯》追思专刊的名字。他们给这个专刊起名"梦或者黎明":这是商禽一首诗的题目。"或者"这个连接词在他的诗中很重要,除了"梦或者黎明"之外,还有"门或者天空""哭泣或者遗忘"。在另一些诗人那里,比如蔡其矫、牛汉,对立性的命运、情境,被处理为明暗分判的两端。商禽不一样,它们的界限远不是那么绝对,清晰。"或者"表现了那种不稳定的交错和转换。他很有名的短诗《逃亡的天空》,就是在"超现实"想象中,揭示这种对无法挣脱的悲剧处境的刻骨感知:

> 死者的脸是无人一见的沼泽
> 荒原中的沼泽是部分天空的逃亡

> 遁走的天空是满溢的玫瑰
> 溢出的玫瑰是不曾降落的雪
> 未降的雪是脉管中的眼泪
> 升起来的眼泪是被拨弄的琴弦
> 拨弄中的琴弦是燃烧着的心
> 焚化了的心是沼泽地荒原

对商禽诗的另一点印象，可以引用翁文娴的一个观点。翁文娴是台湾成功大学教授，著名诗评家，也是诗人。她写诗用的是"阿翁"的笔名。她评说商禽的诗歌风格是，"他冻结了长久以来泛滥的、疲乏虚弱的抒情传统，像一支'冷藏的火把'"[1]。"冷藏的火把"也是商禽一首诗的题目。感情自然是诗歌的支柱。但是，在中国新诗，浮泛、廉价、泛滥无边的抒情总是太多，以至令人生厌。从一般情况看，与感伤保持距离其实并不容易；自怜、自恋也是人的本性，能让自我从感伤中得到某种满足，安慰。况且，从中国现代诗人的普遍性处境说，他们也有资格，有理由去感伤，去宣泄。不过，正像翁文娴说的，他们"在东西文化更迭交替、数百年战乱与贫弱中已然抒发得失去焦点"。商禽显然对感伤这种"疲乏的抒情"传统有清醒的警惕。他介绍自己，说"商"是奸商的商，"禽"是禽兽的禽，并以"你是一只现役的狗"这样的不堪字眼自况。还写道，他"用不曾流出的泪，将香槟酒色的星子们击得粉碎"（《海拔以上的情感》）。这是一种"冷藏"（或急冻，或定格）的美学方案：芟除枝蔓，在"超现实"的变形中，实现对感情的控制和压缩，以逼近事物的骨干与核心。

---

[1]《新诗评论》2011 年第 1 辑，北京大学新诗研究所编，北京大学出版社 2011 年版。

商禽说他是"快乐想象缺乏症患者",说"我不但不了解莫扎特中的'欢畅',并且也卑视他"。[1] 莫扎特当然单纯,欢畅,但也不纯然欢畅、单纯。听听他的慢板,特别是钢琴协奏曲的慢板,还有他的《安魂曲》就可以知道。我还是第一次听到有人说莫扎特的"坏话",哪怕是贝多芬,有人不喜欢他(比如张爱玲)我也不会奇怪。在我印象里,莫扎特是个让已死和未生的人都感到亲切的作曲家。这样说倒不是要故作惊人之语。神学家卡尔·巴特说过:"当我有朝一日升上天堂,我将首先去见莫扎特,然后才打听奥古斯丁和托马斯,马丁·路德、加尔文和施莱格尔的所在。"[2] 而我们知道,打开购书网站,在胎教音乐 CD 中,莫扎特占有相当大的分量;母亲们放心地让未出世的孩子受莫扎特的引导。正像莫扎特不全然是欢畅,商禽也不全是痛苦、悲伤、绝望。有人将他概括为"悲伤至极的诗人"——台湾《"中国时报"》2010 年 6 月 29 日刊出"悲伤至极的诗人商禽 27 日病逝"的消息——就只看到他"显在"的一面。如果耐下心来,在他的诗里,可以发现深藏的而且深厚的、令人感动的温情。爱、温情、对温暖的期待,在他的诗中不是一种"配料";可以不夸张地说,是他这些黑色的,悲苦冷峻的诗的核心。

我本来想和大家一起读他的《遥远的催眠》《穿墙猫》两首诗,时间关系,就念念《穿墙猫》这首吧。它是用散文形式写的。开头一段说,"自从她离去之后便来了这只猫,在我的住处进出自如。门窗乃至墙壁都挡它不住"。第二段是:"她在的时候,我们的生活曾令铁门窗外的雀鸟羡慕,她照顾我的一切,包括停电的晚上为我捧来一勾新月(她相信写诗用不着太多的照明),燠热的夏夜她站在我身旁散

---

[1]《商禽诗观》,见《商禽诗全集》,台北印刻文学杂志 2009 年版。
[2]《莫扎特音乐的神性与超验的踪迹》第 4 页,上海三联书店 1996 年版。

发冷气。"第三段:"错在我不该和她讨论关于幸福的事。那天,一反平时的呐呐,我说:'幸福,乃是人们未曾得到的那一半。'次晨,她就不辞而别。"接着是:"她不是那种用唇膏在妆镜上题字的女子,她也不用笔,她用手指用她长长尖尖的指甲在壁纸上深深的写道:今后,我便成为你的幸福,而你也是我的。"全诗这样结束:"自从这只猫在我的住处出入自如之后,我还未真正的见过它,它总是,夜半来,天明去。"

也许这里面隐藏着商禽生活里的某些"本事"?但这并不重要。在"它"和"她",在实存与虚幻,在悲苦与甜蜜,在追悔和期待……之间,有着我们咀嚼的空间。翁文娴教授有这样的评语:它"是世纪最美的爱情故事:张力如此饱和,各方都哀伤至极点而无法戳破,无法挽回。如今,商禽(伤情)已过,漫漫长夜完结,穿墙猫是否会修炼成人在白昼走出来?[1]

二 张枣:知音寻求者

接着讲张枣。张枣在德国的图宾根大学医院死于肺癌。图宾根大学是他归国之前学习和工作过的学校。他去世时,有一位诗人在悼念的诗(《悼念张枣》)中,引了约瑟夫·布罗茨基这样的诗句:"死神大手大脚,不知节俭。"在这件事情上死神的确出了差错,不该让年仅48岁的,并不厌弃这个世界的诗人过早离开。前些天翻他的诗集,看到有《死亡的比喻》,开头这样说:

死亡猜你的年纪

---

[1]《"怪味鸡"怀商禽》,《文讯》2010年8月第208期。

> 认为你这时还年轻
> 它站立的角度的尽头
> 恰好是孩子的背影
> 繁华,感冒和黄昏
> 死亡说时间还充裕

根据颜炼军做的年谱(《张枣生平与创作》,刊载于《新诗评论》13辑),这首诗写于1987年他在国外的时候,当年25岁。我突然想到,不知道是什么原因,新时期以来不少年轻诗人,喜欢无所顾忌地写死亡,写衰老。顾城、海子、陆忆敏、西川、张曙光、王小妮……或者是认为生活和写作总归是两回事?或者是因为"死亡说时间还充裕"?就像诗人清平(他从北大中文系毕业后,长期在人民文学出版社担任诗歌编辑,主持"蓝星诗库"的编选工作)说的,"人最惧怕的是时间的流逝,和流逝中的某些改变,但在写作中,真正感到惧怕的人并不多"。不过清平说他自己却有顾忌,回避着这些意念、这些词语。他说:"毫无顾忌地写生死、衰老、疾病、凶器,尤其是心无芥蒂地写时光流逝,我在十多年前就办不到了。一个词,一种口气,一样东西,都会让我突然警惕,怕它在冥冥中损害我今后的命运。我所忌惮的,不单是时光变迁所暗含的某些逻辑结论,同时也包括了那些微露端倪而并不确定的词语谶意……"[1]

《死亡的比喻》在涉及这个话题的时候,用的是一种满不在乎的语气。其实,它一直是盘旋在张枣心中的问题,是他需要面对的对象。这个话题,在他1990年代以后的创作中得到延续。时间的压力是那些敏感、持才傲物者的苦恼,就像他的朋友柏桦说的:"他的痛

---

[1]《一类人》自序,《一类人》,作家出版社2007年版。

苦仅仅是因为时光寸寸流逝,因为死亡是无法战胜的,因为'一江春水向东流'的青春将不再回来。"[1]

在这三位诗人中,张枣是我唯一见过面的。那是在2000年12月,因为"新世纪"已经来临,对历史象征事件入迷的诗歌界,便在大连策划了一次规模很大的诗歌会议,打算演出诗歌界大团结、大胜利的仪式,还准备发布迎接新世纪的"大连诗歌宣言"。全国知名诗人、诗评家来了七十多人,我也有幸被邀请参加。但是,这个宏伟的设想并没有成功。已经持续一段时间的,有关"民间"和"知识分子"的分裂、冲突,在会上继续发酵。24日我们去大连的时候,因为暴雪,飞机备降沈阳。在寒冷的沈阳机场,臧棣向我介绍芒克,问他是否认识我,芒克摇摇头;臧棣补充说,写当代新诗史的,读过吗?芒克一脸茫然:"没有读过。"第二天晚饭餐桌上,臧棣又用同样的方式向我介绍张枣。我的名字张枣可能有点印象,因为1998年出版的那套主编挂我的名字的"90年代中国诗歌"丛书(文化艺术出版社),收入了张枣的《春秋来信》这个诗集。当问到是否读过我和刘登翰合写的"当代新诗史"时,他也一样茫然。在这次研讨会上,有诗人批评我的新诗史不公正。我便发言说,里面肯定有许多问题,但我又说,诗人其实不要太在意,也不要去读什么新诗史;在这方面,我要特别感谢从没听说过、当然也没有读过"当代新诗史"的芒克和张枣。我这样讲并不是想敷衍塞责,也不是为自己的偏颇辩护。那时我强烈感到,比起小说家来,诗人有不含糊的执着、认真,但也过于敏感,有太多的"文学史焦虑";他们不明白,"当代人"写的"当代史"很多是靠不住的,很快就会被忘掉,我的"当代新诗史"也一样。

---

[1]《左边——毛泽东时代的抒情诗人》第119页,香港牛津大学出版社2000年版。

当时张枣留给我的，是有点顽皮的孩子的印象——不知道那个晚上他是不是酒喝多了。十年过后当我从照片上再次"见"到他，看到他有些苍老，有些浮肿的面容，就有点失落。就想，和有的人见面，就像读有的书，只见过一面或只读过一次最好。张枣诗的数量不多，诗集也不多，有的是自印的。他不是有很多读者的那类诗人。"蓝星诗库"的《张枣的诗》，收入作品130首，后来又发现了四五首。有的诗人写的很多，有的却是惜墨如金。商禽也写得少，《商禽诗全集》收167首，是他1950年代起60年的写作总量。在台湾诗坛中，痖弦，周梦蝶都是作品数量很少的。痖弦也是不到200首，事实上他可以说只有一本诗集《深渊》，其他的诗集可以看作是《深渊》的复本。今年诺贝尔文学奖获得者特朗斯特罗姆也是这样，中译本《特朗斯特罗姆全集》（南海出版公司2001版，李笠译）也只有一百六十多首。我当然不是说写的好的诗人就一定写得少，这样说没有道理，也不是事实。人与人是不相同的。不过，有才情的诗人，也要警惕才情过度、随意的挥霍。

　　1980年代读张枣的诗，如《镜中》《何人斯》和他稍后的《楚王梦雨》，有种很奇特的感觉。目前的诗歌界，通常将他归入"第三代诗"的行列。他的这些作品，既没有北岛式的政治隐喻和批判激情，也不是于坚式的解构和日常生活琐屑碎片。里面有当代不常见的恍惚、唯美，来自潮湿南方的颓废，有着回想、追忆的悠长委婉，诗里也不难发现对古典意象和声音的借重。比如写在1980年代初的《镜中》：

　　　　只要想起一生中后悔的事
　　　　梅花便落了下来
　　　　比如看她游泳到河的另一岸
　　　　比如登上一株松木梯子

> 危险的事固然美丽
>
> 不如看她骑马归来
>
> 面颊温暖，
>
> 羞惭。低下头，回答着皇帝
>
> 一面镜子永远等候她
>
> ……

又比如《何人斯》：

> 这是我钟情的第十个月
>
> 我的光阴嫁给了一个影子
>
> 我咬一口自己摘来的鲜桃，让你
>
> 清洁的牙齿也咬一口，甜润得
>
> 让你也全身膨胀如感激
>
> 为何只有你说话的声音
>
> 不见你遗留的晚餐果皮
>
> 空空的外衣留着灰垢
>
> 不见你的脸，香烟袅袅上升——

那个时候我正学习解读现代诗。缺乏想象力的人就特别死心眼，就想为什么想起一生中后悔的事，梅花便落了下来。多多在一首诗里说，"一个故事中有它全部的过去"；还说，"所有的日子都挤进一个日子／因此，每一年都多了一天"。后来我明白了，如果一天既无法挤进另外（更不要说所有）的日子，也就不大可能创造那多出来的一天。有一个时候，我在张枣一些诗面前感到困惑，便怀疑自己是否具备研究诗歌的条件、能力。将我从这种困惑中解救出来的，还是顾彬教授。他在什么地方说过这样的话，说张枣是20世纪"最深奥的诗人"，"张枣的读者殊不容易，无论是他原文的还是他译文的读者，无论是他中文的还是德文的读者，他们所面临的难度是同等的"。既然不是我一个人感到这种难度，既然许多"张枣的读者"都"殊不容易"，我这才放下心来。

张枣和商禽的一些诗，的确晦涩、难懂，但商禽和张枣的"深奥"性质不同。商禽是那种怪异的"超现实"意象，那种奇想，张枣的情况，顾彬提到的原因是他追求艺术的简洁，说他"以简洁作为艺术之本"。克制，简明精确，使用的词不是可预测的，是陌生化的，而且这种陌生化随着文本的递进而加深。因而，这些看似随意排列的词语的统一，"只有最耐心的读者才能发现"。我觉得，和这个原因相关联的，还有来自他诗中自传性因素的处理方式。在将自己的经历、体验的细节写进诗里的时候，他并不想将解套的钥匙、密码（哪怕是一点线索）同时交给读者。当然，理解其中对古代诗文典故、意境的借用、转化，也是我们面临的另一难度。

这里牵涉到诗人对自己的基本定位。我们要问的是，张枣想象自己是个什么样的诗人？他在为谁写作？有什么样的诗艺理想？这是需要弄明白的一点。1990年代，他有这样的自述（我是从一篇文章中转引的：Susanne Gosse《一棵树是什么？》，收入《语言：形式的命名》）：

> 我的那些早期作品如《何人斯》《镜中》《楚王梦雨》《灯芯绒幸福的舞蹈》等，他们的时间观、语调和流逝感都是针对一群有潜在的美学同感的同行而发的，尤其是对我的好友柏桦而发的，我想引起他的感叹，他的激赏和他的参入。正如后来出国后的作品，尤其是《卡夫卡致菲丽丝》……与我一直佩服

的诗人钟鸣有关,那是我在 1989 年 6 月 6 日十分复杂的心情下通过面具向钟鸣发出的……[1]

显然,这个自述告诉我们,他不是要做一个"大众诗人"。这个判断有两方面的含义。第一是,他的写作不想主动触及人们关切的政治、社会时势问题,也不大想和涌动的诗歌潮流建立某种连接。另外一点是,他自觉不为"多数人"写作,不是为了被"多数人"阅读,他更愿意寻求知音。寻求知音的写作,是来自中国古典诗歌传统,这表现了向这个"伟大传统"回归的取向。在文本写作上,他经常使用"对话"的诗歌方式;在诗歌交往、传播、阅读上,他的理想是获得"知音"的理解、激赏。因而,他的诗不是倾诉的,演说真理的,而是交谈和对话。这也是他的诗复杂的另一背景。从大的时空方面看,这种交谈、对话,涉及现在和过去、生者与死者、东方与西方;而具体的对话对象,则可能是朋友、诗人、文本、预设的读者,以至和另一个的我……他这样高傲地说:"我将被几个佼佼者阅读。"——在他的心目中,有资格进入这个"佼佼者"名单的人数,不会太多。

这种在接续中国古典诗歌"伟大传统"上所做的探索的得失,需要细心辨析。无论如何,他质疑、"抵抗"那种单一的倾诉、宣讲、抒发的诗歌方式,重视交谈、对话在传达现代人复杂、多层次的体验、思考上的价值,就值得重视。但是,这样的诗歌经验哪些具有普遍性意义,可以加入到"诗歌方向"的方面,哪些是属于个体不可模仿、复制的个人风格,在判断上仍需要慎重。也就是说,他的诗歌取向、诗歌方式的形成,既是基于他的诗学理想,也由他具体境遇所制约。在普遍性的诗歌意义与不可替代、复制的个人经验之间,有着复

---

[1] 孙文波等编:《语言:形式的命名》,第 334 页,人民文学出版社 1999 年版。

杂的交织需要厘清。在近现代，中国诗歌现代化进程的一个重要征象，就是诗歌开始扩张自己的功能和边界。它突破同好之间那种"知音"式的小圈子，走进更大的社会空间，并不仅与个人生活，而且与社会政治，与更大人群的生活命运连接。顾彬教授（还有另外一些批评家）对中国汉语诗歌有一个理想性设定，他这样认为，"朦胧诗"的"意象世界和语汇选择"还依赖着西方和中国早期现代主义，还承担政治和社会的角色。他说，这就还不能理解成"纯语言或者纯汉语"。这里他含有对朦胧诗的"缺陷"的批评，也显然从一种诗歌方向上肯定张枣的语言的"回缩"。其实，在中国现代诗歌近百年的历史中，拓展与"回缩"一直是一组矛盾：它们都难以被互相取代：纯诗和不纯的诗，向公众发言的诗和寻求知音的诗，承担政治和社会角色与专注于语言的美和完善的诗，总是形成冲突，但也互为推动的条件。

讨论张枣的诗，还有一个问题不能忽略，这就是在国外的生活对他心理、写作产生的影响。他1986年赴德国留学、工作，到2007年回国到中央民大任教，二十余年间大部分时间生活在国外，主要作品也在这个时间完成。谈到张枣曾经旅居国外，有的评论使用了"流亡"这个词。我觉得在他身上使用这个词并不恰当，他出国学习工作和通常意义上的"流亡"无关。如果说"流亡"的话，商禽主要是他与社会现实的关系的层面，北岛则主要是政治性的"流亡"。张枣不是，他在国外的生活和写作遇到的问题，主要是文化、语言上的问题；虽然这对北岛他们来说同样存在。不过，张枣在国外遇到的，又不是一般留学生的问题，他出国之前在国内诗歌界已经有了名气，又自视甚高，可是到了国外没有人知道这一点，无人赏识，变得无足轻重。他有一种心理上的落差，感到孤独、悲观。因此，在国外他常常这样介绍自己："我是张枣，我是一个诗人。"他经受着这种孤独的压迫。张枣在自己的诗里也透露了这样的心理信息。余旸——他是我们学校中文系博士毕业的,本名余祖政,写文章和写诗都用余旸这个笔名——在他的一篇题为《重释"伟大传统"的可能与危险》[1]的文章里,引了张枣写在国外的两行诗:

> 一百年后我又等待了一千年;几千年
> 过去了,海面上仍漂浮我无力的诺言
> 　　　　　　　　(《海底被囚的魔王》)

余旸说,这里面透露了无望、悲观。这个分析是有道理的。这里的无望,是对语言无法充分表达,也难以充分抵达倾听对象的无望。如果说,张枣出国之前寻求"知音"是基于艺术上的高傲,那么,这个时候对"知音"的寻找,就多少转化为承担和释放这种心理压力的意图。也就是说,寻求"知音","寻找对话"的性质、目标发生了转变。这个问题,可以说是一个文化事件,或者一个语言事件。"语言事件"这个说法,是俄裔美国诗人布罗茨基提出的,他是在说明发生在20世纪的带普遍性的文化现象。一些作家因为各种各样的原因,离开祖国生活在"异邦",这就出现了这样的情况:"他被推离了母语,他又在向他的母语退却";开始母语是他的剑,然后却变成他的盾牌,他的密封舱。这样的难题,困境,相信也发生在布罗茨基身上。同学们知道,布罗茨基出生在列宁格勒(现在的圣彼得堡),1976年移居美国,在密西根大学获得博士学位,后来加入美国籍,主要用英文写作。张枣不同于布罗茨基,后者除了有强大的政治性背景(被驱逐出苏联)之外,还在于张枣没有那种强大的"性格能量"。美国作家桑

---

[1]《新诗评论》2011年第1辑,北京大学出版社2011年版。

塔格说得很好,"他着陆在我们中间,像一枚从另一个帝国射来的导弹,一枚善良的导弹,其承载的不仅是他的天才,而且是他祖国的文学那崇高而严苛的诗人威感。……他快捷、灵活地与其移居国建立联系"。桑塔格说,我们只要看看布罗茨基的行为举止,就不难发现他"仍是一个不折不扣、地地道道的俄罗斯人";但是"他实际上又是何等慷慨地让自己适应我们,同时急于把他的意志强加在我们身上"。也就是说,这种强大的性格能量,表现为两方面的勇气:对移居国文化、语言上的适应,和对祖国文化、语言的传统的维护与坚守。这样的适应性和勇气,是张枣不完全具备的。这是张枣生活和诗歌中"悲剧性"的一面。

最后,我们用他的"知音"柏桦的一段话,来结束对这位优秀的诗人的谈论:

> 他或许已完成了他在人间的诗歌任务,因此,在他生命的最后几年里,他干脆以一种浪费的姿态争分夺秒地打发着他那似乎无穷的光景。新时代已来临,新诗人在涌出,他在寂寞中侧身退下,笑着、饮着,直到最后终于睡去……但极有可能的是,由于他的早逝,由于这位杰出的诗歌专家的离场,我们对于现代汉诗的探索和评判会暂时陷入某种困难或迷惑。

三 许世旭:跨"界"的歌者

台湾作家尉天骢写道:"今年(指 2010 年)的六七月是一个极不遂顺的季节,老友先后走了两个,先是商禽,接着就是许世旭。辛郁告知商禽去世的消息时,我们都想着老许一定会从韩国赶来台北送商禽一程,没想到不到两天,竟也传来他的死讯。"许世旭对我们,对在座的同学来说,可能比较陌生。他是韩国人,1960年到在台北的台师大中文系读研究所,1968年,先后获得文学硕士、博士学位。当年读研究所时,和叶维廉先生是同学。尉天骢说,"大学研究所的拘谨,使得他的学习呈现一片刻板,直到一个偶然的机会他认识了纪弦,开始了和商禽、楚戈等人的'鬼混'生活"之后,"人一灵活,语言的窒碍也就随之畅通起来;随意的交谈,随意兴的喝酒,路边摊的胡说八道,这一切相加起来,就使得老许整个变成另一个人"。[1] 从此,许世旭便用韩文、中文写诗,写散文,写研究论著。在台湾的《现代诗》《创世纪》等刊物发表中文诗作,出版中文诗集。

过去,我零星读过许世旭的诗文,但比起商禽、张枣来,更不系统,也没有能形成明确的判断。在他去世之后,才有更多的搜集关注。在他离世后,大陆、台湾的诗人、学者,都集中回忆、谈论他和异国诗人"打破国界共赏的文化生命"(叶维廉语),激赏他用中文写诗,与台湾现代诗人成为莫逆之交,参与台湾1960年代的现代诗运动,推动中韩之间诗歌、文化的交往。在与异国语言、文化建立心神相系的联结上,许世旭做到的,恰恰是张枣遭遇的压力和困境。张枣坚持的是原先生活、身份、文化、情感的原点不摇动。因此,当许世旭说"不懂得猪耳朵就酒,因此韩国没有文化",而且"每隔一阵子总要回来台湾住上几天,要不然他会乡愁得要死"的时候,张枣在异乡写的却是:

> 她的清晨,我在西边正憋着午夜
>
> (《祖母》)

---

[1] 尉天骢:《那个时代,那样的生活,那些人》,《文讯·商禽文学展暨追思纪念会专刊》。

但我的这些描述,可能只是表面的,印象式的。我要说的是,对不同诗人而言,他的推动力、资源都是难以比较的;他们的成就也难以用同一的尺度来衡量。我们对诗人的阅读、纪念和评价,只能一个一个地进行;喜欢笼统概括的这种风习,有时候是对他们的不够尊重。

因为早已过了下课时间,我推荐同学读读刊发在这一期《新诗评论》(2010年第2辑)上,谢冕、严家炎、孙玉石三位老师怀念许世旭的情真意切的文章;他们都是许世旭的好朋友。

纪念三位诗人：纪弦、梁秉钧、牛汉

《诗建设》杂志开设了"百年新诗：精神和建设的向度"的论坛。这是很重要的题目。不过这个问题很大，想了一些时间，不知道该从什么地方说起。无奈之下，只好讲一些具体的人和事。

三年前，也就是 2010 年，有三位用中文写作的诗人离世，他们是商禽、张枣和许世旭。之所以说"中文写作"，因为许世旭是韩国人。但是他青年时代在台湾求学，参与台湾 1960 年代的诗歌运动，与大陆和台湾文学界关系密切。他的不少诗和散文，是用中文写的。为着纪念他们，那一年我写了题为《纪念三位诗人》的文章。今年，又有三个著名的中国诗人离开我们，觉得应该续写我的纪念，这便是题目上有"之二"的原因。

一 纪弦（2013 年 7 月 22 日）

三位诗人中，纪弦最高寿，101 岁。说他是"跨世代"，一点没有修辞的意味。我们现在谈论新诗史，总会在某个段落提到他；1930 年代的路易士也许不如戴望舒、杜衡、徐迟知名，但是 1950 年代台湾的现代诗运动，纪弦是重要人物。当年，他虽然经济拮据，却独资创办了《现代诗季刊》；诗人常常是不计成败得失的痴心者。在 1950

年代，犹如奚密教授所言，他是新诗在台湾的播种者，也是现代主义风潮的引领人。1956年成立"现代派"发布的《现代派六大信条》，当时和后来最具争议、引人诟病的，是主张现代诗应是"横的移植，而非纵的继承"。在今天，指出其中的偏颇不是难事，不过，还是要肯定这些主张、努力的功绩。这还不仅仅是历史评价的公正问题。新诗行进途中"现代"与"古典"的关系，不是非此即彼的选项，这是诗歌"现代"过程的内在矛盾，是"不断'现代'"的要求和这个要求面临"不断困境"的争执和调整；并不是可以截然切割然后赋予简单价值判断的。

说到纪弦先生的诗，很惭愧，我手边没有一本他自己的诗集。读他的诗，主要是在1980年代，是借助多种合集和选本。当时印象最深的，一是《阿富罗底之死》等对现代文明的批判，另一是《狼之独步》《摘星的少年》中那个孤傲、特立独行的形象。1980年代的大陆，高扬着主体性，对现代文明，也有热切期待。纪弦诗中写的现代文明对美的切割、摧毁，当时我们的感受并不那么痛切，而"我乃旷野里独来独往的一匹狼"，则确实得到很多的呼应。

我当然没能见到纪弦先生，他1970年代中期就移居美国，他的照片也从没有见过。从诗艺上，说纪弦是"现代派"，其实他有更多的"浪漫"气质；诗里的自我抒发，"说诗人"（套用卞之琳先生的概念）的自传特征，为我借助他的诗来推测、构想他的音容相貌提供可能。"拿着手杖7，咬着烟斗6"（《7与6》）；"一小杯的快乐，三两滴的过瘾"（《一小杯的快乐》）；"我不过才做了个／起飞的姿势，这世界／便为之哗然了"（《鸟之变奏》）——便想，他是高瘦的身材，嗜酒，成天咬着装板烟的烟斗；狷介、高傲……他故去的消息传来，不禁动了印证我这些拟想的念头，就从网络上搜寻他的相片。最感亲切的是他的自画像，有点像梵高的自画像——那简直就是我心目中的纪弦。

但是同时也看他百岁寿辰,头戴花冠与他亲属的合影。长时间盯着它,心中有说不清的难受。照片呈现的情景,也许并非纪弦所愿?即使是倔强、高傲、睥睨流俗的"摘星者",也会有无法自主,任由他人"摆布"的一天?——尽管他的亲人纯粹基于好意。我不由得又想起《7与6》这首诗:"手杖 7 + 烟斗 6 = 13 之我"——"一个最最不幸的数字"。纪弦说这是"一个悲剧"。但他写这首诗的时候,字里行间流露的更多是狷介式的调侃;待到真正感受悲剧,大概便不会有这样的文字写下。生活和艺术虽有关联,但确实是两回事。我终于明白了我们这里,为什么写年老,写死亡的诗,总是出自既不老,也离死亡遥远的年轻人之手的原因。

一段时间,我曾经有过这样的念头,觉得纪弦的创作只有文学史的意义了。在他辞世的时候重读他的诗,我为自己的虚妄深感羞愧。

二 梁秉钧(2013 年 1 月 6 日)

细细回想,和梁秉钧(也斯)先生一共见过三次面。最初一次是 1997 年夏天,王光明(那时他是福建师大教授,还没有到北京任职)在武夷山主持了一次颇具规模的新诗学术研讨会。来了许多新诗研究者、批评家和诗人。"三个崛起"(谢冕、孙绍振、徐敬亚)都到齐了,诗人有翟永明、王小妮、臧棣,中国台湾有萧萧、白灵,还有德国的顾彬和荷兰的柯雷。中国香港来的是梁秉钧。次年,我到香港岭南大学中文系访问,再次见到他;当时他是中文系主任。我经常把自己想得年轻而把别人看得太老,便以为他和我是同辈人(实际上他比我整年轻十岁)。对这个误解我向他道歉,他笑着说,没关系,我头发少,显老。最后一次见面,是 2009 年年底人民大学召开的国际汉学大会。我和"汉学"本来没有一丝瓜葛,但最后一天(11 月 1 日)有一个圆桌会议，主持人王家新说"你来吧"；我便在会上做了"谈文学的焦虑症"的8分钟发言。11月初在北京下那么大的雪很少见，赶到会场，已到开会时间。我还没有落座，梁秉钧从很大会场的另一边绕过来问候，握着他温暖的手，让我十分感动。

武夷山会议梁秉钧说什么已经记不清，但我保存着会上的一张照片。记得是在谢冕讲话之后，我的一个插话、提问，引起一片笑声。照片记录的，便是坐在我前面的梁秉钧转过头来的笑脸：这是天性本真的诗人才有的那种快活。在这次会议上，对1990年代诗歌的评价是争议的问题之一。曾是诗歌革新运动举旗人的谢冕、孙绍振，对1990年代诗歌当时有严厉批评，谢冕发言题目便是"诗正离我们远去"。他说现在许多诗写的都是"自我抚摸"。他说的情况是存在的，但不是事情的全部。我禁不住便有一个提问。我说，1940年代闻一多有将艾青和田间放到一起比较的短文，说田间已经和人民大众结合，而艾青还是小资产阶级知识分子的立场；艾青诗中写"太阳向我滚来"，闻先生说，你让太阳向你滚来，你为什么不向太阳滚去？我仿照闻先生的这个说法问谢冕，你说"诗正离我们远去"，为什么不说"我们正离诗远去"？笑声便由这些话引起。

不论是什么时代，总是鱼龙混杂，诗歌也是这样。其实，1990年代诗人有许多优秀的成果，他们中的一些人，因应时势变迁，正在深入探索、调整着诗歌与历史，诗与人，语言实践的意义，诗歌的艺术方式等问题。就在这次会上，王小妮便有题为"木匠致铁匠"的发言（后来我才知道，发言是她1996年的同名文章的一部分）。木匠（诗人）在与铁匠（小说家）的对话中，对作为职业的诗歌写作，和作为社会身份的诗人角色提出怀疑。她这个"木匠"，表达了钉死自己的铺子，"自弃"地脱下木匠围裙，走向绿色田野的心愿，以摆脱被职业、被身份的禁锢，实现内心的自由……但是，她的发言在会上没有得到应有的关注。我们有些迟钝;或者是没有耐心,或者欠缺敏锐,对变化着的事物常常懵懂无知。

这次会议之后,梁秉钧先生就陆续赠我他的诗集:再版的《雷声与蝉鸣》,香港作家出版社的《梁秉钧诗选》;我又找到收录他近些年诗作的《东西》。读着读着,就有奇妙的发现:大陆诗人需要申辩和跨越的,对梁秉钧他们来说,好像并不存在什么费力的门槛。他们或者早已关闭了木匠铺,或者就没有过成年累月与锯子、刨子、木料厮守的日子。诗歌写作在他们那里,可能迹近于王小妮描述的那种状态:"木匠到了野外,浑身都得了眼睛,浑身都得了耳朵。向远处走,又见到快成材的树干。拍拍它们,多象拍一条硕健的马腿。……"

梁秉钧是教师,是学者,是多媒介艺术的探索者,也许还是美食家、旅行家?写诗是他生活的一部分。"一部分"在这里有两个意思:他生活着写诗,不是为诗活着;诗的写作来自他生活里的发现,"浑身都得了眼睛,浑身都得了耳朵",他感受到他说的"发现的喜悦",这也不纯然基于诗的理由。抽象的命题很少是他写作的起点;"爱情太麻烦了/煮菜比较可以预料"。他尊重具体事物;事物在他那里,不是(诗人)附属品。观看者、写作者与对象之间,建立了尊重、专注、细心体察、对话的关系。他的美学是可以称为"适度"的美学,"在虚渺的句子中找到现实的细节",而"在实在的描写中看见一点空白"(《有关翻译的通讯》)。由于感觉、知识的交汇,时间空间的跨越流转,他获得多重的视角,他用温婉的词语,让我们看到习焉不察的事物的本相,和其中蕴含的哲理。在《林徽因梁思寻觅山西古寺》这首诗里,梁秉钧感谢道:

……你的目光从麻木中救出
古老的线条,带我们仰望斗拱和屋檐

在千年的昏沉下看出曾有过的智慧

　　我们也要感谢也斯，感谢他拂拭去寻常事物上落满的灰尘，让我们见识它们生命的色彩，伦理的光泽，化解世事的纷扰纠缠而试图达到单纯澄净……

　　　　摩挲一个葫芦瓜
　　　　逐渐在时间里发出光泽
　　　　爱抚一截树干
　　　　直至那里露出野兽的嘴巴和四肢
　　　　　　　　　　——《家用器皿》

三　牛汉（2013年9月29日）

　　和牛汉先生见面的机会比较多，但也都是在会议，在各种诗歌活动的场合。今年2月初，我到了台湾新竹的交通大学，准备在那里上一学期的课。给我看家的学生后来告诉我，大年初一（或初二），牛汉先生往我家打电话问候拜年，他说要感谢我，在电话里和他从未见过面的学生谈了很长时间。他说身体越来越差，做不成事了，语气中流露了在他那里少有的焦虑和愁苦。听到这个转达，心里很难受，很不安。我知道每年10月他生日时，刘福春、林莽他们都会到他家祝寿，就想回到北京，今年我一定也要去参加。但这个愿望已是无法实现。

　　9月29日上午，我是从臧棣的邮件得知他去世的。臧棣传来他的悼念诗，开头几行是：

因为我们生活需要
新的挖掘,你悼念过一棵枫树——
它是被砍倒的;在被砍伐之前,
时光已为它的美丽,
向我们支付了足够的租金。
但相比之下,恶,作为一种贿赂,
向历史的平庸支付了更多的赎金
…………

这些平静的话有点"毒",却真实,因而也让人感到悲哀。

初认识牛汉先生而印象深刻的一次,是1994年4月。在北京北海后门附近的文采阁,《诗探索》有一个小型会议,借我和刘登翰的《中国当代新诗史》(初版本)出版,讨论新诗史写作的问题。郑敏、牛汉、邵燕祥、谢冕、吴思敬、西川、唐晓渡他们都参加了。牛汉发言对我在书中将他归入"七月派"很不满意,急冲冲说,"我不是七月派,没有七月派,50年代就不存在了"(大意)。我颇感意外,心想,这个流派其实是你们主动建构的,要不为什么编选出版《白色花》?虽是晚辈也想争个究竟,中间休息便和他说,不放到"七月派",把您放到哪里啊?总不能按姓氏或生年一一排列吧?他宽厚地笑笑,没有回答。后来从朋友那里得知,其实他针对的,是当时因时势引发的朋友之间的龃龉、冲突,大概是道不同不相为谋,不愿同居一个屋檐下吧。不过,由于他这个提醒,我意识到文学史在类型划分上的不可靠;这是后来写作时经常警惕的。

在老一辈诗人中,牛汉得到不同世代、不同艺术追求的诗人的普遍敬重、喜爱;这种情况并不很多见。他为人真诚,刚正不阿,少世故;诗也体现了这一品格。对他的诗的评价,大家也相当一致。刚烈，汗血诗人，诗和生命一体——是提到他的名字就会想到的词语。他的诗有着鲜明的当代历史行进的印痕。他表现了被残害、遭毁损的生命不容亵渎的尊严，和不屈的悲剧的美。需要补充的一点是，他的许多散文也写的精彩，但相比起来受到关注的程度不够。

将他与"温柔敦厚"这样的词连结，大概会认为是对他的贬低。但是我要说，刚烈而外，柔软、温厚、大爱其实是他生命的本质，性格的根基。与朋友的友情、对年青人的爱、关心，对包括自然界在内的美丽生命的呵护，出自他的内心。读读他的诗《麂子》《悼念一个枫树》《路翎和阳光》吧，读读他的散文《一首诗的故乡》《一个钟情的人》《埋葬：永远的沉重》吧！我想起《牛汉诗文集》出版研讨会（2010年11月29）上台湾吕正惠教授的发言。他说牛汉对受难、悲苦的人的安慰，是一种孩子式纯真的安慰。吕正惠在他谈音乐的书（《CD流浪记》）里，也是用类似的方式谈莫扎特的，说莫扎特表现的悲哀，是一种孩子式的，"纯净的悲哀"。我相信阅读牛汉诗文得到的这个感受，不是牵强附会。读牛汉的一些文字，有时候你真的也像面对莫扎特——比方说，内田光子在以色列文化大厅弹奏15号奏鸣曲——那样，因真诚、纯净而禁不住要流下眼泪的。

姜涛深刻地分析了中国新诗处理历史的两个不同面向：一个是将芜杂、充满暴力的历史化为自身血肉，将写作作为对历史参与；另一个是将历史玄学化、抽象化，是落实于心智的疏离的美学（《巴枯宁的手》）。按照这样的划分，牛汉当是前者，而倚窗"看风景"的卞之琳则属后面的脉络。但是，我注意到，牛汉，特别是他晚年，却在文章、在谈话里，多次衷心表达了对卞之琳，对汪曾祺诗艺、美学的向往和赞美。他说他是属土的（他出生在西北黄土高原农村），却歆慕那流动的、柔软的水。在悼念卞之琳先生的诗里他这样写下先生的"明澈的眼神"："苍茫而空旷的天空，／望见一束闪闪烁烁的电光，／

很高，很远，很美，/仿佛从宇宙的心底，/绽放出一朵素净的花。"还说，他眼角的泪珠，"如他雕出的诗句在闪烁"。

牛汉的这种倾慕，既表现了他宽阔心胸的，没有芥蒂的包容力，也表明真正于诗，于艺术的虔诚者，看待诗歌和诗人的方式和我们可能不同。他们可能不太在意区分我们有关"重要性"的区分，不大在意大与小、介入与疏离、壮烈与柔美之间"价值"的分配、比例。他们有我们没能理解的灵犀相通的基点？

"百年新诗"的精神和建设的向度，肯定有一些共通性的重要问题，但是也有许多难以化约的各别经验。这需要我们在具体的阅读中，去用心捕捉和体会。对于刚离世和离世已久的诗人，我们最好的纪念，就是去读他们的一首诗。而且，我们的阅读，要有林亨泰先生那样的心境才好：

> 这些书籍简直是
> 从黄泉寄来的赠礼，
> 以无尽的感慨，
> 我抽出一册来，
> 一张一张的翻着，
> 我的手指有如那苦修的行脚僧，
> 逐寺顶礼那样哀怜。

——《书籍》（1949）

2013年12月，北京

种种可能：周梦蝶和辛波斯卡

因为知道我"偏爱读诗的荒谬，胜过不读诗的荒谬"（仿辛波斯卡诗句："我偏爱写诗的荒谬/胜过不写诗的荒谬"），诗人周梦蝶5月1日去世，台湾的朋友很快就把这个信息告知我。去年（2013）春天，北京大学诗歌研究院筹备第四届诗歌奖，有评委提名周梦蝶为候选人。主办方倾向于得奖人最好能亲自到北京领奖，让我打听周梦蝶的近况。我正好在台湾新竹的交通大学上课，便致信对周梦蝶有精深研究的翁文娴教授。她告诉我，周梦蝶身体不好，3月初台大开他的诗歌创作国际研讨会，还是被抱着进到会场的。因此，听到他离世的消息，并未感到特别意外。这些年，我和一些朋友合作编选可能今年出版的新诗选，周梦蝶收在上卷《时间和旗》里（下卷是《为美而想》）。他的简介由我执笔：

> 原名周起述，1921年12月生，河南淅川人。曾在开封师范、宛西乡村师范就读。家境贫寒。后从军，并于1948年随军地赴台。1952年开始写诗。1955年因病弱退伍。当过书店店员，加入"蓝星诗社"。1959年取得营业执照后，于台北武昌街骑楼下明星咖啡厅门口摆书摊营生，专售冷门的诗集和文哲图书。1959年自费出版处女诗集《孤独国》。1962年开始

礼佛习禅，终日默坐繁华街头，成为台北知名的艺文"风景"。直至1980年胃疾开刀，才结束二十余年的书摊生涯。他的行止，他一年四季厚薄不同的一袭长袍，和随意、简朴的生活方式，既是他创作的注脚，也成为与其诗并立的"行为诗学"。

周梦蝶笔名来自庄周午梦，寄托他对自由的向往。诗数量不多，几十年间仅得三百余首，在台湾诗坛获"淡泊而坚卓的狷者"的美誉。《孤独国》《还魂草》中早期的作品，诗思常从心灵触发，借助传统文化意象"造景"，来探索生命悲苦的深度，在简约、洁净的语言中，蕴含浓烈挚情与忧心。他"自雪中取火，且铸火为雪"的句子，常被用来概括他诗歌内质的冷热碰撞、交汇所型构的孤寂、嶙峋的诗歌世界。虽少陈述日常生活情状和直接涉及政经时事，但也泄露1940年代从军青年流徙迁台"于家国无望"的压抑，而留下"大时代"反响的痕迹。2002年之后《约会》《有一种鸟或人》等后期诗集，风格转向平淡、纯净、生活化，有了前期作品少见的诙谐、洒脱的情趣。2009年出版的《周梦蝶诗文集》四卷，诗歌之外，尚收有日记，随笔杂文，他与友人、读者往来书信，以及对其生平创作的研究资料。

这些文字大多是综合研究者的意见，我的"发明"不多。相比起余光中、洛夫、郑愁予他们，大陆读者熟悉周梦蝶的比较少。这两年知道他名字的多起来了，有可能是网上播放了台湾"在岛屿写作"系列纪录片的缘故。和我们这里以长篇小说作为文学兴衰主要指标不同，这个名为"大师系列"的纪录片，第一辑林海音、王文兴之外，其他四位都是诗人：周梦蝶、余光中、杨牧、郑愁予。其中，周梦蝶的"化城再来人"应该说拍得最好。"化城"一词来自佛家经典；筹划、制作这些纪录片的文化人的抱负、远见值得敬佩。这里附带说一句,十多年前,陈思和先生也有过为年事已高的作家诗人留下视频资料的计划,最后却因人力和资金的原因中途夭折。这些年相继离世的重要作家、诗人,如汪曾祺、史铁生、牛汉等,好像都未能留下他们系统的视频资料,真是可惜。

我最早读周梦蝶的诗是在1980年代中期,好像从《还魂草》的复印本,也从刘登翰编选的《台湾现代诗选》(春风文艺出版社1887年版),印象较深的如《摆渡船上》《孤独国》《囚》《菩提树下》《托钵者》等。因为汲汲于俗念和纠缠于俗务,也可能有诗歌方式上的原因,我对他的诗的精髓体会一直有限;相比起来,可能更亲近他晚年那些取材日常生活、语言趋于平淡的作品。像《有一种鸟或人》这样的,就不可能出现在他早期的诗集中:

> 有一种鸟或人
> 老爱把蛋下在别家的巢里:
> 甚至一不做二不休,干脆 把别家的巢 当作自己的。
> 而当第二天各大报以头条
> 以特大字体在第一版堂皇发布之后
> 我们的上帝连眉头一皱都不皱一皱
> 只管眼观鼻鼻观心打他的瞌睡——想必也认为这是应该的了!

当然,最能代表周梦蝶诗歌风格、也体现他的创造性价值的,还是他早期诗集《孤独国》《还魂草》中的作品。

"对诗人的纪念,最好是去读他的一首诗"——这是一个很好的说法。因此,在周先生离世后,便给爱好诗的朋友,转发了他写于

种种可能：周梦蝶和辛波斯卡

2004年的《我选择》。"我选择紫色，/ 我选择早睡早起早出早归。/ 我选择冷粥，破砚，晴窗；忙人之所闲而闲人之所忙。/ 我选择非不得已，一切事，无分巨细，总自己动手。/ 我选择人一能之己十之，人十能之己百之。/ 我选择以水为师——高处高平，低处低平。/ 我选择以草为生命，如卷施，根拔而心不死。/ 我选择高枕：地牛动时，亦欣然与之俱动。/ 我选择岁月静好，猕猴亦知吃果子拜树头。……"

这首诗有一个副标题："仿波兰女诗人WissLawa Szymborska"。辛波斯卡和周梦蝶算是同一代人，出生在1923年，比周梦蝶晚两年。她的全部诗作比周梦蝶还要少，据说只有一百多首，却影响极大。1996年获得诺贝尔文学奖的时候，在我们这里好像没有很大反响。随后也有几部中译诗集出版，但知名度远不及也获此奖的帕斯、希尼、米沃什、布罗茨基。但是这两年，知道她、阅读她的人多起来了。某个诗人、作家一个时间热度的提升，除了作品的质量外，也可能有另外的机缘。比如辛波斯卡2012年的去世，比如她的中文译名从拗口的"希姆博尔斯卡"变为辛波斯卡（台湾是女性化的辛波丝卡），比如波兰现代诗人"集束式"地在国际诗坛获得高度评价（米沃什之外，还有扎加耶夫斯基）。还有重要一项不应忽略，就是一种或几种出色译本的诞生。毫无疑问，2012年《万物静默如谜》[1]的出版，为"辛波斯卡热"起到重要作用。译者是陈黎、张芬龄夫妇，他们在台湾师大英文系时是同学，陈黎也是台湾著名诗人。诗人译诗其实是个重要传统，也可以说，出色的诗歌翻译更多出自诗人之手。早年如冯至、戴望舒、卞之琳、穆旦，近年如北岛、黄灿然、王家新、张曙光。我们引用外国诗人作品，有的时候会忘却译者的名字，不大明白翻译的那种创造性劳动性质。事实上同一首诗的不同译本，其差距有时候真的

---

[1] 湖南文艺出版社2012年版。

是判若云泥。陈黎、张芬龄的译本《万物静默如谜》不足二百页，一年的时间已印刷四次达十万册。在互联网上，我曾看到辛波斯卡的拥戴者上传她的诗达二三十"楼"，它们均采自这个译本。一位"严肃诗人"得到这样的关注，在我们这个时代，也算是个小小的"奇迹"了，而这显然得益于这个优秀的译本。

因为标明"仿"辛波斯卡，在转发周梦蝶诗的同时，也一并附上被"仿"的《种种可能》。周梦蝶说"我选择"，辛波斯卡说的是"我偏爱"。"选择"与"偏爱"的情意程度或有差别，但都是在提示、体验着生存拥有的空间。"我偏爱电影。／我偏爱猫。／我偏爱华尔塔河沿岸的橡树。／我偏爱狄更斯胜过陀思妥耶夫斯基。／我偏爱我对人群的喜爱／胜过我对人类的爱。／我偏爱在手边摆放针线，以备不时之需。／我偏爱绿色。／我偏爱不抱持把一切／都归咎于理性的想法。……"译者陈黎说，这里"她对自己的价值观、生活品味、生命认知作了相当坦率地表白"。《我选择》和《种种可能》，都可以看作是诗人各自的"自画像"。

我们可能会遇到两类不同的诗人：有的如果不联系他们的身世，对他们的诗的理解会有不小的损失；另一些诗人的作品可能更具"自足性"，不太依靠诗人传记因素的补充或支撑。我曾经将前面的一类称作"有故事"的诗人。这自然是个不严谨的说法；对许多诗人而言两者界限难以分明。这里的"有故事"，指的是他们的写作与大历史有更密切的关联，也指像周梦蝶那样，人、生活方式与诗常常形成注脚、互证的关系，还有就是他们的诗，有更明显的心性、行止的"自白"性质。1980年代朦胧诗运动之后，出于对中国新诗强大感伤传统（自恋、滥情，以及在当代愈演愈烈的"政治感伤性"）的反拨，"非个人化""戏剧化"的诗歌观念影响颇大。一些诗人倾向于在诗中"隐藏"自己，在理论和实践上有意划出"人"与"诗"的界限。这对于抑制情感宣泄，避免出现自恋式的诗歌自我"镜像"，对于推动一种与日常生活有密切联系的诗歌的出现，起到积极的作用。就像西西描述的美国诗人施奈德的写作："融入日常生活，用口语，写身边事物／旷野自有旷野的尊严／不是替夜莺玫瑰念咒的巫师／是和我们说早安晚安可以聊天的邻居"（《书于施奈德诗集末页空白处》。西西的另一首诗《功课》，也标明是仿辛波斯卡的同名诗）。

不过，回过头来看，今天我们对人和诗的分隔好像有点过度。人的生命如何为诗的成立提供保证似乎不再是个问题，而诗中的"叙述者"（或卞之琳说的"说诗人"）越发"面具化"。周梦蝶当然说的对，"我选择读其书诵其诗，而不必识其人"——因为诗人的创造就存在于文本中；况且有时因"识其人"而大失所望，反而会降低对"其诗"的兴味。但诗人和小说家有不完全相同的方面。这种不同不仅是取材、艺术形式上的，而且是写作者与他的作品的关系层面的。归根结底，诗是诗人更直接表达他对人类心灵，它的"温柔、欢乐和忧惧"的看法和感受的"文类"。因此，我们对诗人有另外的期望，"读其诗"也"识其人"就是这期望中的一项。

区分周梦蝶和辛波斯卡的诗，不用费很大力气。仅从艺术方法着眼，周梦蝶早期诗歌很少写到现实事物的"实体"，大体上是借助传统文化，包括佛禅的意象"造景"，来传达、表现诗人的心智情感，其寄托显得曲折幽深。而辛波斯卡处理的大多是身边日常事物，或由身边人、事所触发（诗的题目也可见一斑：清晨四点、健美比赛、广告、剧场印象、葬礼、写履历表……）；语言简洁、朴素，没有繁复技巧，也鲜有精心营造的比喻、意象。她常采取直接自白的叙述方式。这种风格，以至令读者对她有"诗歌中的莫扎特"的说法。这个比喻当然也有一点道理：相信在她纯净诗意，朴素、平易的语言面前，对"现代诗"抱有戒惧感的读者会很快消除心理障碍，从中找到各自喜爱的方面。

就如莫扎特的音乐那样,其实辛波斯卡的诗质并不单一,更不是单调。互异以至对立因素会共存其中;它们的交织、渗透正是这些平易的诗的迷人之处。不是感受到轻盈吗?而轻盈中有令人深思的尖锐;在体会她对传统世俗生活亲近的同时,也发现有出乎我们预想的,令我们惊喜或深思的哲理。明确告白与自我疑惑(有一首诗就叫《颂扬自我贬抑》),坚定与谦卑,沉重与轻松,恬淡自如与紧张感,温情与嘲讽,冷静中的幽默戏谑——而且是"带泪的戏谑"……

尽管周梦蝶和辛波斯卡的诗极为不同,但也有相通的方面,而且是一些根本的方面。比如说,他们都知道,"一千个人当中／大概会有两个"喜欢诗,知道诗歌朗诵会不是拳击比赛,"大厅里有十二个人,还有八个空位——","有一半的人是因为躲雨才进来,／其余的都是亲属",但是仍执迷不悟地

> ……紧抓着它不放
> 仿佛抓住了救命的栏杆

又比如,他们的诗很少空洞谈论历史、人类、世界,他们谈论、关注的是具体的人、事件。他们警惕将个体的存在,他们生活可能的空间抽象为苍白的概念、口号和数字,辛波斯卡因此说,"我偏爱我对人群的喜爱／胜过我对人类的爱","我偏爱牢记此一可能——／存在的理由不假外求。"我觉得,周梦蝶晚年的诗(《雪原的小屋》《树》《晚安,小玛丽》),从偏于嶙峋悲苦转而有更多的亲切、温暖的加入,也与他关注点向现实日常生活开放有关。在一个时尚汹涌的世纪,他们其实都是些"旧派的人",他们心灵稳定的根基,就是来自"旧派"寻常事物和生活"哲理"的点滴。或者说,他们的任务既"拆解"包

围我们的语词、习俗中的荒谬，也从中发现支持我们生命的活力。

另有一点是，他们都不愿做预言家和立法者，真心意识到在世间万物面前，个人的局限和"无知"，他们面对沉默如谜的"万物"有诚挚关怀、探究的谦卑。辛波斯卡在诺贝尔文学奖演讲辞中说："诗人——真正的诗人——也必须不断地说'我不知道'。每一首诗都可视为响应这句话所做的努力。"这种胸襟和生命认知，尤其让我感动；有这样想法的人，好像越来越少了。因此，在这篇随笔的末尾，我将辛波斯卡《在一颗颗小星星下》的片断，虔敬地抄录在下面：

> 我为自己分分秒秒地疏漏万物向时间致歉。
> 我为将新欢视为初恋向旧爱致歉。
> 远方的战争，原谅我带花回家。
> 裂开的伤口，原谅我扎到手指。
> 我为我的小步舞曲向在深渊里呐喊的人致歉。
> 我为清晨五点仍在熟睡向在火车站候车的人致歉。
> 被追逐的希望，原谅我不时大笑。
> 沙漠，原谅我未及时送上一匙水。
> …………
> 我知道在有生之年无法找到任何理由替自己辩解，
> 因为我便是我自己的障碍。

2014 年 5 月

献给无限的少数人
——大陆近年诗歌状况[1]

百年新诗选的编纂

我是常"宅"在家里的人,很少出门,大陆诗歌活动很少参加。下面谈到的信息,有的是朋友、学生提供的,有的是为了这次演讲,临时从网络上搜来的,不是我的发现,更不是亲历。这需要事先说明。当然,对这些现象,我会讲一点自己的看法。

中国新诗如果从胡适1917年在《新青年》杂志发表他的第一组白话诗作为起点,到现在已经近百年。为纪念"新诗百年",大陆举办了许多的活动,也出版新诗百年的各种选本。下面我介绍我参加编选的几种。

第一部是《中国新诗总系》,北京大学教授谢冕主编,2010年人民文学出版社出版。参加《总系》编选的有十位大陆新诗研究专家。它按年代分期。年代是大陆现在通行的现代文学史年代。比如说第一个十年,就是"二十年代诗歌",指的是从1917到1926年,第二个十年是从1927到1936,就是抗战爆发前夕;第三个十年的40年代,

---

[1] 根据2015年11月24日在淡江大学讲座记录整理稿,有删节修改。题目为淡江大学组织者所加。

从 1937 到 1949。另外 60 年代指的是 1960 到"文化大革命"发生前的 1966。因为是按照时间、年代来划分,同一诗人的作品就会分布在不同卷里头。好处是可以看到每个时期的诗歌状况,时期特征,缺点是对了解某一诗人的整体面貌就有妨碍。另外,各卷下的力气不平衡,也跟研究的成熟程度有关。总的来说,20—40 年代的各卷质量较高,当代的存在问题比较多。

第二部是《中国新诗百年大典》,2013 年由长江文艺出版社出版。由我和人民大学程光炜教授共同担任总主编。它有很大规模,有 30 卷,分别由大陆和台湾的新诗研究者担任各分卷的主编。入选诗人虽然经过投票(由总主编和各分卷主编各自提出名单遴选),并仔细讨论,但还是出现一些问题。总的来说,台湾、香港和海外华文诗歌数量偏少,另外,也漏掉一些重要诗人,如台湾的陈黎。有的诗人的入选也存在争议。

第三部是今年(2015)刚出版的《百年新诗选》,由我跟奚密、吴晓东、姜涛、冷霜共同主编。奚密教授大家应该熟悉,现在是加州大学戴维斯分校教授,台湾出身的,对新诗有深入研究;吴晓东、姜涛是北大的教授;冷霜是中央民大的老师。这部选集的份量比较适中。上卷书名是《时间和旗》,下卷是《为美而想》。《时间和旗》借用唐祈一部诗集的名字,但是唐祈没有入选这部诗集。《为美而想》来自骆一禾一首诗的题目。诗选收 109 位大陆、台湾、香港诗人的诗。因为篇幅限制,每位诗人选入的也就是七八首,最多也只有十几首,这有点遗憾。但每位诗人前面的生平、风格艺术的类乎"导读"的文字,却是我们分别细心撰写的,可以看作它的特色吧。

这些选本的编纂,可以看作是"经典化"工作的一个部分。在出版诗人专集的方面,一些出版社其实早就在进行。比如人民文学出版社 1990 年代开始陆续出版的"蓝星诗库",还有 2014 年作家出版社开始推出的"标准诗丛"。它们关注对象是 80 年代以来的大陆诗人，台港诗人没有列入，这有点遗憾。"蓝星诗库"有相当的权威性，这和主持者王清平的眼光有很大关系，他是一位不错的诗人。"标准诗丛"定出的标准是："经验的发现与洞察；语言的再造；对已有诗歌史的观察。"第一辑有于坚、王家新、多多、西川、欧阳江河。第二辑有臧棣、韩东、翟永明、杨炼、雷平阳——是自选集的性质。从这两辑看，入选诗人大概不会有异议，是 1990 年代以来大陆最有代表性，也得到大家承认的诗人。不过，像北岛，还有故去的海子、顾城、张枣、戈麦、骆一禾等，没有列入其中，大概"诗丛"编辑的体例，不包括已经去世的，但这说不过去。已经出版的 12 位诗人之外，我觉得还有一些诗人可以列入，譬如肖开愚、孙文波、黄灿然、王小妮、张曙光、柏桦、蓝蓝、沈苇、陈东东等。

大陆新诗界近况

第二个问题是大陆这些年新诗的生态。先简单说一下"诗歌"这个概念。大陆经常使用"诗歌"这个说法，台湾的诗人和学者有不同意见。前些天在北京开会，台中的亚洲大学简政珍教授说，在台湾，讲新诗，或者现代诗，很少把"诗"和"歌"放到一起。不知道是不是这样？这里可能是一个习惯的问题，在大陆说"诗歌"，并没有意味着诗和歌的结合，大抵就是新诗、现代诗的意思。

新诗是很边缘化的文化产品，不要说在社会文化空间，就是在文学各文类里也是这样。它不能跟小说、散文相比，从读者拥有量、文化产品占有市场份额、公众的关注度都不能比，这是事实。不过在大陆，有一些时候诗很兴盛，譬如 1950 年代新民歌运动，提倡人人写诗，又譬如 1980 年代初"朦胧诗"时期，诗引发超乎诗歌界的广泛关注。因为有这样的"历史记忆"，现在新诗边缘化、被冷落就经常被我们谈论。记得十多年前,那时诗似乎进入寒冬,大陆不少感到孤寂的诗人和批评家,经常引用希门内斯(西班牙)的"献给无限的少数人"的话,来为诗的这个处境辩护。这个短语很有意思,可以做多方面理解。诗是面向"少数人"的,但这个少数人是"无限"的,无限大概意味着优秀、精英,很有感受力的一群。同时,这个短语又可能包含有诗被这"少数人"拥有、把握所可能发挥的"无限"的能量。因为有多层丰富的内涵,这句话就频率很高地被征引,被阐发。这也说明当时新诗的尴尬状况。

但是最近几年,剧情骤变,大陆的诗界突然兴旺起来。台湾的情况我不太了解。去年我读过台北教育大学林于弘教授在北京首都师大的演讲,他认为台湾的诗歌出版物越来越少,诗人越来越少,而且诗的质量越来越差,"所以诗的危机就出现了"。我问过一些台湾诗人是否这样,他们不大同意这个描述。但大陆诗歌确实出现某种"复兴"(至少表面看来是这样)的现象。举一些例子吧,武汉成立了专门出版新诗诗集、研究评论著作的"长江诗歌出版中心",推出的第一部诗选就是前面提到的30卷的《中国新诗百年大典》。这个出版中心成立才两三年,已经出版了一百四五十种诗选、诗集了。另外一些出版社,也增加了诗集出版的兴趣。当然,大陆诗集的出版情况很复杂,有不少是诗人或朋友自筹经费的,属于"自费出版"。但不可否认的是,比起前十年,诗集出版情况有很大改善。

还有一个情况是互联网对诗歌生态的影响。除了十多年前就已经出现的诗歌网站之外("诗生活"是其中著名的网站之一),最近几年在诗歌发表、传播、阅读上产生重要作用的是微信和微信公众号。知名的公众号有"为你读诗""读首诗再睡觉""第一朗读者""诗歌是一束光""诗歌精选"等,有的公众号据说有一二十万,甚至更多的"订户"。除了这些"公众号"之外,不少志同道合的诗人、批评家还有自己的"朋友圈",经常发表或转发作品、评论,传播诗歌方面的信息。不同的"朋友圈"构成一个个小圈子,它们形成带有某种排外性质的"诗歌共同体"。

诗歌"复兴"的另外表现,是诗歌活动这些年特别多,不夸张地说是让人眼花缭乱。大大小小的诗歌节、诗歌评奖,一年到头总有几十种到一二百种。小说、散文界没有这种情况。我对这个现象的评估常常拿不定主意。有更多的人注意诗,愿意读诗,总是好事,也是许多诗人梦想的情景。但有时候感觉有点像娱乐圈,觉得诗不应该过于娱乐化。诗会、诗歌朗诵会、研讨会、诗集首发式、诗歌节、诗歌日、诗歌夜、诗歌酒会、诗歌评奖、诗歌春晚……层出不穷。各种名目的诗歌活动,从年初到岁末,从东到西,从南到北连绵不断,以致有诗歌研究者说,过去大陆诗界盛行"运动",现在是盛行"活动"。有名的诗人和诗歌评论家、活动家,非常忙碌,奔走各地。这些诗歌活动,常常和提升城市、地方的知名度,和一些政治宣传活动,也和企业营销、旅游开发等相结合,甚至就是政治、商业活动。

边缘性的文学艺术事业、活动,在文化市场一般都难以"自给自足",如古典音乐、先锋戏剧等,需要给予支持、资助。国家的文化部门,包括各地文化局、宣传部、作家协会、出版社等的支持是重要条件,另外,企业资助也是近年大陆诗歌活动得以开展的一个方面。资助方的不同,肯定影响活动的主题,趣味取向。有的活动政治意识形态强烈,有的则商业味道十足,当然也有比较纯正,着眼于自身的建设。不少诗歌节、诗歌奖,可以看到企业冠名,这是相当普遍的现象。另外一个情况可能是台湾、香港没有的,就是大陆有一些企业家、商人自己也写诗,也是诗人,同时在诗歌界相当活跃,并资助、推动各种诗歌活动。像杭州、武汉、大连、北京、成都等地,都有这样的情况。这些企业家,有的是做文化产业,有的是房地产开发,或做旅游业的。这是新出现的现象。这个现象挑战我们原先对于诗歌、对于诗人身份的想象。简单说来，就是追逐利润、精于计算的"生意人"，和寻求精神提升和归宿的诗之间，是否可以和谐并存？记得十多年前骆英诗集《都市流浪集》的研讨会上，我就提出这样的疑惑，讲过这个问题，至今对我这仍是难以索解的谜。这个问题相信不能一概而论，下面我要提到的诗人卧夫，就是一个例子。

近年的诗歌事件

大陆诗歌界的热闹，更多表现在不断出现的受到关注的"事件"上。如十年前的赵丽华现象（有所谓"梨花体"诗），以及车延高、柳忠秧、周啸天获得或被提名鲁迅文学奖事件的争议。这些"事件"，因为媒体的推波助澜，它们往往超出诗歌界范围，变成大众的娱乐素材，饭前酒后的谈资。

"诗人之死"是大陆诗歌界关注的"事件"之一，大概从1990年代初海子、顾城的死就开始了，许多人写过这方面的文章，包括吴晓东、王德威教授都写过。最近，《诗探索》这个刊物，还发表了三万多字的长篇文章谈这个现象。海子、顾城之后，也不断有诗人因为各种原因自杀，如戈麦、方向。老诗人有徐迟、昌耀。年青诗人还有马雁，复旦大学毕业的。2014年有三位诗人自杀结束自己的生命。一位是卧夫，他的本名叫张辉，黑龙江人，1960年代初出生，长期生活在北京，从事商业贸易，开办公司，有他的文化工作室，在著名的北京艺术村宋庄。他除写诗外，热心诗歌事业，出资为海子修墓，收录一千多位当代诗人、画家文稿手迹等珍贵史料。4月，发现他死于北京怀柔山中。究竟是自杀，还是在山中迷路而死，没有结论，但大多人认定是前者。这一年自杀的还有诗人、著名诗歌批评家陈超，他是河北师大文学院教授，也是河北作家协会副主席，患严重忧郁症住院，从医院的高楼坠下。我和他很熟的，诗歌研讨会经常见面。前些年，还约他编一本自己的诗歌论集，放在我主编的"新诗研究丛书"中。这本书名字是《个人化历史想象力的生成》（北京大学出版社 2014）。可是，书出来他还没有见到，就传来他的死讯。陈超从学术到人品都优秀，在大陆诗歌界有很高威望，许多朋友、诗友都感到悲痛。还有一位是在深圳富士康公司打工的许立志，计算机、手机组配生产线的工人，广东揭阳人，跟我是同乡。他被称为"打工诗人"，写了不少诗，2014 年 10 月 1 日从深圳市中心的高楼跳下，他去世后，诗歌界热心人士筹款为他出版了诗集《新的一天》。诗集的这个名字，和他的命运放在一起很反讽，让人感慨。

　　诗人、艺术家自杀的好像比较多。正像有的研究者指出的，诗人生性敏感，有时也"脆弱"。现代诗人其实是以个人来和强大的现实社会"对峙"（我不说"对抗"）的一群人。他们对时间、对历史变迁的感受力，对精神的要求往往超乎我们这些平常人，这是他们的可贵之处，也是可能招致悲剧命运的原因之一。陈超教授的严重忧郁症，可能和他家庭情况有很大关系。听朋友说，他的妻子最近没有正式工作，儿子将近三十岁，因为智障并有严重糖尿病，没有自理能力，完全要靠家人的照顾。他的岳父，当时也已病危，还有需要照顾的老母亲。这些情况肯定影响了他的病情。但陈超教授在朋友面前，很少详细讲过自己的困境，也从不在朋友面前诉苦。他去世之后，朋友找出他多年前写的诗，其中一首是《秋日郊外散步》，写他和妻子暮色中散步于郊外干涸河床，表达的情感中，既有苍老的"暗影"，也有珍惜的"光芒"。最后的两节是：

　　　　你瞧，在离河岸二百米的棕色缓丘上，
　　　　乡村墓群又将一对对辛劳的农人夫妇合葬；

可记得就在十年之前的夏日,
那儿曾是我们游泳后晾衣的地方?

携手漫游的青春已隔在岁月那一边,
翻开旧相册,我们依然结伴倚窗。
不容易的人生像河床荒凉又发热的沙土路,
在上帝的疏忽里也有上帝的慈祥……

在陈超去世之后,许多诗人、评论家写了诗,或者文章悼念。诗人臧棣悼念的诗有几句是这样的:

"我并非愤世嫉俗,我只是天真"——
在齐泽克之前,我已听你
说过同样的话。……

臧棣还写道:"你活得太正直,并且为避免／我们过于难堪,／你总是很低调。／你几乎只将你的正直／用于诗的秘密。／……至于人的秘密,你尝试用／一秒钟的飞翔改变所有的飞翔。／这的确不是胜利或失败／所能决定的事情。上帝并不适合你,／但此刻我必须说,你缺少的,／上帝也同样并不具有。"这些句子,表达了我对这位优秀诗人、批评家的哀悼和敬意。

关于"工人诗歌"

回过头再来谈许立志这样的"打工诗人",或"打工诗歌"。十多年前就被注意,最早还是从南方,特别是深圳这些地方出现的,大陆已经出版过这类诗集、诗选,也多次举办研讨会。这是值得关注的

文化现象,这里不能仔细分析。下面是许立志的一首诗,题目是《这城市》:

> 这城市在废墟中冉冉升起
> 拆掉祖国的传统祖先的骨头
> 这城市把工厂塞进农民工的胃
> 把工业废水注射进他们一再断流的血管
> 这城市从来不换艾滋病的针头
> 这城市让妇科医院与男科医院夜夜交媾
> 让每个人都随身携带避孕套卫生巾伟哥堕胎药
> 让每个人都身患盆腔炎宫颈炎子宫内膜炎
> 宫颈糜烂阳萎早泄前列腺炎尖锐湿疣不孕不育
> 这城市高唱红歌领悟红头档流鲜红的血
> 这城市金钱杀戮道德权利活埋法律
> ………

全诗都是宣泄的排比句组成,表达对处境和他所感受的世界的类乎绝望的激愤。他自杀之前的一些诗,已经有对自己"归宿"的暗示。譬如有短诗《一颗螺丝掉在地上》:"在这个加班的夜晚 / 垂直降落,轻轻一响 / 不会引起任何人的注意 / 就像在此之前 / 某个相同的夜晚 / 有个人掉在地上。""打工诗歌(打工诗人)",或"工人诗歌"的现象,十多年前就已出现,引起注意,刊物、报纸发表过不少这方面的文章,也举办过研讨会,我还参加过最早一次在深圳,由深圳文化局、作家协会召开的研讨会。我当时的疑问是,政府文化部门、作家协会介入之后,"打工诗歌"可能会改变它的素质、走向,我用了"收编"的字眼。早期最著名的"打工诗人"是郑小琼。近几年也出现了不少具有工人身份的诗人,如郭金牛,他有一部诗集叫《纸上还乡》,获得北京—鹿特丹国际诗歌节的诗集奖。很惭愧,我没有读过他的诗,对这个诗歌节的情况也不了解。作为一种诗歌现象,大陆有的诗人、批评家很重视,这是可以理解的。诗人秦晓宇就持续关注。最近,他参与策划,由他撰稿的一部纪录片《我的诗篇》,在台湾52届金马奖入围最佳纪录片奖。《我的诗篇》就是纪录一些工人诗人的生活和写作情况。我很敬佩秦晓宇的关注和研究,他做了大量工作。我在网络上还读到他接受台湾这边的电话访谈,很同意他的一些分析,包括为什么要关注这个现象;这些诗怎样改变我们的诗歌现实,提供我们不大熟悉,或者忘却的经验、情感,和相应的表现方式。这都是很宝贵的,即使艺术上可能不是那么成熟。

但是秦晓宇有些观点我不大同意。他认为目前的"工人诗歌",是中国社会主义文学经验、毛泽东文艺思想的一种延续,这一点值得讨论。如果说,"工人诗歌"这样的概念,和对具有这样身份的作者的重视,是"社会主义文学"经验的构成部分的话,也许还能说得过去。但是,就这些诗的内容、情感基调,跟"毛泽东时期"的工人诗歌完全是两码事;性质上甚至是对立的。这也是目前作协等官方机构,在这些现象面前显得尴尬,大多保持沉默的原因。从许立志这些诗可以看到,它们显然"政治不正确"。过去的工人诗歌,写过不少歌颂生产线,歌颂劳动的奉献,许立志的《流水在线的兵马俑》,却是对抹杀个体价值的"异化"的质疑、批判("沿线站着/夏丘/张子凤/肖朋/李孝定/唐秀猛/雷兰娇/许立志/朱正武/潘霞/苒雪梅/这些不分昼夜的打工者/穿戴好/静电衣/静电帽/静电鞋/静电手套/静电环/整装待发/静候军令/只一响铃功夫/悉数回到秦朝")。前面我摘引的《这城市》,更是这样。这是社会批判的诗。正是看到这种对立性的差异,目前举办的有官方背景的"打工诗歌"(或

"工人诗歌")的活动中,出现了试图扭转原先那种"自发"性质,引导到以歌颂、励志为主题的情况。

2014年的诗歌事件中,最引人注目,也最被媒体放大的是余秀华。余秀华在台湾也有报导,她的诗集在台湾几乎与大陆同步出版。其实她写诗的时间很早,1998年就开始写。多次投稿被退回,2007年第一次发表作品,到现在也快八年。为什么突然出名?我想一个原因可能是写作上的进步,艺术发生变化。当然,这只是我的猜测,因为没有把她前后作品做比较。另外的原因是某种"机遇"。《诗刊》给她做过一个专辑,在这个专辑里面,把"脑瘫"这个词正式用起来,把她身体的残疾加以突出,而有了"脑瘫诗人"的说法,加上她的一些诗确实写得不错,网络、微信开始流传,特别是她的《穿过大半个中国去睡你》这首诗。她的另一些写农村日常生活境遇,写她的家庭、父亲的作品,有朴实但沉重的风格。她写的确实真切动人。如《我爱你》:

> 巴巴地活着,每天打水,煮饭,按时吃药
> 阳光好的时候就把自己放进去,像放一块陈皮
> 茶叶轮换着喝:菊花,茉莉,玫瑰,柠檬
> 这些美好的事物仿佛把我往春天的路上带
> 所以我一次次按住内心的雪
> 它们过于洁白过于接近春天
>
> 在干净的院子里读你的诗歌。这人间情事
> 恍惚如突然飞过的麻雀儿
> 而光阴皎洁。我不适宜肝肠寸断
> 如果给你寄一本书,我不会寄给你诗歌
> 我要给你一本关于植物,关于庄稼的

告诉你稻子和稗子的区别
告诉你一棵稗子提心吊胆的
春天

但是我很不赞成在她的名字前面加上"脑瘫诗人"的做法。这是一个"噱头":"脑瘫"还能写出很不错的诗。余秀华出生时是倒产,缺血、缺氧导致脑部损害。她目前的状况是走路不稳,说话也不清楚,但是思考并没有障碍。曾经到浙江温州一带找工作养活自己,没有能实现,在湖北农村家里主要靠父母养活,也做一些力所能及的家务。我知道这些信息,当时一个直接的反应是,媒体与其过分将"脑瘫"与"诗人"联系起来,更应该追问的是,为什么残障人士在这个社会里无法找到养活自己的生存之路。这比诗更重要。相比起来,我觉得诗倒是其次的。

一些值得思考的问题

大陆诗歌界的"兴旺",确实值得高兴,应该为诗的繁荣、诗走出小圈子而庆贺;这是诗在被冷落时候的期待。无论出于什么目的,是什么样的力量推动,更多的人读诗,关心诗的写作、传播,总是件好事。这也是诗人、批评家、出版人、诗歌活动组织者努力的结果。不过,也出现一些可以进一步思考的问题,譬如:

网络、微信等互联网手段,改变了诗的发表、传播、阅读方式,这是一种革命性的变革。它挑战了既往诗歌"守门人"的权力格局,让诗歌伦理意义上的"民主"得以实现,但是否也可能导致诗歌标准、门坎的下降,影响诗的公信力?而微信等的繁盛,既扩大视野和便利沟通,但也可能让诗人和批评家陷于更"微"的小圈子,失去不同观念、问题之间碰撞的机会和欲望,在这些"微圈子"里自娱自得?

多媒体的视觉诗歌，当然扩大了诗的表现力，开掘被掩盖的潜能；事实上，不同艺术门类之间存在互通和互补的可能性。因而艺术门类之间的交往、渗透，总是新锐探索者的着力点之一。艺术分类是历史现象，它总是处在变动之中。但这种分类也仍有其根据；设想诗过于倚重视觉图像的支撑，会否动摇我们对语言、文字的信心，削弱、降低我们的语言感受力和想象力？

　　作为新文化的一个重要组成部分，新诗发生时就赋予它那种"启蒙"的意义和功能。新诗和历史变革、社会进程、语言"再造"构成的那种"时间焦虑"，一直成为它的内在素质和驱动力。新世纪以来，对诗的特性和功能的理解，显然有了分化。在一些诗人的观念里，和展开的诗歌现象中，都可以发现诗的应酬交际、娱乐游戏等内容和功能得到凸显、强调。这既是对古典诗歌文化"传统"的一种承接，也是现代消费社会给出的文化发展指向。对这种情况，"新文化"理念的秉持者肯定忧心忡忡，另一些人却认为是诗摆脱困局走向"大众"的坦途。但是，如诗人姜涛的提问：挣脱时间焦虑和历史紧张感的诗人，"会否成为秀场上红妆素裹的先生女士"，诗歌成为时尚的消费品？

　　在今日，生活在一个均质化的社会现实里，个人人格的诞生和成长，仍是诗/文学所应承担的重要责任。但是，在我们所处的境遇里，是否还有属于自己的人格和个人的内心空间，又如何定义这个空间？获得、保持与消费社会，与"大众"的距离所形成的孤独感，越来越不是一件容易的事情。因此，在诗被冷落的时候大家热衷征引的"献给无限的少数人"这个短语，我觉得在今天依然没有失效，仍具有警示我们和慰藉我们的力量。

"为赞颂一切我所焚毁的……"

——"我的阅读史"之结束语

1957年初春,我上大学一年级。有一次去王府井那边的东安市场,在旧书铺里买了几本旧书,其中之一是安德烈·纪德的早期作品《地粮》(1897)。白色,但已经泛黄的封面,黑色背景的小框框里有"地粮"两个字。这是盛澄华先生的译本,1940年代由上海的文化生活社刊行。我得到的这本书版权页已经脱落,推测是1940年代后期的第三版。盛澄华是浙江萧山人,1930年代到法国留学,在法国的时候,和纪德多次见面,并有书信往来。回国后在西北、复旦、清华等大学外文系任教。五六十年代,是北大西语系教授。我在北大上学的时候,没有听过他的课;中文系必修的"外国文学史"课程,因为"大跃进"、集体科研运动停开。临毕业虽然也补课,但外国文学补的只是俄苏文学和东方文学。所以,对盛先生没有什么印象。1970年在江西鲤鱼洲"五七干校"劳动,盛先生因突发心脏病猝死。那个时候我也在鲤鱼洲,却不知道这个消息。最近,上海译文出版社重版了五六十年前盛先生翻译的《地粮》,应该是认为这个译本,至今仍是最优秀的——这是对几乎被人忘却的盛先生最好的怀念。

我1957年得到这本书之后,曾经几次翻过,却没有让我能在它上面有较多的停留,只知道它很诗意、抒情,运用我不熟悉的那种虚拟的对话方式,可以看作是作家的心灵独白。之所以没有能发生呼应，部分原因是对纪德缺乏了解。更重要的是，书里的情感、思考，与我当时的精神状况、文学趣味存在距离。在《地粮》的"译序"里，盛先生写道，纪德"是以严肃，纯洁的态度来接应艺术。不说视艺术重于生命，至少是把艺术看做是自己生命的一部分，或竟是自己生命的连续"。又说：

> ……流浪，流浪，年青的读者，我知道你已开始感到精神上的饥饿，精神上的焦渴，精神上的疲累，你苦闷，你颓丧，你那一度狂热的心，由于不得慰藉，行将转作悲哀。但你还在怀念，还在等待，你怀念千里外的家乡，怀念千里外的故亲戚友。但你不曾设想到你所等待的正就是你眼前的一切。回头！这不再是时候。时代需要你有一个更坚强的灵魂。如果你的消化力还不太疲弱，拿走吧！这儿是粮食，地上的粮食！

盛澄华译于 1930 年代末 1940 年代初。为"纪德选集"的一种。有 1942 年 11 月写于陕西城固的《A. 纪德："地粮"译序》。译序中说，"归根，纪德永不能是一个通俗性，或通俗化的作家，如果某一书的出版得到超异的销路，这在他不一定是一种光荣"，他"以严肃，纯洁的态度来接应艺术。不说视艺术重于生命，至少把艺术看做是自己生命的一部分，或竟是自己生命的连续"。

这些话写在 1942 年的城固，那时候盛先生在西北大学任教，陕西汉中的城固，是战时这所大学的所在地。那个时候，战争正艰苦，社会气氛沉闷，"流浪"是许多人的生活状态。因为前景不明，长夜漫漫的苦闷、焦躁，也是常见的精神状态。但是，这种经验是 1950 年代的我不能真切体会的。那时，我正为一种虽真实却肤浅的幸福感、满足感所支配，觉得世界的一切已经一目了然。我既不会认同对艺术的那种虔诚，也没有些微的精神饥饿和焦渴，对《地粮》的冷落，就是自然不过的事情了。当然，我后来对《地粮》的看法有了许多改变，这是需要更多的文字才能讲清楚的。

这些天，我整理着"我的阅读史"这些系列文字，又一次翻读这本旧书。我愿意将《地粮》里的一首"旋曲"，作为"我的阅读史"的结束语。它是关于读书的：

> 有些书人家坐在小板凳上念
> 在小学生的书桌前。
> 有些书人家边走边念
> （而这也是由于它们版本大小的关系）；
> 有一些在森林中念，另一些在别的田野间念，
> 而西塞罗说，Nobiscum rusticantur [1]
> 其中有一些我在驿车上念；
> 别一些，躺在堆干草的仓房中念。
> 其中有一些为使人相信人有灵魂；
> 别一些则使灵魂绝望。
> 有一些书中证明神的存在；
> 别一些则否认。
> 有些书只被收藏在
> 私人的图书馆中。
> 有些书曾受过很多
> 有资望的批评家的赞誉。

---

[1] 拉丁文：原野中有书籍为伴。

有些书仅谈蜜蜂饲养术

而某些人认为太专门。

另一些则专谈自然

读后像已无需再出去散步。

有些书为贤者所不容

但它们引起孩子们的惊奇。

有些书称作选集

把人们对任何事物的卓见辑入在内。

有些书希望使你爱生命;

另一些作者事后竟自尽。

有些书散播恨

而它们收获它们所散播。

有些书不事吹嘘,且引人入胜

当你读着的时候像是放着光辉。

有一些书人家爱惜得把它们当做更纯洁的

而比我们生活得更好的弟兄。

有些书用奇特的文字写成

纵使尽心研习人也不会懂得。

奈带奈蔼,何时我们才能烧尽所有的书本!

有些书一文不值;

另一些则价值千金。

有一些谈王论后,

而另一些,谈极贫苦的人们。

有些书它们的语声比

午间树叶的絮语还更轻柔。

像老鼠似的,约翰在巴特摩斯吃的正是一本书;

> 但我则更爱覆盆子。
> 那曾使他肠胃中充满苦味
> 而以后他得了很多的幻觉。
> 奈带奈蔼,何时我们才能烧尽所有的书本!

我们这些一辈子与书作伴,在书本中消耗大部生命的人,什么时候也能像纪德那样,说出"何时我们才能烧尽所有的书本"这样的话?难道不是吗:

> 在书本中读到海滩上的沙土是轻柔的,这对我是不够的;我愿我赤裸的双足印在上面……。任何未经感觉的认识对我都是无用的。
> 奈带奈蔼,你应边走边看,但你不应在任何地点停留下来。让重要性在你自己的目光中,而并非在所看到的事物上。

在纪德看来,书本就是要"能教你对自己比对它感兴趣——而对自己以外的一切又比对你自己更感兴趣"。因此,在编好这组文字之后,我要想法忘掉这些书,连同它们曾诱发的念头和情感。

2010年9月—2011年3月

附录

答张彦武先生问[1]

2010年3月31日是北大中文系诞生100周年纪念日,百年系庆的大部分重头活动却迟至10月中下旬举行。100年来,北大中文系正是在一代又一代学人的支撑下默默前行。检视北大中文系出生于1930年代的一批资深教授们,我却不由自主地将目光投向了退休在家近八年的洪子诚教授。

不同于谢冕、钱理群等1980年代就名声大噪的同事和同代学人,洪子诚先生直到1990年代中后期才逐渐为人所知,但他在1970年代后期就参与写作了被公认为产生过广泛影响的《当代文学概观》。而1999年独立完成的《中国当代文学史》,更是惠泽无数学子。

《当代中国文学的艺术问题》(1986)、《作家的姿态与自我意识》(1991)、《中国当代新诗史》(与刘登翰合著,1993)、《1956:百花时代》(1998)、《问题与方法——中国当代文学史研究讲稿》(2002)和《文学与历史叙述》(2005)、《当代文学的概念》(2009)等,也都是洪子诚先生的代表性著作。

2008年,洪先生开始撰写"我的'阅读史'"系列。今年上半年,

---

[1] 原来的题目是《洪子诚:我不大会随机应变》,采写人署"燕舞"。燕舞为张彦武笔名。这篇访谈文章发表于2010年。

共 8 卷的"洪子诚学术作品集"出版,引起学界广泛热议。

1939 年出生于广东揭阳一个基督教家庭,这种宗教影响使得洪子诚几十年来始终保持着一贯的自嘲、低调和谦卑。今年 6 月下旬的两岸四地"新世纪诗歌研讨会"召开前夕,洪子诚和夫人去美国探亲,笔者与之联系访谈,他却说:"在我这里,你不会发现什么有趣的东西的。这也是一个人到头来感觉到的生命的遗憾";"如果访谈做得不好的话,那也是这个被采访的人过于贫乏的缺陷"。

10 月 19 日,北大中文系几代教员济济一堂,在中文系办公所在地北大五院座谈,研讨前任系主任温儒敏教授主编的《北京大学中文系百年图史 1910—2010》。笔者兴冲冲地去旁听,满以为会遇到洪子诚教授,但不知何故他没有出席。

也许,只有理解了他身上的那种宗教情怀和信念的力量,才可以理解,为什么迟至 1993 年才评上教授的他还能这样自嘲:"我做的不大好。"1961 年他留校担任汉语教研室的写作课教员,"文革"后从事中国新诗和当代文学教学、研究,二十多年里他把相当多精力花在低年级本科生基础课的教学上,直到 2002 年退休前的两年还给本科生上课。

也许,学者赵园在"洪子诚学术作品集"的出版座谈会上的感慨,是笔者目力所及的关于洪子诚先生的最具洞察力的知人之论:"洪先生常会说到自己的'怯懦'、'犹豫',我却相信他的性情中有较为坚硬的东西,不易磨损,能抵抗外力的销蚀。"

在信教的家庭里长大

问:洪先生好,说来惭愧,您的出生地"揭阳"并不是我特别熟悉的广东地名,您高中是在哪里读的? 1956 年考上北大中文系是不是您故乡当地的一大教育和社会新闻?这种选择和家庭背景的关系大么?

洪子诚: 揭阳是粤东的一个县,属潮汕地区,现在是揭阳市。因为揭阳人总的说来缺乏浪漫气质,在文学、学术方面,出色的人不很多,所以你不知道。但潮州你肯定知道了,有韩愈(不过他是外来者),有饶宗颐,有摄影大师陈复礼……揭阳距潮州60里,离汕头120里。

我高中读的是揭阳一中,一段时间还有点名气,现在好像有点衰落了。说"社会新闻",那是你有点看低我们揭阳。1950年代,每一届都有一些人考上北大、清华,至于中山大学、武汉大学等名校,就更不用说了。

我初中开始爱好文学,一直到高中,读了大量新文学和外国文学作品。初中一二年级时,就很认真地读批判《武训传》的文章,读《武训历史调查记》。我觉得书里的世界更精彩。我并不特别信奉所谓的"现实主义",当时隐隐觉得,文学就是提供现实不能给予的东西,提升我们难以在现实中获得的感受、体验。这个爱好,不知道受谁影响。我的父亲是医生,在学业方向上家庭对我没有任何影响。家庭从来不干预我们的选择,父母也顾不过来。兄弟姐妹共九人,没有人像我这样从事与文学有关的事情,他们可能觉得我有些虚无缥缈。

问: 我听您的学生说,您还"特别有小资情调",是古典音乐发烧友。这样的业余兴趣,是不是和幼年经历也有关系?您喜欢听哪些音乐家和曲目呢?

洪子诚: "发烧友"哪里谈得上!音乐只是随意听听,真的没有特别当成一件事情去做,只是放松、消遣的方式。我的唱片很少,也不系统,还有盗版的呢。音响设备更不值一提,入门级都说不上。小的时候在信教的家庭里长大,一段时间在教会学校念书,自然会接触到西方的音乐。但 1950 到 1970 年代，由于各方面的限制，认真听音乐的条件并不多，范围也很窄。上大学的一二年级，我在北大学生自己组织的音乐唱片欣赏活动中听到一些，主要是德奥和俄国的有限曲目。1980 年代之后，才有较多的机会。

喜欢哪些音乐家也说不好，贝多芬等伟大作曲家当然听得多一些，有一个时期喜欢俄国作品，柴可夫斯基、拉赫玛尼诺夫、斯特拉文斯基……包括俄国出身或有俄国背景的演奏家——霍洛维茨、阿什肯纳吉、里赫特、奥伊斯特拉赫、罗波特罗维奇等。现在岁数一大把了，感觉更亲近莫扎特、巴赫、海顿，不过也能够稍稍理解后期贝多芬的那些四重奏。

没有诗歌，
中国作协可以改名为中国小说家协会了

问：才上了一年大学，您就和高您一级的谢冕、孙玉石、孙绍振、殷晋培及同学刘登翰等合编《新诗发展概况》，当时的北大中文系学生是不是都这样"大胆"或者说有勇气和激情？

洪子诚：应该是二年级。1958 年大学生的"集体科研"是一项政治运动，是毛泽东号召、支持的无产阶级占领学术阵地的运动。几乎所有学生都参加了。这个情况，《回顾一次写作》（北大出版社出版）中已经有详细叙述。

《新诗发展概况》比较特殊，既是这个运动的一部分，也带有几个朋友基于爱好的"同仁"合作性质。它是当时《诗刊》副主编徐迟建议、组织的。我们六个人后来的工作，多多少少都和新诗研究有关。年轻人总是浪漫的，有时候会无所畏惧的，尤其是受到大形势的鼓舞就更是如此。

问：您到退休后都还在关注和研究新诗,这和几十年前的着眼点应该不太一样?

洪子诚:当代诗人常常受到许多指责,我觉得很不公平。诗歌对我来说有一种神秘感,我不会写诗,诗人对当代精神有许多其他人(小说、散文家等)所不及的探索,包括语言的创新,所以我对诗歌、诗人一直怀有敬意。

在现在,诗歌是一种边缘性写作,有可能保持比较多的"纯粹性"。尽管1990年代以来诗歌受到严厉批评,也确实存在许多问题,但我还是觉得这二三十年中有不少很好的作品。我们的环境太不重视诗歌、诗人了。没有诗歌的文学是奇怪也畸形的文学。中国作协不重视诗,他们那里好像也没有人懂诗,评出的诗歌奖,有的很搞笑。所以大家开玩笑说,作协可以改名为中国小说家协会了。

问:1958年你们上学时,张天翼正好来你们班上"蹲点",他当时在中国作协担任什么职务?这样一个大作家来到你们的中间,和读他的作品接触到他名字时的感觉是不是很不一样?

洪子诚:他当时是《人民文学》主编,还担任什么职务记不清了。我们对他自然很崇敬。他为人亲切,从不摆架子,和我们聊天,一起到颐和园玩,和我们关系很好。他离开后,我们还多次到他家去。

问:洪先生当年也是北大重要的学生杂志《红楼》的作者之一。厦门大学中文系的谢泳教授在前些年对《红楼》杂志的研究中认为,"《红楼》发表的文章,绝大多数是顺应当时主流意识形态要求的应时之作,这也是为什么《红楼》作者在1976年以后中国的文学评论和现当代文学研究机关中占有重要地位,但他们真正的学术成就却是上世纪90年代以后完成的……越往后越有价值"。对当年的《红楼》

你有什么印象,它对您有什么影响?

杨匡汉先生的弟弟当时是初中生,但却在《红楼》发过文章?

洪子诚:我好像在《红楼》登过两首小诗,《红楼》周围聚集了一批北大校园诗人和文学爱好者,我也很想能跻身其中,但确实不够格。至于谢泳先生的说法,好像有点笼统,不是很同意。对1950年代使用"主流意识形态"这个概念,说是"应时之作",可能不很全面、妥当。这牵涉到对当代史看法的问题。这个问题比较复杂,这里难以说清楚。《红楼》是北大学生的文学杂志,在当时北京高校中颇有影响。张炯、谢冕、刘登翰他们都是编辑部成员,但1957年成为右派的张元勋、林昭、沈泽宜也都是《红楼》中的主要人物。

杨匡汉跟我是同年级,1956年进校,但后来新闻专业合并到人大,他就离开北大了。他的弟弟杨匡满给《红楼》写稿,应该是他读高中时候。后来他进北大中文系,也是个校园诗人。

我有意识不把文学史研究当成政治表述平台

问:洪先生多年从事中国当代文学、中国新诗的研究与教学工作,您1970年代后期与1980年代中期参与写作的《当代文学概观》及其修订版,以及1999年独立完成的《中国当代文学史》,尤其是后者,都被认为是产生过广泛影响的中国当代文学史教材。

在你们的《当代文学概观》1980出版之前,当时的大学里比较主流的现当代文学的教材有哪些?

洪子诚:在五六十年代,当代文学基本上是附属在现代文学后面的,还没有独立课程,当然也没有成型教材。现代文学部分,我上大学时,因为王瑶先生的《中国新文学史稿》已经受到批评,所以参考的主要是刘绶松的《中国新文学史初稿》。1960年代初,周扬组织编写大学文科教材,就是后来的唐弢、严家炎先生主编的《中国现代文学史》。当代文学史 1960 年代就有集体编写的本子,但没有流行。

问:您当年求学时读过的那些文学史"都是个人署名的",经历了 1958 年后的集体编写阶段,后来您自己又重新开始"独立写史",是不是很多感慨?

对处理当代文学的文学史料中的所谓"敏感"的部分,您又是怎样成功规避风险的?

洪子诚:个人写史这个问题,我在贺桂梅对我的访谈《穿越当代的文学史写作》中已经说到,真的没有特别明确的意识,也没有什么感慨,也不觉得有多重要。判断一部著作的价值,其实不是个人还是集体署名的问题。但我同意,历史编写可以更个性化一些。

"敏感"在讲述当代史时肯定存在,不过也说不上什么"风险";1990 年代以后社会情势毕竟发生许多变化。一方面,我有意识不把文学史研究当成政治表达平台,一些被人当成政治问题处理的,我愿意从文学内部的方面来处理,来从"内部"显示它的"政治涵义"。比如我不是简单地说毛泽东文艺路线是好还是坏,江青等激进派是怎样荒谬。我会把重点放到这些文艺观念、路线和政策,是在这样的历史背景下产生的,有这样的内部逻辑,会遇到什么样的问题,造成怎样的后果等等,而不是做简单的政治评判。

另一方面,遇到"敏感"问题,我采用点到为止的节制的表述方式。这不完全是权宜之计,我明白"节制"的力量。所以,在"当代文学史"出版的座谈会上(1999 年),赵园有"老吏断狱"、陈平原有"寸铁杀人"的评价,但这些评价真的是过誉了。这种处理方式也受到一些朋友非议,说我观点不鲜明,或不敢大胆说出自己的看法。最近,台湾淡江大学吕正惠教授也批评我不能鲜明表达自己的观点。

问：我一个年轻的中文系博士朋友很崇敬洪先生，她认为洪先生从延安时期开始把握当代文学，南京大学王彬彬教授的"新文学史稿"也是走这条路，最近《剑桥中国文学史》也把中国近代文学史的分期截止到1937年，与您的分期处理有异曲同工之妙。

洪子诚：当代文学肯定要从延安说起，因为谈当代文学问题，都离不开延安文艺整风，延安文学实验，以及延安路线的推广。但在文学史分期上，我还是倾向"当代"从1949年开始。因为1940年代的文学并不只有延安文学。我对当代文学的定义，与"一体化"有关。1940年代还没有进入"一体化"时期。其实，复旦大学的陈思和先生也很早就以1937年抗战开始作为开端，来描述一个文学时期的问题，也属于这种思路。陈晓明先生的文学史也是从延安讲起的。

"怀疑"也是一种智慧

问：洪先生1961年毕业就留校了，并没有师从名师读硕士或博士，这种"局限"可能反过来让您不拘泥于一家之言——我看到钱理群教授在对王瑶先生的回忆中就谈到了"出师"后和导师尤其是名师观点有异时的磨合过程。

那北大中文系的老先生中，您和哪些走得比较近，受过他们哪些比较大的影响？同辈中呢？我看到资料中您常提到张钟老师、钱理群老师。

洪子诚：1961年毕业时，因为整个国家处在经济困难时期，毕业生分配遇到很大问题。我们是到9月才分配的。为了化解分配困难，年级就留二十多人读研究生，我也是其中之一。但到了年底，研究生人数压缩，我也重新分配，留我在中文系教写作课。所以，我确实没有确定的导师。

但我生活在北大,如果我有心,或者那时认识到导师在问学路上的重要性的话,我肯定会积极争取那些成就卓著的教授的指点,这在北大不是很困难的事情。可是我没有这种自觉(部分原因是我胆子小),这样便走了许多弯路。许多认识、方法,更多是从书本,从前辈、同辈学人和学生的论著、言谈里,慢慢摸索、体会出来的。当然,我上学时的那些老师和工作后的同事,都给我影响,帮助。如吴组缃教授将创作体验融进艺术分析的细致、深入,林庚教授对唐诗特别是李白的分析。他们不仅启发了我研究、分析的方法,也坚定了当时和日后对文学感性的信心。另外,研究现代汉语语法的朱德熙先生在思维、观察世界方式上的启发也是长久的。他不把事情,包括某个概念、某种学说、某个语句看作"真理性"的存在物,而是在结构层面不断提出质疑,包括对自我的质疑。在五六十年代,"宣布真理"成为一种思维定式的时候,这一点让人印象深刻。我后来也逐渐明白,宣讲、确认"真理"是一种智慧,但"怀疑"也是一种智慧。我前年写的"我的阅读史"系列文章中有一篇谈契诃夫的,题目就是《怀疑的智慧和文体》。

问:这个"我的阅读史"系列我读过一部分,记得钟惦棐、王朝闻、黄秋耘、王西彦、侯金镜和茅盾等先生当年都是给您印象很深的批评家,您自己为什么没走上文学批评这条路呢?

我在温儒敏教授对吴组缃先生的回忆中读到,"据说北大中文系曾经邀请茅盾来系里讲学,茅盾说'吴组缃讲我的小说比我自己讲要强,不用去讲了。'"您听说过这则掌故吗?当时和前来讲学的校外著名作家或批评家有比较深入的接触吗?

洪子诚:我没有听说过茅盾讲这个话,但这是很有可能的。我几乎没有和任何著名作家、学者有过单独接触、交往,虽然不是没有这个机会。我住在未名湖边健斋的时候("文革"到1980年代初),王瑶先生住处离健斋只有一两分钟的距离,吴组缃先生住得也不远,外地同学还让我带他们拜访过,但我自己从没有去请教的念头。前面说过,这是我的不是(从尊师),也是我的损失(从问学)。

问:我还记得一些和您当年的阅读有关的细节,比如您看丹纳的《艺术哲学》时还"画了很多红、蓝道道,还有不少批语",当年看书有什么特定的习惯和独特的批注么?

洪子诚:应该没有,只是个人的习惯。后来我就不再这么做,因为如果我读的书被其他人看到,我不愿意让人知道我当时有什么想法,有些想法他们会觉得很可笑。有些想法则可能是个人隐私,我不是个很坦白的人。

问:还有一个细节,说是买《鲁迅全集》用去了您第一次工资的一半,当时的工资大概有多少?

洪子诚:毕业当实习助教时每月是46元,第二年转正为助教是56元。这个工资,一直保持到1980年代初工资改革时。

问:您也曾提到,"对(1958年科研大跃进)这种流弊的清理,我后来花了很大力气",具体是怎么清理的?

洪子诚:1958年科研大跃进建立的文学历史叙述框架、线索,是按照阶级、阶级斗争和"两条道路斗争"来划定作家、作品、文学派别的历史位置,是对他们作出评价的最主要标尺。"文革"后的历史反思、重写,就是反思这种二元式的思维、评价方式。这贯穿整个1980年代。清理、反思的难度不仅仅是观念层面的,也是对现当代历史(包括文学历史)的重新清理、审视,因此要做大量工作。当然,1990年代后期以来,1980年代这种历史反思、重写的问题,也得到重新思考,主要对现代中国左翼文学的经验的继承不足,否定过多的缺失。二元式的思维方式不是全要不得,但世界这么复杂,这样的理解、处理方式肯定问题很多。

现在经常报道矿难,我很明白那是怎么回事

问:"文革"中您在北大受的冲击大么?

洪子诚:没有什么大的冲击,只是贴我一些大字报,我上课的班开过批判会。比起许多人来根本算不上什么。我说过,我是那种"不好不坏,亦好亦坏,中不溜"的那种人。好,好不到哪里去,坏也不太出格。所以,不管什么运动,有我没我都没有关系,真的很边缘。"边缘"现在很时髦,过去可不是这样。我没出过风头,也没有被打倒在地:这是幸运,也是悲哀。

问:您当年是在哪里上的"五七干校"?"开门办学"时去了地震后的唐山?

洪子诚:北大的"五七干校"在江西南昌县的鲤鱼洲,离南昌市大概一百多里地,在鄱阳湖畔。我在那里两年。回来后在学校当过图书馆工地小工,烧过一个冬天的学校供热锅炉。开门办学去过工厂,也在门头沟煤矿当过半年挖煤工(不是每天下井,一周干两个班)。现在经常报道矿难,我很明白那是怎么回事。当时,么书仪最担心的是我在门头沟那段时间。

我们去唐山的时候,已经是地震过后一个月了,没有经历最惨苦的时间。本来是要待较长时间的,因为"四人帮"被打倒,就让我们回校了。整个唐山几乎没有一座完整的房子,满目废墟,灾难程度比汶川地震要严重得多,但在整个社会造成的震动,却没有后者强烈。

这让我不大明白。也许是我们并没有深入到受害者的生活和心灵之中,对许多事情没有体察。但也许是那时,人、个体的价值似乎无关紧要?我不大明白。

我愿意给低年级上基础课,
愿意在课上挑战中学学习的那种模式

问:从1961年留校担任汉语教研室的写作课教员起,到1977年转入新成立的当代文学教研室,再到退休,洪先生这么多年一直花了大量时间承担繁重的基础性教学任务,这甚至让您的学术声名来得有些"迟"。一直到哪个年份,您还给本科生上课,上些什么课?又是分别从哪一年开始带硕士和博士研究生,博士是带到退休后就不再带了吗?

洪子诚:一直给本科生上基础课,到退休之前两年还在上。有一种很奇怪的观念,好像给低年级上基础课对成名教授是"丢份"。我愿意给低年级上基础课,愿意在课上挑战中学学习的那种模式。我给本科生、研究生也开了许多选修课,大多是新诗研究、当代文学思潮方面的,还有就是文学史研究写作问题。我好像是1986年或1987年开始带硕士生的,最早的硕士生是臧棣和董瑾。

我做得不大好,评我当教授要到1993年,1994年我才获得指导博士生资格。我63岁2002年按学校规定退休,退休就停止招生了。

问:您带的博士在绝对数量上不是特别多,带博士、硕士和本科生有哪些不一样的乐趣?我听说您的博士后来留在高校的比较多,您和他们毕业前的教学相长的乐趣能不能举例说一说?比如贺桂梅,我觉得在青年学者中挺活跃的。或者还有其他您印象特别深的得意弟子?

洪子诚： 这个问题太大，说不好。总的来说，我带的研究生大多都很优秀，学习很认真，并不需要我特别操心。当然也有的让我很操心的。几位韩国博士生，我花的力气要多一些，因为文化、语言上的差异，这也很自然。

我从学生那里学到很多东西，他们也经常建议我思考、关注一些问题，建议我读一些我没有注意到的书。我想我们很平等。有的学生总说怕我，不知道为什么。

问： 1991 年至 1993 年在东京大学讲授中国当代文学，应该是洪先生学术生涯中的一个重要节点，您当时的讲稿整理后于 1997 年由香港青文书屋以《中国当代文学概说》为名出版。在日本期间的沉思，使得您归国后陆续写出《关于五十至七十年代的中国文学》和《"当代文学"的概念》等重要论文。

这次去日本做访问学者，对那里教过的学生有什么样的印象？中国当代文学较之于中国的传统文化，对他们是不是显得很隔膜？

洪子诚： 我去日本是 1990 年代初，在那里两年。按东京大学的规矩，在那里任教的外国教师，统称"外国人教师"。我教的主课其实不是当代文学，而是初级汉语。很搞笑，我的发音很不标准，大学学的语法什么的都忘得差不多，但东大的教授说，没有关系，有讲潮州音汉语的日本学生也很好。当然，也给一些高年级学生和研究生上当代文学课，上了三个学期。

那时，当代文学在日本只有作品翻译，和对一些有名作家的评论，文学史教学基本没有，也没有多少人关注。日本学者主要关注古典文学和现代文学部分。所以，我在那里并没有多少交流。现在情况是否有改变，我不知道。但是，我去年在台湾上了半年的当代文学史课，台湾也是一样，大学里很少有专门的当代文学史课程，专门研究大陆当代文学的教师可能只有三两个人。

一个人要时刻保持对善恶、美丑、经验和超验区分的信心，虽然美丑等等的标准会在历史中发生变化

问：今年上半年，8卷本的"洪子诚学术作品集"由北大出版社推出，这是最值得庆贺的事情了。我记得，在当时的研讨会上，赵园先生说："校园对于其间人物的影响，是我感兴趣的题目。洪先生的特别之处，在我看来，也在学人而有文人气习"，"洪先生常说到自己的'怯懦'、'犹豫'，我却相信他的性情中有较为坚硬的东西，不易磨损，能抵抗外力的销蚀。这种'坚硬'在我们所处的环境中，尤其可贵。"

您为什么这么"怯懦"和"犹豫"——我接触过的您的学生普遍反映，您很谦逊甚至是充满自嘲，这仅仅是因为性格原因吗？赵园先生所提到的这种"坚硬"是怎样保持下来的？

能说说您治学的原则和底线吗？

洪子诚：赵园的说法很有意思，以前我也想过这个问题；设若我不是生活在北大，肯定是另一个样子。我是个脆弱、心理不是很健康的人。我常常无法摆脱莫名其妙的"自省"。在北大，我的那种坚持比较容易做到，换另一个环境，可能就难说。也就是说，在这个环境中生活，如果你对自身有一种要求，相对来说坚持会有更多的可能性。

在性格上，我确实是个不自信的人。我的讲课、研究都是这样。我常常问学生，我这样讲、这样写行不行。我在研究时，面对"对象"，哪怕是一些受到批评甚至谴责的人物，有时都会产生"我有资格（学识、智慧、感受力）评论他们吗"的疑问。我1962年第一次上课的一位学生（他也已经退休）这样说我，说我的自省、低调"不

是处世,不是修养,不是道德,乃性格",他说得很对。

但也许有某些"坚硬"的东西,就是我一个时期的认知,我的感受。我不大会随机应变;或者说,当我要做出随机应变的时候(特别是"文革"期间),这会是很困难,也很痛苦的事情。从性格上,我也不习惯热闹,喜欢独处,对各种潮流,因为觉得自己跟不上,心理承受能力比较差,后来就转化为保持距离的习惯。

我出生于一个基督教家庭,宗教的影响在我最主要的是,一个人要时刻保持对善恶、美丑、经验和超验区分的信心,虽然美丑等等的标准会在历史中发生变化。在研究中,我经常质疑"二元对立"的思维方式和看待世界方式,但我在最基本的方面,仍是个"二元"的信仰者。我不愿意这个世界变得混沌不清。总之,如果说有"坚硬"的方面,就是不太投机,不愿对权势者(政治的、学术的权势者)谄媚。

问:再说"校园对于其间人物的影响",您和夫人在《两忆集》的序言中也说"今生今世能够生活在未名湖边,生活在北大,生活在与清华一墙之隔的园子蓝旗营,是上天赐给我们的幸福","像我们这样一家人都和北大中文系撕掳不清的人家大概也不多见。按照现在的看法,这也真是够悲哀的事情"。如此长久地生活在未名湖边,您最感激的是什么?有没有什么遗憾?

洪子诚:这段话是么书仪说的,我其实没有她这样强烈的感受。生活在校园,可能是一种幸运(特别是针对当代中国经常的事变),但也是很有缺陷的。我的生活单纯,也单调,没能承担其实应该承担的社会责任。

问:曹文轩教授也特别提到您始终保持对新潮学术理论的熟悉,您是怎样保持和青年学者的同步对话而不"落伍"的?

洪子诚：经历过1980年代的人，都有一种更新自己观念、知识、理论的渴望，我也不例外。曹老师是过奖了。我对新潮理论虽然也接触，也读过许多国外著名理论家的著作，但读的零七八碎，有的确是不求甚解。但我还是努力去做。在学校里教书，特别是北大这样的学校，有不少好学生，你要上课，和他们谈话，就必须加倍努力。我直到退休之日，一直经受很大的压力。说的好听，这是一种责任心，但也可以说是爱面子。我不愿意学生说我是个落伍的、不学无术混日子的教师。事实上，学生也给我很多帮助，包括思想、知识等方面，也包括他们的质疑。

问：么老师在中国社科院文学所研究元朝和近代戏曲，和您的专业很不一样，你们互相之间的影响大么？

洪子诚：在一起生活，互相的影响应该是有的。但没有仔细想过，说不清楚。她的文字比较有水分，有灵气，弹性，这对我应该有影响。在历史叙述的态度、方法上，她也可能受到我的一些启发。但我没有她那么认真，那么执着，对材料等等总是付出很多力气。

穿越当代的文学史写作[1]
——洪子诚先生访谈录

2009年9月4日,北京大学中文系教师贺桂梅就当代文学的学科建设与历史评价等问题,对洪子诚进行了采访。

一 20世纪50至70年代:集体写作、大历史与个人

贺桂梅:由您来谈当代文学史的写作应该是很有代表性的。现当代文学史的主流叙述模式在不同时期各有变异,比如1950年代后期的初创,比如1970年代后期的定型,比如1980年代的"重写"等。而您介入了不同时期的写作。1958年您和北京大学中文系的另外5位先生集体编写了《新诗发展概况》,可以先从这里谈起吗?

洪子诚:20世纪50年代编写《新诗发展概况》的情况,在《回顾一次写作》这本书中讲得很多了,再讲出新东西好像不太可能。基本情况是1957年"反右"之后,从第二年开始批判资产阶级学术权威,叫"拔白旗,插红旗",主要在高校。那些著名的学者的学术观点都会遭到批判。那时候的情况跟"文革"期间还是不太一样。严厉的

---

[1] 这篇访谈,刊于《文艺研究》2010年第3期。

人身攻击和开会面对面批判还没有。主要是写批判文章，贴大字报也会有。

我所在的中文系56级文学班批判王瑶先生。我不清楚为什么会选择他。我原来以为批判王瑶可能与中国作协或其他部门有关系，因为1958年张天翼在北大"蹲点"，就在我们班。跟我们说的是要写一部反映青年学生的长篇小说。他参加我们班的一些活动，到宿舍聊天，一同去颐和园玩，我们在学校劳动时他也来给我们鼓劲。所以印象中，总以为批判王瑶可能跟中国作协有关系。后来我问了好些人，都说这个想法没有根据。在这个问题上，中国作协、周扬他们可能更想保护这些学术权威。"文革"时候，中文系主任杨晦先生说作协派张天翼来北大，是要保护吴组缃先生。批判王先生主要针对他的《中国新文学史稿》。我在1958年参加过巴金作品讨论（其实也是批判），批判王先生我没有参加。那年暑假我回老家广东揭阳，回来后，班上的批判文章都已经写出来了。当时主要指责王先生否定五四文学革命中党的领导，再有就是指责他"伪科学"，说他的书是"剪刀加浆糊"，是拼凑、抄袭的。后面这一点是他后来最恼火的。批判文章中有一篇专门讲这个问题，好像发表在《文学评论》上。1980年代在香港中文大学有一次关于王先生的录音采访，整理稿登在上海的《文艺论丛》上。他在访谈中对这一点很恼火。这完全能够理解：一个严肃、认真的学者受到这样的攻击，什么人也难以忍受。

贺桂梅： 你们写作《新诗发展概况》的主要参照是什么？与此前的新文学史在叙述体例和基本理念上的不同主要表现在什么地方？

洪子诚： 主要参照的还是1950年代出版的几部新文学史的诗歌部分，根据他们提供的线索去找材料，并不是铺开全面去看报刊杂志。但"原始"的诗集看了不少，从北大和北图借出来几百部，倒并不是那种看选本的做法。讲到的诗人、流派，还有体例等，其实没有超出那些新文学史，但在观点上有很大的不同。主要是按照1958年以后建构的两条道路斗争的方式去处理，依据的是周扬、邵荃麟他们的观点，也参照臧克家1954年写的《新诗发展的一个轮廓》的观点。我们其实没有什么新的发明。55级集体写《中国文学史》的时候，有许多步骤：比如先学习材料，先写出一些部分来讨论，选择一些难点进行专题"解剖"等等。我们编写《新诗发展概况》就六个人，基本上没有什么很专门的讨论，也就是七嘴八舌乱吵一通，一人分一个阶段，自己看材料。稿子出来后可能会提一些意见进行修改。

贺桂梅：除了《新诗发展概况》，从上世纪50至70年代您还参加过哪些重要学术活动？能说说您这段时间的主要经历吗？

洪子诚：1958年"科研大跃进"时还参加了现代文学史、中国戏曲史的编写，它们后来都流产了。1958年的集体科研对我来说可能有一点好处，比如怎样概括作品、归纳问题，还有写作上的训练等。但是我对这个事情评价不高。它主要是一场政治运动，要发动群众，让年轻人来占领"资产阶级学术权威"的阵地。将学术工作全部纳入两条道路斗争，用被界定的经验来肢解事实，这种方法产生很大流弊。对这种流弊的清理，我后来花了很大力气。

1961年毕业，我留在学校教写作课。当时是困难时期，很多机构解散，或者压缩人员，分配很困难。一直拖到9月才分配。分配填志愿，我和同班两个好同学约定，第一志愿填西藏。其实我对西藏一点都不了解，没有任何准备，我也不是雄心壮志的那种人，但也不是虚情假意，大概还是有一点浪漫吧。那年我22岁，对社会、对生活，完全没有实际经验。但最后也没有要我去西藏。教写作课工作量比较重，要批改很多的作业。教文科外系的，有的班有一两百人，每学期要做五六次作文，批改作业要花很多时间。不少教师不愿意教写作。我是没有办法，留校的时候，就明确告诉我要教写作。愿意做专业研究的，都选择去北京师院、人民大学。毕业之后到"文革"十年，基本上没有什么像样的"学术"研究。

贺桂梅：1970年代后期学科重建，您从现代汉语教研室转到当时刚刚成立的当代文学教研室，这跟您对当代文学的兴趣有很大关系吧？

洪子诚："文革"后北大写作课取消，我转到新成立的当代文学教研室，应该说也不算是偶然的事情。1950年代上大学，我对当代文学很关注，作品看得不少。很多作品，著名长篇、短篇小说、诗歌等等，都很熟悉。有不少作品当时很喜欢。《青春之歌》《红旗谱》《创业史》，孙犁、茹志鹃的短篇，甚至杜鹏程的那些很浪漫、夸张，语言有点粗的作品，如《在和平的日子里》《延安人》等，当时也喜欢，还有王汶石的短篇。那个年头，接受的主要还是19世纪欧洲现实主义的文学观，对像赵树理那样的接受民间文艺传统的作品，评价就有点不高。但是对《红岩》我也一直不很喜欢，说不清楚什么原因。包括改编的电影《在烈火中永生》也不很喜欢。这部作品出版后很轰动，成为文学界的重要事件。我倒是比较喜欢陶承的回忆录《我的一家》。后来分析原因，大概是1960年代我开始对观念性非常强、构造的痕迹很明显的作品，有一种拒斥的心理。这个和我当时正好大量读契诃夫的小说、戏剧可能有关系。

贺桂梅：在我的感觉中，尤其是从您最近发表的一系列"阅读史"方面的文章来看，您似乎更偏好19世纪的西方文学，特别是俄苏文学？

洪子诚：从读中学到1960年代，各种作品读得很杂。俄苏作品当然读得很多。高中的时候读了大量翻译的苏联小说，《红与黑》也是高中读的，还有巴尔扎克一些小说，当时并没有特别被触动的感觉。《约翰·克里斯朵夫》也是高中读的，但是没读完，《战争与和平》也没读完。大学期间，一度很迷恋屠格涅夫，还有车尔尼雪夫斯基的《怎么办》。因为五六十年代，西方20世纪现代文学翻译介绍非常少，自然就偏于19世纪的。不过我说不准，如果当年西方现代文学作品也有许多翻译的话，是不是也会喜欢？记得上大一时有一次在东安市场旧书铺买了一本纪德的《地粮》，盛澄华先生1940年代译的，也就一般翻翻，并没有很好地理解。

大学毕业前一年和教写作课那几年，没有什么大的运动，学校生活平稳，倒是读了不少书。写作教学没有明确专业方向，有不好的地方也有好的地方。好就是读书不是那么功利，读的范围比较杂，感受也不是总朝着一个固定方向。读得比较多的是契诃夫的小说、剧本，还有高尔基等人的小说。对俄国文学的兴趣，除了个人趣味情调，也跟整个的时代氛围有关系。另外也读了不少西方和俄国的文论，如别林斯基、车尔尼雪夫斯基、普列汉诺夫、卢那察尔斯基。当然，除了这些激进的，也系统地读了人民文学出版社1962年开始出版的"西方古典文艺理论译丛"，很仔细地读了丹纳的《艺术哲学》，画了很多红、蓝道道，还有不少批语。"文革"后被一位教文学理论的同事借去，还给我的时候说我的批语"许多都是错的"。当时很欣赏杜勃罗留波夫对《大雷雨》，对奥勃罗莫夫的分析，也很欣赏别林斯基那种气势。在"文革"前几年中，除了契诃夫之外，细读的还有鲁迅的杂文。我用第一次工资的一半买了十卷本的《鲁迅全集》。还非常认真地读了《红楼梦》和《聊斋》，写了批语，做了详细笔记。可惜笔记后来都丢掉了。一度还对曹禺的剧本很入迷。教写作让我对语言特别关注，当时对《红楼梦》《聊斋》的兴趣，有很大成分是关注两部小说的语言运用。这个对我后来有很大好处，也就是提高我对八股式的思维和语言表达方式的警惕，虽然做到这一点非常难。

当时也有一些当代批评家给我印象深刻，比如做电影评论的钟惦棐，可惜他1957年就划"右派"了；还有做艺术批评的王朝闻，另外还有黄秋耘。黄秋耘1957年也差点成为"右派"。王西彦先生——写文章他也用"细言"的笔名，和后来当《文艺报》副主编的侯金镜，也有许多批评文章写得很好。茅盾的小说评论当时影响很大，除了总括性的评述之外，有许多采用点评的方法。他特别关注短篇的结构、人物的安排，这跟他的小说观念有关系。他基本上和胡适看法相近，认为"现代"意义的短篇基本上是结构、横断面的问题。他对茹志鹃的《百合花》，对陆文夫1960年代作品的评论，当时都觉得很好。

贺桂梅：教课之外，您当时是不是也做些研究，发表过一些文章？"文革"时期的情况是不是有很大变化？

洪子诚：当时没有什么研究，没写什么东西，就是跟我的同班同学周俒用"子俒"的笔名合写过一些杂感、小散文。比较认真写的一篇文章，在《北大学报》上发表的，叫《〈社戏〉的艺术技巧》。他们发表这篇文章，我想主要是鼓励教写作课的人能安心教课，说明教写作也是有学问的。1964年批判电影《早春二月》时我写过两篇批判文章。一篇发在北大内部杂志《红湖》上，还在中文系全系学生开会时念过，念的时候学生几次笑了起来，也不知道为什么，可能是我的语调不是那么严肃。另外一篇是当时北京市委的刊物《前线》约我们写的，我和一位教现代文学的老师合作，署名子晓。这两篇文章，都批判《早春二月》宣扬"极端个人主义""资产阶级人道主义"。其实我对这部电影很有好感，却要迎合潮流去批判它，也不是被迫的，而是我自愿的。这是需要我反省的。另外，"文革"开始不久，1967年春夏吧，我和严家炎、谢冕等几位先生，被北大派去，和当时的中国作协"革命造反团"合作,编写《文艺战线两条路线斗争大事记》。这些活动,按照一般理解和"学术"没有什么关系,不过,从"文艺激进派"的逻辑看,那既是"政治",也是"学术"的。这些事情,我会在"我的阅读史"里面比较仔细地讲到。"文革"就是参加运动,后来上两年"五七干校",回来以后烧过一个冬天的锅炉,还在学校图书馆工地当过小工。接着就是给工农兵学员上课,开门办学,去过好多地方:门头沟煤矿、东方红炼油厂、大地震后的唐山……从唐山回来是1976年10月,那个月"四人帮"就被打倒了。

贺桂梅:想问一个比较宽泛一些的问题:对于1950至1970年代发生的许多重要政治与文化运动,您的一般态度是什么,采取怎样的应对方式?

洪子诚:我在五六十年代都是一个很追求"进步"的青年,积极争取入党,但是党总不要我,在相当一段时间让我有点伤心。在政治运动里头,我一直是不上不下、不左不右的那种身份,当然,也就可有可无。有时候表现得比较积极,得到认可,有时候受到批评。但是好也好不到哪里去,坏也不会太出格,用一个词来说,属于"平庸"的那个种类。"反右"后期,"组织"对每个人都有一个总结、评价,放在档案袋里。毕业的时候,一个看过我的档案的班干部告诉我,"反右"时对我的鉴定是中中——左、中、右,中又分为中左、中中、中右三类。这个鉴定倒是很符合我的情况。当然,对政治运动、文化事件,我的态度在五六十年代和在"文革"期间会有阶段性的变化。"文革"开始,是想积极投入运动的,但是,"六一八"(1966年6月18日北大发生的事件)的暴力,对我冲击很大。看到系里一些老师、领导被批斗、游街,被泼上墨水、戴上厕所纸篓的情景,真的不敢相信,不知道为什么会这样,惊心动魄,也有恐惧的感觉。毕竟我从没有见过大世面。

总的来说，我还是愿意、有时候还是很积极地去顺应潮流的，但在大多数情况下，总是跟开展的运动有距离，思想、情感的距离，行动跟不上。这种距离，后来我分析可能有几方面的原因。一个原因是没有政治经验，不清楚一个人在这些运动中应该怎么去做。比如怎样"靠拢"组织，汇报思想，在运动中如何表示立场，如何向领导者或工作队什么的揭露、提供情况等等。我没有经验，也觉得将心里的东西讲给一个我并不了解、也不亲密的人听，是很别扭、难堪的事情。所以，参加农村"四清"运动，还有在"五七干校"，开会给我提意见，总说我"清高"，孤僻，不能和群众打成一片，不能"把心交给党"，不知道我在想什么。"干校"在一次给我提意见的会上，一位老师好意提醒我说，"清高"在旧时代还有一点积极意义，在社会主义时期就只有反动性了，可能发展到和党对立。另一个原因是对运动中提出的观点，不能很快跟上。最近读一本书，有一个国外著名哲学家说，在时代面前，最要紧的是要有勇气面向"本质""真理"，而不是向"观看"，向事实打开。可是我常常纠缠于一些自己把握到的事实，或者纠缠于我的感受，这就失去这种很快靠拢"真理"的能力。举例说，"反右"我上大一，同班有一个老乡，都是广东潮汕人。他对我不错，可是"反右"中被划成"右派"，我却总和他划不清界限，总觉得昨天还是朋友，今天突然就是敌人，感情上这个弯转不过来。那时我是团员，团小组专门开会批评我、帮助我。这样的事情不止这一次。这种距离，在一段时间确实让我苦恼。但是也有好的地方，这个是我后来才慢慢意识到的。和政治、文学潮流，和研究对象的关系不是那么紧密，感情不是那么投入，就有可能获得一种观察、思考的空间：有"弊"也可能有"利"吧。

那时候的运动，大概大多数人都会关心，因为这跟他的切身利益、跟他们日常生活紧密关联，很难自外于潮流。我不是一个有先见之明的人，更缺乏勇气，更重要的是心里头愿意去呼应。但后来发现这种呼应、跟随变得越来越困难。当你已经没有了这种追随的一丁点愿望，对许多事情已经难以接受，很反感，但你又没有胆量抗拒，甚至没有胆量沉默的时候，这就非常尴尬，也非常痛苦。这种经验现在还是记忆犹新。"文革"中"清理阶级队伍"，抓出来那么多人，突然这个人也是"反革命"、那个人也是"反革命"，很多事情已经超出我们常识所能理解的范围。况且那些庄严、崇高的概念、口号，已经变成表演性的东西，完全无关事实。我在"文革"中并没有受到什么大的冲击，但是，这种普遍性的概念和事实的分裂，言词和内心的分裂，充斥社会各个方面的各种表演的仪式、姿态、口号，对人的精神的折磨，真是难以忍受。原先我以为这一切随着"文革"结束而结束，现在我知道错了，这种情况还在延续，而且似乎更加没有真实的信念……

二 "新时期"：从《当代文学概观》到《中国当代文学概说》

贺桂梅：当代文学的学科化开始于20世纪70至80年代转型期，您和北大中文系当代文学教研室的几位老师集体编写的《当代文学概观》，是较早出现并且影响很大的当代文学史教材。当时是怎么考虑要写这样一部教材？

洪子诚：北大中文系恢复教学是1970年。第一届工农兵学员是70届，本校和江西"五七干校"同时招收学生，每个班只有很少的学生，二十到三十个人吧。"文革"结束恢复高考，77级进校后，教学内容开始调整。工农兵学员的教学内容非常简单，也讲一些文学史、文艺理论基本知识,各个时期一些作品,但不系统,都是符合当时政治的,很多时间都是配合运动进行写作。从77级开始就比较系统了,"文革"前大学的课程设置逐渐恢复,包括文学史、文艺理论、专题课。"文革"前北大中文系教文学史的,都在一个教研室,现在分细了,有了古代、现代、当代的划分。当代文学教研室的筹建应该是1977年,这在当时是个普遍现象,很多大学都建立当代文学教研室。北大当代室是张钟、谢冕筹建的。他们两人原来是文艺理论教研室的。当时取消写作课,写作教员重新确定去处,有的原来就是教古汉语或现代汉语的,便留在这些教研室。其他的根据自己的专长、兴趣,重新选择。袁良骏去了现代文学,我和汪景寿、赵祖谟选了当代。记得张钟问我愿不愿意,我说可以,他们也了解我对当代文学比较感兴趣。况且我无一技之长,有点像万金油,也没有其他去处。

1977年我们开始编当代文学教材。参加的老师有张钟、我、佘树森、赵祖谟、汪景寿。教材一边编,就一边开始给77、78级上当代文学课。我印象里头,我们文学史的编写可能要比郭志刚他们——也就是十院校后来的教材(即《中国当代文学史初稿》,人民文学出版社1980年12月出版)——要稍晚一些。记得有一次,张钟和我们几个人还跑到北京师院(现在的首都师大)中文系去"取经",了解他们编写的经验,在北京师院开过一次会。不过毕竟我们不是多个学校合作,又只有五个人,事情比较简单些,所以《当代文学概观》的出版反而比他们要早,1979年就出来了。当时的另外一本《中国当代文学史》(福建人民出版社),二十二院校合作的,要到1982年才出来。华中师院的《中国当代文学》,上海文艺出版社也直到1983年才印出来。

贺桂梅: "概观"大致是按体裁分类,每种体裁以时序介绍,先有概述,然后再抽出一些代表性的作家分章进行评介。这种叙述体例当时有过仔细构想吗?

洪子诚:《概观》的编写有些奇怪,是一种非常自由的合作,不像过去和后来集体编写教材,要认真统一观点,讨论体例和章节安排,分配字数,初稿出来后还要讨论、修改、统稿等等。我们基本上没有这些程序,几个人简单交换意见,分工,然后就分头去看材料,去写。我猜想,张钟最初可能想提议谢冕负责诗歌部分,我负责短篇小说,但后来诗歌和短篇全给了我,谢冕没有参加。可能是谢冕当时已经是著名诗歌批评家了,很忙,没有时间。另外,他常说他永远是个"副"的,教研室他是副主任,当代文学研究会是副会长。在学校,教研室主任按照行政级别是"科长",谢冕说他是"副科长",还不如我,因为我后来还当了教研室主任——这当然都是我们一起说的笑话。但谢冕那时已经很有影响,特别是 1980 年 5 月发表《在新的崛起面前》以后,所以没有太多时间。

以体裁的方式来编写,这个体例跟当时的当代文学史确实都不一样。别的当代文学史都有很多篇幅谈文艺思想斗争,然后划分时间段落,每个阶段再混合按体裁、题材、作家作品来设计章节。我们为什么选择这种方式,好像也没有很认真讨论。但是有两个因素是议论过的:一个是"十七年"文学思潮、文艺思想斗争问题,那时候"文革"刚结束,觉得如何处理某些问题对我们来说还有一定难度,许多事实还不清楚,也就是说当时写这部分条件还不成熟。另外的原因,可能是要和教育部的那一部有所区别吧。所以,"概观"文艺思想斗争部分基本没有涉及,但是在每一部分也会融入这种因素。

编写的时候,我们五个人肯定交换过意见,但是也没有很专门地仔细讨论。我看材料花了很多时间,包括刊物、作品集,还有评论方面的材料。"十七年"重要的短篇小说集、诗集看过一遍,许多都做了笔记。当时精力充沛，一天能工作十多个小时。写出来后也没有分头传阅、讨论。像佘树森的散文部分，提交的稿子就很成熟，出版时基本没有改动。不过张钟要我看一部分稿子，主要是戏剧和长篇小说的一部分。我做了修改，特别是戏剧，这部分的初稿在写法上不是很严谨，有点像评论文章，也太长，所以我做了许多压缩、修改。也修改了长篇小说的一些部分。我们议论过书名和署名问题。想避开"当代文学史"之类的名称，"概观"还是佘树森想出来的。署名排列的问题，张钟很客气，说我写得最多，也读过、修改过许多稿子，提议署名我在前面。但我们一致认为应该是他领头；事实上，这部教材的编写，基本框架，是他提出、组织、协调的。汪景寿主动提出，"文革"后他已经单独出了两本书了，这一回他的名字就放在最后。记得稿费分配也是这样，好像有一千多、两千元的稿费，那时候可是个大数目。我提议五人平分，就不要统计字数什么了，但张钟不赞成，最后多给了我一些。当时大家很谦让，有一种超越个人名利的追求。

我觉得《概观》与教育部的（人民文学出版社）以及与二十二院校的比起来，对"十七年"文学的质疑、反思要多一些；各个部分个人的色彩也比较明显，没有去特别追求观点、行文的一致。在对当代文学的一些基本问题的看法上，五个人很相近。但也有不同，好像张钟和我表现得比较"激进"一些，就是对"十七年"的批评要更多。当时当代文学分期有几种方法，最普遍是三分法，就是划分"十七年""文革""新时期"三个阶段，也有四分法的，就是"十七年"又以1956年为界分成两段，二十二院校教材就是这样。我们的"概观"因为是按体裁写，所以没有明确的时期划分，但基本上也是三个时期的观念。不过，我1980年代中期给学生讲当代文学，采用的却是两分法，也就是以"文革"结束为界，划分为前面30年和后面的"新时期"，把"文革"十年也与"十七年"放在一起。我还用一堂课专门解释为什么要这样做。虽然当时普遍认为"十七年"和"文革"是两个截然不同的时期，但换一个视角，我觉得这30年也有它的内在规范的连续性，是一种文学理念、设计，在各种冲突中的实现，和它的极端化的过程，因此可以作为一个时期来观察。到了1990年代，我就明确使用"50至70年代文学"这样的提法、概念了。

贺桂梅：当时您理解"转折"的关键性内涵表现在哪些方面？

洪子诚：基本上认为"文革"后的"新时期"的文学和前面是很不一样的。我们当时强调的是这种历史的"断裂性"。对我来说，"转折"和"解放"这些词语是连在一起的。当时比较强烈的感受，一个是在过去被压抑的东西，观念、作家、作品、情感、风格等得到"解放"，作家获得以前没有的思考、表达的空间；另外一个就是对"多元化"的想象。"百花齐放"，文化、思想、文学的多样，是经历过"文革"的许多人的期盼，当时觉得能够开始实现了。我的"转折"的感觉，分析起来集中在这两点。现在想起来，那个时候对事情常常有一种本质化、理想化的理解。

贺桂梅：1986年《当代文学概观》出了修订版《当代中国文学概观》，这时有没有考虑过叙述体例有不太合适的地方？

洪子诚：没有。当时大家的意见是不要有大的改动，没有觉得在体例上有什么不好。自然也不愿意在这上面花太多时间。修订主要是要加强"新时期"的部分，因为"新时期"已经六七年了，出现许多新东西。修订还是各写各的，完全没有讨论。诗歌部分我增加了"新时期"的两节，对"十七年"做了修改压缩，短篇部分改动不多，因为"短篇小说"作为一种体裁，它在"新时期"的地位、意义已经发生变化，逐渐失去相对独立的位置。长篇、戏剧的内容都有增加，主要是 1980 年代前期的创作成果。"概观"序言是张钟重写的。记得我跟他提议,我们没有讲文艺思想斗争、文学思潮方面的问题,是不是可以把序言改成类似绪论的东西,将这方面的内容适当容纳进来。他当时说好,但后来他没有这样做。可能还是觉得处理起来有难度吧。

贺桂梅：在 1980 年代,您关于当代文学开设了哪些课程？当时关注的主要是哪些问题？

洪子诚：本科生的基础课我上得比较多,到退休至少讲过接近十遍。每一次都重写讲稿,都有比较大的改动。这花了很多的力气。所以我说我基本上是个"教书匠"。除了讲当代文学史,也讲一些专题课,如当代诗歌研究、诗歌现状评述、"新时期"文学思潮等。好像没有专门讲过小说方面的专题课,也没有开设过作家论的课程。有两次被谢冕拉去参加他主持的讨论课,一次是当代诗歌导读,一次好像叫当代诗歌群落研究,上课的是高年级本科生,还有研究生和来北大进修的青年教师。导读课的文章汇集在一起,本来想出版的,出版社编辑也做了处理,后来因为各种原因,没有出来。

1980 年代文学很热闹,有很多新的现象、许多文学问题出现,常常很轰动。怎样看待、解释,哪些是泡沫,哪些是有价值的,价值表现在什么地方,文学的"写真实"问题,"十七年文学"评价,朦胧诗,人道主义,现代派……回答这些问题,对当代文学教师是个挑战。我想当时的关注点是在这个方面。我也试图把现象、问题,放到文学历史上去观察,这就是 1986 年我的第一本书《当代中国文学的艺术问题》的思路。另外一个关注点是作家的精神境界和文学的"独立"传统问题。孙民乐最近有一篇文章,说我对 1980 年代文学的反思是比较早的,他说的是我的《作家姿态与自我意识》那本书。其实 1980 年代后期反思已经不少。另外,我的反思和现在的不太一样。1980 年代末我主要是一种比较精英的、启蒙主义的观点。觉得虽然"新时期"文学成就不小,但也存在重要问题,而这些问题是延续下来的,觉得当代作家或者说当代文学没有建立起自己独立的、或者相对独立的文学传统,有的作家与政治权力的关系存在很大问题。那时的想法,其实并不是说文学要脱离政治,不要处理现实政治问题、社会问题,而是说作家对政治问题的处理,常常没有自己的发现和境界。大概是1988年,在一篇和诗人公刘先生讨论诗与政治关系的文章中,我讲了这个看法,文章发在《文学评论》上,记不清哪一期了。文学表现政治事件、问题、重大社会问题,或者发挥政治的某些功能,这都没有问题,但是作家应该有自己独立的处理方式,包括思想观点、独特视角,也包括艺术方法,而不应该只是呼应、重复某种主流的政治观点。我还逐渐意识到作家的精神态度、境界问题,和社会制度,和文学体制是紧紧关联在一起的;这是我后来将文学体制问题作为文学史的重点考察对象的动机。

贺桂梅: 您上课时主要用什么方法讲当代文学史?

洪子诚: 我上当代文学基础课也指定教科书,除了我参加编写的,也列出其他几种有代表性的。我说你们看哪一种都可以,看哪一种真的没有什么关系,因为我具体讲的跟教科书不一样。基本上是归纳一些问题,将作家作品融入到这些问题中。1990年代初出版的《作家姿态与自我意识》这本书,就是从基础课的讲稿里截取出来扩充修改的。

贺桂梅: 从作家论角度讲文学史其实是非常偷懒的办法,因为线索早就有了,而您从作品带文学史问题的讲法其实要有比较强的概括性和个人判断。您什么时候开始考虑独立写一本当代文学史?

洪子诚：作家论的讲法其实也很重要，做得好很不容易。我的讲法的形成，和"文革'结束后文学问题层出不穷这个现象有关系。我总想努力在课堂上回应这些问题。但因为是基础课，还是要尽量给学生比较完整、系统的知识，一些重要作家、作品不能忽略，注意有一定完整性，不要为了"问题"割裂成碎片。

说到"独立"写文学史，说实在话，我基本上没有自觉意识。这些事情其实有许多误解，总觉得我的一些做法、说法都胸有成竹，事先深思熟虑的。其实不是这样。有一个我自己都感到奇怪的现象，就是我的一些研究或写的书，自己非常没有信心，但是评价有时候出乎我的意料。我的第一本书《当代中国文学的艺术问题》，交到出版社编辑那里，是很胆怯的；我说你要是觉得不行就算了。第二本书《作家姿态与自我意识》，1989年秋天吧，丛书主编杨匡汉打电话问我有什么书稿，说他们正在编一套研究"新时期"文学的丛书。我说手头实在没有，但因为好不容易有个出书的机会，就说想想看能不能从讲稿里头整理出几段来。然后我就利用一两个月，特别是1990年初那个寒冷的寒假，整理出十五六万字。香港1997年出版的《中国当代文学概说》也是这个情况。《概说》是根据我1991到1993年在东京大学上课的讲稿整理的，我真的没有想到出来后反应还不错。

贺桂梅："概说"的叙述体例，也就是您后来说的"内部清理"的综合方法，是怎么考虑的？

洪子诚："十七年"以至八九十年代出版的不少当代文学史，虽然对问题，对作家作品评价可能不同，甚至相反，但是在叙述体例上，其实遵循的还是1950年代周扬、邵荃麟他们评述当代文学时确立的框架。这个框架不能说是完全无效的，但也是当时特定政治、文学语境中产生的。因此，在1980年代，我讲课就有意识地想离开这个框架,这个叙述体例。但也不是简单构造一种完全不同的东西,而是首先将力量放在解释这个框架的依据上。也就是说,把周扬他们确立的叙述方式和概念,当做需要辨析的问题来提出。

贺桂梅:当时有没有意识到这些判断其实与"新时期"的主流观点已经不太一样了?

洪子诚:没有很清楚意识到。总体上可能差别还不是很大吧?如果有"不太一样"的话,可能是对"历史进步"的那种历史观产生怀疑。我越来越不相信"时间神话",那种"新时期""新纪元"的意识越来越淡薄。在《1956:百花时代》这本书的前言里我说:"现在的评述者已拥有了'时间上'的优势,但我们不见得就一定有情感上的、品格上的、精神高度上的优势。历史过程、包括人的心灵状况,并不一定呈现为发展、进步的形态。""我们"当然包括我在内,而且首先是从对"我"的认知出发的。所以我说,我"对自己究竟是否有能力、而且是否有资格对同时代人和前辈做出评判,越来越没有信心"。这些话写在1990年代比较靠后的阶段,但是1990年代初就开始意识到,这大概是最重要的"不太一样"。因此不是那样把新时期文学、作家理想化,更多看到问题的方面,有些悲观。在研究、叙述方法、态度上,有意识尽量减弱"批评"的因素,抑制评价的冲动。所以我开玩笑说,"当代文学"既不是你的,也不是我的,就是"当代文学"罢了。这是一种距离。这里有一个经常讲到的"价值判断"的问题。对各种文学现象、作家作品,你的评价自然会制约甚至决定你的文学史写作。但我还是注意保持一种距离。另外,因为是做文学史研究的,就必须有一种观念支撑,认为事物之间——文学现象、作家作品——存在一种内在联系,这种联系不仅仅是空间的,更重要是时间上的,而且认为时间上的联系的脉络是可以被清楚梳理、清楚描述的。不过,事实上我也常常怀疑这种观念,经常有"文学史是可能的吗"的念头出现。这是我的讲课、我的书透露着很多不自信情绪的原因。

贺桂梅: 您在备课、讲课的过程中形成的对当代文学的这种理解,是不是在写作《概说》的过程中变得清晰了?

洪子诚: 当时没有意识到。不过现在回想起来,确实也有这样的因素。因为要用一种简洁、概括的语言来描述复杂现象,就逼着我对问题有一个清理,形成比较明确的概念和表述方式。所以,在日本讲课的经验,对我1990年代后期的一些论文(比如《"当代文学"的概念》《关于五十至七十年代的中国文学》),和《中国当代文学史》的写作,在观点和方法上都做了准备。

在日本,和我合作上课的是位东大的教授,他中文讲得很好,是个中国通。埼玉大学的一位青年教师也一直来听我的课。当代文学在日本非常边缘,没多少人研究,当时他们主要是作品和一些作家评论的翻译。因为学生程度,特别是中文程度参差不齐,后来商量,我用中文讲一课以后,第二堂课再由东大老师用日文补讲一次。为什么这个课拖了三个学期?主要就是因为这个原因。当时讲的时候,并没有现成讲稿,在北大的讲稿不能用,太复杂、琐细了。所以都是一边写,一边讲,凌乱地写在活页纸上,讲完之后就丢在抽屉里。讲完三个学期,还有一个学期我才能回国。有一天那个日本老师跟我说,可不可以把讲稿整理一下,由他们翻译在日本出版,说日本还没有这样的当代文学教材。我想这个想法很不错;要是没有这个提议的话,我的讲稿和那些纸片,可能就在回国整理东西的时候处理掉了,我一点都没有想成为一本书的念头。讲课的时候,因为缺乏资料,很多都是凭记忆,要核实这些材料,在那个地方很不容易。这就是为什么"概说"那本书里头确切引用的材料比较少,注释也少的原因。当时还没有用电脑,整理以后誊清,大概有十三四万字。临回北京的时候,在新宿一家咖啡厅里又商量过一次,说是没问题,已经联系了两家出版社,都表示愿意接受。回来后觉得还是有许多地方不准确、不完善,就重新改了一遍,将修改稿给了那位日本先生。但此后就没有消息了,稿子也没有退回。虽然觉得有点不可思议,但想想也就算了。奇怪的是,我也从没有动过试试在国内出版的念头。过了三年,也就是1996年底,有一次聊天,和当时正在北大读博的陈顺馨说起,她说,我拿到香港看看。陈顺馨是香港人,她后来联系了一家小出版社(青文书屋)印了出来。这样,拖到1997年才出版。这也算是"独立"写的文学史了。但是当时没有"独立"写作文学史这样的明确想法。也可能我读大学的时候,看的文学史都是个人署名的,刘大杰的文学史,郑振铎的、王瑶的、林庚的、刘绶松的、丁易的……只是到了1958年以后集体编写才成了潮流。所以"独立"的文学史写作,在我头脑里好像没有成为一个问题。

三 90年代的反思与《中国当代文学史》

贺桂梅:您影响最大的《中国当代文学史》(北京大学出版社1999年出版)是从什么时候开始写作的?

洪子诚:1997年北大当代文学教研室开始筹划《当代中国文学概观》的修改。大家认为"概观"在教学上已经不大适用了,十多年过去了,有很多新的文学现象、作家也有重要的变化。当时我还是教研室主任,就跟谢冕商量能不能重新编一本教材。他非常赞成,说北大应该有这个责任。我征求过教研室老师的意见,有的老师很忙,像曹文轩、张颐武、韩毓海,就明确表态不参加。后来就剩下我、谢冕、蒋朗朗、李杨。谢冕提出把还在读博士的孙民乐拉进来,他的理论很强，以前在东北就已经是大学老师了。我记得开过会，交换些意见后，说回去各提出一个提纲再来讨论。隔了段时间，我、李杨、孙民乐都提交了提纲。但是将这三个提纲放到一块儿，发现它们之间的距离，真的是相差太远了，根本无法捏到一起。其实三个提纲各有特色，也体现了当时处理当代文学史的各种不同的思路，但就是不可能捏合、调和。我的提纲还是很传统的路子，因为过于"传统"，大家都不是很满意，谢冕也不太满意，他觉得我的提纲里，就是写1958年的一章"走向文革文学"有新意，其他章节新意就不很多，面孔比较旧。李杨的提纲突出"文化"的维度，特别重视左翼激进派的文学现象、问题，重视当代文学的"社会主义现实主义"的特殊经验，所以"文革"时期的文学现象，包括红卫兵诗歌、知青小说占了很大的分量。孙民乐的则侧重文学思潮的演化，有很强的理论背景。这反映了当年大家的各种思考，探索如何有效地处理当代文学问题。但是考虑到教材的性质，我提出还是要比较"中庸"一些，与传统教材的体制、样式有更多承续比较好。这次讨论没有结果，怎么办呢，只能说大家再想想。

正在为这件事发愁的时候，有一次碰到钱理群，就把这个事情说给他听。他突然说，你为什么不自己做呢？你自己写一部好了。这倒是我原来没有想到的。这样，我就决定一个人做。不过做这个决定的当时，有点忐忑不安。编写中，因为过去参加写文学史已经许多次，也没有太新鲜的感觉，只是没有估计有那样的难度和工作量。对"十七年"和"文革"我比较熟悉，所以写起来还不是特别难，也有了"概说"的基础。即使这样，也用了很多力气。1980年代以后的就更不容易，要看的材料、作品很多，也苦于找不到很好的概括、描述方式。前后花了有一年多到两年的时间，最后的情况你知道的，没有写完就病倒了，许多工作都是你帮助做的。做完这件事我就下决心，再也不去做这样的事情了，太折磨人了。

贺桂梅：《中国当代文学史》的基本框架和观念可以说是您在不断的教学过程中逐渐形成的。但在具体动笔写的过程中，是不是遇到了新问题，比如您怎么考虑文学体制和文学经典之间的关系？

洪子诚：抽象谈论文学史观念、方法，和实际的文学史写作，是很不相同的。理论可以头头是道，写的时候却会不断出现各种各样的难题。文学史当然有一个"经典化"问题，也就是作家作品的筛选，当代文学也不例外。但是我考虑有这样两个因素，一个是"十七年""文革"时期的总体文学成就并不高，"十七年'没有非常重要的作家；另一个因素是毕竟写的事情离我们还很近，所以，基本上还是处理成以问题带作家、作品的方式。有一些文学现象，一些作品，虽然"文学性"不高，但当年影响很大，而且对考察这个时期的文学状况很重要，我还是尽量不过早删除它们。在文学"经典"的问题上，我在处理上的变化，主要是关注点上的一些转移，也就是从过去评判哪些作品能成为"经典"（有价值的作品），转移到去解释这些作品当时为何能被确立为"经典"。

贺桂梅：1990年代后，您关于当代文学的一些基本判断相对于1980年代是不是发生了一些变化？

洪子诚：好像慢慢有些变化，但是也不是很自觉。也就是对革命文学、左翼文学的态度有些改变，同情的并认为有其时代的合理性的这种想法增加了。但也不是完全认同，转而对"自由主义"文学采取批判的那种转变。而且，我不大赞成笼统谈什么左翼文学、革命文学，把它抽象化，同一化。中国20世纪的"左翼"这个线索，在不同时期，不同作家那里，呈现的形态有时是很不同的，应该分别对待。虽然我认识到左翼文学潮流的产生有它的合理依据，有它的创新活力，给文学带来新的成分，但是在后来发展、变化的过程中，特别是进入 1950 年代之后，基本上是走向体制化的，逐渐失去活力的过程。我把这个过程称为"一体化"。有的学者认为，在当代前 30 年，文学"一体化"是过程，不是结果，我的看法是，既是过程，也是结果。1990 年代我的研究思路，在一些论文，在文学史和《问题与方法》那本书里，很大成分是探讨这个有合理性、有好的出发点的文学，因为怎样的原因走上失误或者说失败的。

贺桂梅：虽然您主要做的是文学史研究工作，不过我发现如何叙述历史，其实跟文学（文化）理论的关系很密切。可以说说您阅读的主要理论著作吗？

洪子诚：关于理论书，我在 1980 年代就读了不少。和许多人一样，受当时大量涌进的西方现代文学作品和文学理论吸引比较多。三联出版的"学术文库"看了不少，也读了一些商务印书馆重版的汉译世界学术名著。海外中国文学、思想史研究的著作也读过一些，如余英时的书、夏济安的文章、夏志清的小说史。司马长风的文学史也读过，但当时觉得不大好，那种政治意识形态太过强烈了，觉得欠缺"学术"上的分量。至于 1985 年的方法热，系统论、控制论什么的，当时以至现在我也摸不着头脑。外国学者可能对韦勒克、伊格尔顿的著作读得比较认真。中国学者李泽厚、刘再复的书都认真读过，还有刘小枫的书，《诗化哲学》《拯救与逍遥》等当时对我有影响。那时候读书也有"时尚"，我也不敢怠慢地去追赶"时尚"，比如尼采、弗洛伊德的，卡西尔的《人论》，苏珊·朗格的符号学……不过，在文学史研究方面，韦勒克和伊格尔顿的书给我直接的启发，还有佛克马的。

贺桂梅：我觉得您在《中国当代文学史》中表现出了一种对叙述行为的自觉，因此您的文学史不仅讲文学作品的历史，也讲这种历史如何被叙述。这种意识其实是很需要有理论反省力的。

洪子诚：这种观念的形成还是1990年代以后。不过，1980年代后期也逐渐有了这种意识。1988年在北戴河文学夏令营，我们几个老师都去讲课。我听过乐黛云的讲座，她用很多时间批评刘晓波关于欧美世界人的绝对自主、自由的那种幻觉，讲了她在美国的见闻，来谈"主体"受到的历史制约、限定，给我印象很深。对浪漫主义主体论的疑惑，那时主要还是基于生活经验，主要不是从理论上。关于历史的叙事性质，最初也是从当代生活境遇、经验中模糊获得的，后来在读书过程中才又加深了认识。1993年从日本回来以后，逐渐看了一些书。1980年代以后流行的不同的理论著作，多少看过一些，比如韦伯、杰姆逊、本雅明、阿尔都塞、马尔库塞、哈贝马斯、葛兰西、赛义德、福柯等，但很不系统，有的就没有读完，有的不求甚解……因为研究当代文学，像卢卡奇、胡风等的书，甚至托洛茨基等的倒是看得仔细，也读了像舍斯托夫、别尔嘉耶夫、薇依等的书。有的书是很偶然的机会得到的，却偶然地从中得到许多"灵感"，比如美国基督教神学家特蕾西的《诠释学·宗教·希望》，还有佩里·安德森的《西方马克思主义评述》。我读苏珊·桑塔格的理论作品是很靠后的事情了，但感觉很亲切。我比较认同的是，承认历史的叙事性质，但不是导致删除"真实"和"希望"，导致让人们对历史真实失去信心。

贺桂梅：把"当代文学"视为一个自足的历史范畴，这种理解方式是不是在写作《中国当代文学史》的过程中形成的？

洪子诚：可能要稍微早一点。《"当代文学"的概念》这篇文章是1998年发表的，但是1995年就开始准备写了。考虑了一段时间，写的过程倒没有用很多时间。对"当代文学"这个历史范畴的思考，要是从更早来说，那是从《中国当代文学概观》修订版出版之后就开始的。

1987年参加中央电视大学在黄山的会议,我和张钟住一个房间。"概观"的序言第一句话说"一九四九年中华人民共和国成立,标志着我国进入了社会主义历史时期,历史的巨手同时揭开了我国社会主义当代文学的篇章"。我说,为什么共和国一成立,当代文学就开始?"当代文学"是怎么回事?揭开它的"历史巨手"又是什么?听了我提的问题,张钟说确实应该讨论。不过他很快就到澳门教课去了,并没有讨论。这应该是我在当代文学研究上的一个"起点",也就是从评价、价值判断,转到将概念、叙述方式放置在产生它的历史语境中去清理的思路。这个思路,开始在当代文学研究界,不是很容易被理解、被承认的。记得《"当代文学"的概念》发表后的一次当代文学研究会年会上,给我15分钟时间发言,我就概括讲这个问题。但是后来回应、讨论的时候,大家争论的焦点是"当代文学"这个概念是不是科学,应不应该取消,用另外的概念取代。

其实谈论这些问题也对。我也反复说我完全赞成更换概念,只要教育部在学科建制上将这个名称更换,保管它立刻就生效,这就是体制的力量。这里有两个虽然有联系,但是不同的问题。一个是如何重新选择、确立对历史和现状的更合适的概念和描述方法,另一个是对已有的概念、描述方法——它们已经产生意义,产生历史效应——的形成和内涵,以及内涵的历史变迁做出分析。这两个问题,常常混淆,以至不能形成对话的共同点,讨论不能深入。举个例子说,对"文革"中的江青、姚文元等的激进派,他们的主张,扶持的创作,样板戏,我们可以评价,否定或者肯定,这是一种思路。但也可以注意激进派的文艺观,他们的政治—文学观念是什么样的,有什么样的内部逻辑,这样的文学要建构怎样的形态等等,而不是做出简单的否定或者肯定的判断。其实,有力量,有根据的价值判断,也需要建立在对它的内部逻辑深入认识的基础上。

贺桂梅：2007年您出版了《中国当代文学史》的修订版，这次修订在哪些方面考虑得比较多？

洪子诚：更正一些错误，特别是资料上的，作品发表时间、刊物等。"十七年"和"文革"部分也有修订，但改得比较多的是1980年代以后的下编。针对有的先生批评我对"新时期"的"多元"存在本质化、理想化的问题，也做了一些修改，也想让"体制"的分析维度得到延续。但实际上也没有处理得很好。时间这么靠近，对八九十年代文学的把握方式，目前也只能这样。1990年代以来，出现很多新的、复杂的现象，什么是文学的看法也发生许多改变。文学与大众文化的关系，文学与影像媒介作品的关系，文学传播、接受方式的变化……种种问题，还缺乏文学史意义上的研究，我基本上是以"纯文学"的基点来处理这个时期的文学现象。这是存在的问题。另外，修订本延续了初版本存在的内在矛盾，也就是在处理1950至1970年代和1980年代以来的文学，在评价上、感情态度甚至方法上并不统一。这个不同我已经认识到，但是也难以扭转。这些矛盾，牵涉到文学与政治、个人命运与历史时间、文学性的普遍维度与历史维度之间的复杂关系。还有一点遗憾的是，荷兰Brill出版社出版我的《当代文学史》英文版，依据的是初版本，不是修订本。译者是加拿大学者，在中国工作过一段时间，中文也很好。他翻译的时候，修订版还没出来。修订版附录的年表，本来应该编到1999年，可是我延长到2000年。从1998到2000这三年中，不少"现代""当代"的作家去世，丁毅、罗大冈、张志民、方纪、冯健男、罗洛、茹志鹃、陈登科、公木、钱锺书、叶君健、鲁藜、萧乾、冰心、毕朔望、姚雪垠、王汶石、蒋孔阳、高晓声、袁静、王西彦、唐达成、李準、阮章竞、昌耀、张长弓、戈宝权、柯灵、金克木、田德望、卞之琳……大家都在说"新文学的终结"，其实，在我看来，"当代文学"好像也已经"终结"了。这个事实对我来说,终归有点伤感。

贺桂梅:谢谢您接受我的采访!

说明:访谈稿经洪子诚先生审阅、校订,北大中文系博士研究生季亚娅做了录音和文字整理。特此致谢。

读书的心情（代后记）

2010年4月，应《人民日报》副刊刘琼女士之约，为"读书日"写了一篇千字文，题目是《读书的心情》，全文如下：

  虽说我们生活在一个图像化的时代，广告、影视让人眼花缭乱，吸引着我们的注意力，但是，我却是更钟情于阅读，也更多从阅读中得到乐趣。就像有的人说过的那样，对于一个常常读书，他的生活与书本关系密切的人来说，这个人的"阅读史"，其实也可以说就是他的生命史。
  不管是不是意识到，读书的时候，我们就和书本建立起一种独特、奇妙的关系。决定这种关系性质的，部分来源于阅读对象——书本。读一本理论书和读一本诗集，一本小说，相信心情、态度都会不同。新书和旧书，选本和全集，自己的书和借来的书，已经被公认为经典的和尚未进入经典系列的，精装本和平装本，横排和竖排……这种种都会影响阅读者的心情和态度。前些日子，为了写"阅读史"，我托学生从北大中文系资料室借来1986年漓江版的《日瓦戈医生》（帕斯捷尔纳克著，力冈、冀刚译），竟是我二十多年前初读时的同一本书。书页已经有点残破，书裂成两半，封面褪色，"医生"两字几乎不可辨认。我拿在手中,有一种时间被压缩的感觉:不仅重现当年初读的情境,而且想象着众多不知名姓的读者在读同一本书时的反应。

当然,阅读的心情、态度,更重要来自读者。我们都读《红楼梦》,读《杜甫诗选》,会以为在读同一本书。不过,从某种意义上说,其实读的是不同的《红楼梦》,不同的《杜甫诗选》。所以,就会发生"一个熟读《论语》的人把另一个熟读《论语》的人驳得体无完肤","杜甫得到太多的赞誉,所以另一个杜甫肯定一无所获"(诗人西川语)的现象。影响我们的书籍选择和阅读感受的,有很多复杂、甚至琐碎的原因。年龄、出身经历、所属阶层、文化素养、趣味、阅读动机,以及时代风尚等等,都是可以考虑的方面。心情和态度的不同,其实也和读书的具体情境有关。在地铁里,在安静的书桌前,在阅览室,在假日的湖边,在清晨或在傍晚,读书时的心情,从书中读出来的东西,常会发生微妙的变化;相信这是很多人都经验过的。

在很多的情况下,我们的阅读不可避免地具有明确的功利意识,准备考试,进行学术研究,获得实用知识,等等。除此之外,我想我们也可以,而且应该有一种平和的,放松的,不预设过多功利目标的阅读。我将它称为"邀请"的阅读。这种阅读,有时候会带来你意料不到的发现和心境,犹如华兹华斯在《丁登寺》诗中描述的:

……我感到
有物令我惊起,它带来了
崇高思想的欢乐,一种超脱之感,

> 像是由高度融合的东西,
> 来自落日的余晖……

  北京大学出版社这些年,出版了"学科邀请丛书":《政治学的邀请》《经济学的邀请》《伦理学的邀请》等等。这是书籍对读者的邀请。我这里说的却是读者对书的"邀请"。美国汉学家宇文所安在《他山的石头记》(江苏人民出版社 2003 年)的自序里,说学术论文也可以采取一种快乐的、散文式的写作。他说,英文有一个词组"entertain an idea",可以直译为"娱思"。我理解他说的"娱思",在书籍、论著与读者的关系上,也就是一种快乐的、邀请的态度。宇文所安说的是论文以邀请的态度接待读者,我说的是读者以热情款待访客般的态度对待所读的书本。同情地倾听其中的高谈阔论,将它看作是一种可能性,而后决定是否接受、呼应,抑或拒绝、辩驳或修正。但是,在开始的时候,我们面对书本,只是面对"一种令人感到好奇与着迷的可能"。

  我想,具有这种心情的读者,他就是一个欢迎书本来访的"接待站";因为有这样的心情,读书对他来说将是快乐的,由是他也将是幸福的。

  在结束名为"我的阅读史"的这组文章的编排之后,我将《阅读的心情》这篇短文作为后记,是想说,回顾这几十年的读书,感到我是过早进入具有更多"实用"目标的那种阅读。因此,我在很多情况下,失去了那种放松的心情,失去面对书本只是面对"一种令人感到好奇与着迷的可能"的境界。这样,也便失去另一种意义的快乐与幸福。李零先生说的可能是对的:"学者的命就是替人读书,因而常常无法享受阅读的愉快。如果他受毕生之苦,甘之如饴,非要别人和他一起吃二遍苦,受二茬罪,而不是替人分劳省力,那是不仁之至也。"(《简帛古书与学术源流·前言》)。

2010 年 5 月